阅 读 即 行 动

Nietzsche et la philosophie

Gilles Deleuze

尼采与哲学

［法］吉尔·德勒兹 著　周颖 刘玉宇 译

上海文艺出版社

图书在版编目(CIP)数据

尼采与哲学 /(法)吉尔·德勒兹著;周颖,刘玉宇译. —上海:上海文艺出版社,2023(2025.5重印)
ISBN 978-7-5321-8787-4

Ⅰ.①尼… Ⅱ.①吉…②周…③刘… Ⅲ.①尼采(Nietzsche, Friedrich Wilhelm 1844-1900)-哲学思想-研究 Ⅳ.①B516.47

中国国家版本馆CIP数据核字(2023)第102982号

Nietzsche et la philosophie
by Gilles Deleuze
© PUF / Humensis, 1962, 2014
Current Chinese translation rights arranged through Divas International, Paris 巴黎迪法国际版权代理(www.divas-books.com)
Simplified Chinese translation edition copyright © 2023 by Neo-Cogito Culture Exchange Beijing, Ltd.
All rights reserved

著作权合同登记 图字:09-2023-0542

发 行 人:毕　胜
出版统筹:杨全强　杨芳州
责任编辑:肖海鸥
特约编辑:玛　婴
封面设计:彭振威

书　　名:尼采与哲学
作　　者:[法]吉尔·德勒兹
译　　者:周　颖　刘玉宇
出　　版:上海世纪出版集团　上海文艺出版社
地　　址:上海闵行区号景路159弄A座2楼　201101
发　　行:上海文艺出版社发行中心
　　　　　上海闵行区号景路159弄A座2楼　201101
印　　刷:苏州市越洋印刷有限公司
开　　本:940×775　1/32
印　　张:12.25
插　　页:2
字　　数:173,000
版　　次:2023年7月第1版　2025年5月第4次印刷
I S B N:978-7-5321-8787-4/B.097
定　　价:68.00元

告 读 者:如发现本书有质量问题请与印刷厂质量科联系(T:0512-68180628)

目 录

一、悲剧 …………………………………… 1
  1. 系谱学概念 …………………………… 1
  2. 意义 …………………………………… 5
  3. 意志哲学 ……………………………… 11
  4. 反对辩证法 …………………………… 14
  5. 悲剧问题 ……………………………… 18
  6. 尼采哲学的演变 ……………………… 22
  7. 狄奥尼索斯与基督 …………………… 26
  8. 悲剧的本质 …………………………… 31
  9. 生存的问题 …………………………… 36
  10. 生存与无辜 ………………………… 42
  11. 掷骰子 ……………………………… 48
  12. 永恒回归的结果 …………………… 53
  13. 尼采的象征主义 …………………… 56
  14. 尼采与马拉美 ……………………… 61
  15. 悲剧思想 …………………………… 66

16. 试金石 …………………………… 70

二、能动与反动 …………………………… 74

1. 身体 ……………………………… 74
2. 力的区分 ………………………… 77
3. 量与质 …………………………… 81
4. 尼采与科学 ……………………… 85
5. 永恒回归的第一个侧面:作为宇宙学说和物理学说 ……………………………… 89
6. 什么是权力意志 ………………… 94
7. 尼采的术语 ……………………… 99
8. 起源和颠倒的形象 …………… 104
9. 力的衡量问题 ………………… 109
10. 等级体系 ……………………… 112
11. 权力意志与权力的情感 ……… 116
12. 力趋向反动 …………………… 120
13. 意义与价值的含混 …………… 123
14. 永恒回归的第二个侧面:作为伦理思想和选择的思想 …………………… 127
15. 永恒回归的问题 ……………… 133

三、批判

1. 人文科学的改造 …… 136
2. 尼采问题的形式 …… 141
3. 尼采的方法 …… 145
4. 反对先哲 …… 148
5. 反对悲观主义,反对叔本华 …… 154
6. 权力意志的原则 …… 157
7. 《论道德的谱系》的计划 …… 162
8. 从原则的角度看尼采和康德 …… 166
9. 批判的实现 …… 170
10. 从结论看尼采和康德 …… 174
11. 真理的概念 …… 177
12. 知识、道德和宗教 …… 182
13. 思想与生命 …… 186
14. 艺术 …… 190
15. 思想的新形象 …… 193

四、从怨恨到内疚

1. 反动与怨恨 …… 208
2. 怨恨的原则 …… 209
3. 怨恨的类型学 …… 215
4. 怨恨的特征 …… 219

5. 他是好人,还是坏人? ………… 224

　6. 悖论(le paralogisme) ………… 230

　7. 怨恨的发展:犹太教士 ………… 233

　8. 内疚与内趋性 ………… 240

　9. 痛苦的问题 ………… 243

　10. 内疚的发展:基督教牧师 ………… 246

　11. 从史前的角度看文化 ………… 250

　12. 从史后的角度看文化 ………… 254

　13. 从历史的角度看文化 ………… 259

　14. 内疚、责任和负罪感 ………… 264

　15. 禁欲主义的理想与宗教的本质 ………… 268

　16. 反动力的胜利 ………… 273

五、超人:反辩证法 ………… 275

　1. 虚无主义 ………… 275

　2. 对怜悯的分析 ………… 278

　3. 上帝死了 ………… 284

　4. 反对黑格尔主义 ………… 293

　5. 辩证法的化身 ………… 299

　6. 尼采与辩证法 ………… 305

　7. 更高的人的理论 ………… 309

　8. 人本质上是"反动"的吗? ………… 313

9. 虚无主义与嬗变:焦点 321
10. 肯定与否定 329
11. 肯定的意义 338
12. 双重肯定:阿里安 348
13. 狄奥尼索斯和查拉图斯特拉 355

结论 364

修订后记 370

一、悲　剧

1. 系谱学概念

尼采最重要的工作是将意义和价值的概念引入哲学。现代哲学显然在很大程度上从尼采那里汲取营养,但是它汲取营养的方式或许并非如尼采所愿。尼采从不掩饰这样一个事实:意义和价值的哲学必须是一种批判。他工作的一个重要主题就是指出康德没有实现真正意义上的批判,因为他未能从价值的角度提出批判的问题。现代哲学出现了这样一种现象,价值理论变成了新的守旧主义和新的服从形式,甚至受尼采灵感启发的现象学理论也帮着把这种灵感置于现代守旧主义手中,任其摆布。但是,讲到尼采我们首先必须认识到一个事实:由尼采设想、建立的价值哲学是批判的真正实现,是彻底的批判可能实现的唯一途径,是实现用

"锤击"进行哲学思考的唯一途径。事实上,价值的观念暗含着批判性的[①]颠覆。一方面,价值看似或者被规定为原则:评价以价值为先决条件,在此基础上,现象才得到评估。然而另一方面,更深刻的观点则认为评价和"评估的视角"才是价值的先决条件,后者自身的价值是从前者那儿衍生而来的。批判的问题是关于价值的价值问题,是产生价值评价的问题,因而也是价值如何被创造的问题。评价被界定为区分相应价值的因素,这种因素既具有批判性又具有创造性。评价究其本质不是价值,而是存在方式,是那些作出判断和评估的人的生存模式,它充当价值的原则,人们以这一价值原则为基础进行判断。这就是为什么在一定的存在方式或生活形式下我们总会拥有属于自己的信念、情感与思想。只要评价是卑微的,生活和思想是卑微的,就只能说某一类话,有某一种感受或设想,守某一套价值。这是至关重要的一点:高等与低等、高贵与卑微不是价值,而是表现为区分性因素(l'élément différentiel),从这些因素中,价值得到了自身的

[①] 原书中法文大写部分中文版采用黑体,斜体部分采用楷体。——译者

价值。

批判哲学是一个不可分割的二元运动:让一切事物和起源返回到价值,并让这些价值返回到可以说是其起源并确定其价值的事物。尼采的双重抗争表现为:一方面,他反对那些使价值逃避批判的人,这些人满足于开列现存价值的清单,或者以既定价值的名义对事物进行批判。他们即是康德和叔本华一类的"哲学工匠"(《善恶的彼岸》,211);另一方面,他也反对那些通过从简单的事实、从所谓客观事实中推导出价值来批判或尊崇价值的人,这些人即是功利主义者或所谓"学者"(《善恶的彼岸》,第6部分)。在以上两种情况中,哲学运动于自身具有价值或对一切均有价值的无差别因素之中。尼采既抨击不问价值自身之起源的自负的始元观,又批评暗示一切价值均有着无差别起源的简单因果论和平整起源论。尼采创造了系谱学的新概念。哲学家是系谱学家,而不是康德式的法官,也不是一个功利化的技师。赫西俄德就是这样一位哲学家。尼采用差异感和距离感(以示区分的因素)替代了康德的普遍性原则以及功利主义者钟爱的相似性原则。"正是从这种距离感的高度,他们才首次获得了创造价值、为价值命名的权利,这和功利

又有什么关系?"(《论道德的谱系》,第 1 部分,2)

系谱学既指起源的价值,又指价值的起源。它既反对绝对价值,又不赞成相对主义或功利主义价值。系谱学意指价值从中获得自身价值的区分性因素。因此,系谱学意味着起源或出身,同时又意味着起源中的差异或距离。它意指起源中的高贵与卑微、高贵与粗俗、高贵与堕落。高贵与粗俗以及高等与低等——这些是真正具有系谱学意义和批判意义的因素。以这种方式理解的批判仍然具有最积极的意义。区分性因素既是对各种价值的价值批判,又是创造的积极因素。这就是尼采从不把批判理解为被动的反应(réaction),而是理解为主动的行为(action)的原因。尼采把批判活动与复仇、妒忌和怨恨相对立。查拉图斯特拉从一卷书的末尾跳到另一卷书的开篇时,身后总会跟着他的"猿猴"、他的"小丑"和"魔鬼",但是猿猴与查拉图斯特拉是不同的,就像复仇与怨恨不同于批判本身一样。查拉图斯特拉感到摆在他面前的一个可怕的诱惑就是把他和猿猴混为一谈(《查拉图斯特拉如是说》,第 3 卷,"过路者")。批判不是怨恨的反应,而是某种积极生存模式的主动表达,它是进攻但不是复仇,是某种存在方式天然具有的侵略性,是神圣的邪恶,没有它,完美则无法想象(《瞧!这个人》,第 1 部分,6—7)。这种存在方式正是哲学家的存在方式,因为他试图把区分性因素当作批判和创造的因素,因此是当作一个铁锤来挥舞。尼采说,反对他的人只会以"卑贱的"方式思考问题。他对系谱学概念寄予了厚望,认为它是对科学与哲学的重新组织,是未来价值的确立者。

2. 意 义

倘若我们对占有、利用、控制事物或在事物中得到表现的力毫无所知,我们将永远无法发现某些事物(人类现象,包括生物现象甚至物理现象)的意义。一个现象并非表象,亦非幻象,而是一个符号,一种在现存的力中找到其意义的征候(symptôme)。整个哲学就是征候学和符号学。科学则是征候学和符号学的系统。尼采用意义与现象的关联取代了表象与本质的形而上学的二元对立,取代了科学的因果关系。所有的力都是对一定量的现实的占有、控制和利用。甚至以各种形式出现的知觉也是力占有自然的表现。这就意味着自然本身也有其历史。事物的历史通常是占有事物的各种力的交替,是为了控制事物而相互斗争的各种力的并存。同一个事物,同一个现象,其意义根据占有它的力而变化。历史就是意义的变更,换言之,即"或多或少是暴力的、或多或少是彼此独立的各种征服现象的交替"(《论道德的谱系》,第 2 部分,12)。因此意义是一个复合的概念:永远存在意义的多样性,它是群量,既是各种交替的复合体,又是各种并存的复合体,这使对它的阐释成为一种艺术。"一切征服,一切统治与新的诠释是一个意思。"

如果不考虑尼采思想中本质性的多元主义,我们就无法理解尼采哲学。实际上,多元主义(又被称为经验主义)与哲学本身几乎无法区分,它是哲学特有的思维方式,是由哲学创造的;它是于具体精神中体现的自由的唯一守护者,是激进无神论的唯一原则。众神死了,但他们是听到一位神宣称自己为唯一的神时大笑而死的。"坚信存在的是众神而不是上帝,这难道不正是神道吗?"(《查拉图斯特拉如是说》,第 3 卷,"叛教者")而那位自称独一无二的上帝,其死亡本身也是多元的:上帝之死是蕴涵着丰富意义的事件。正因为如此,尼采认为喧沸的"大事件"并不可信,他宁愿相信每一个事件具有的那悄无声息的多义性(《查拉图斯特拉如是说》,第2部分,"大事件")。无论是事件,还是现象、词语、观念,无一不富有丰富多彩的含义。事物有时表现为这样,有时表现为那样,有时呈现更复杂的情形——这一切都取决于占有事物的力(众神)。黑格尔想嘲讽多元主义,将它等同于只会嚷嚷"这个、那个、这儿、现在"的天真意识,就像一个小孩结结巴巴地说出他最起码的需要。然而,认为事物具有多重含义,认为存在很多事物,而且将同一个事物当作"这个,然后是那个"的多元主义观点,是哲学的最高成就,是对真正概念的征服。它标志着哲学的成熟,而不是对哲学的放弃,或是哲学的倒退。因为对事物的这一方面和那一方面进行评价,对每一事物及其意义进行仔细衡量,对界定事物以及确定事物在每一刻与其他事物有何关系的力进行评估——所有这些都属于哲学的最高艺术——阐释艺术。阐释乃至评价总是意味着衡量。本质的观念在此并没有消失,而是被赋予了新的意义,因为并非所有的意义具有同等价值。对于一个事物而言,有多少种力能够占有它,它就存在着多少种意义。但是事物本身并不是中立的,它多少会对当前占有它的力表现出某种程度的亲和性。有些力只能通过赋予事物限制性的意义和否定的价值才能控制事物。从另一个角度看,本质又可以被界定为事物所有意义中与事物关系最为密切的力。因而,在一个尼采喜爱援引的例证中,宗教并不具有独一无二的意义,它替各种力效劳。但是哪种力与宗教的关系最为密切?当我们弄不清谁占统治地位的时候,究竟是哪种力控制了宗教,或者为宗教所控制?① 对一切事物而言,所有这一切又是权衡的问题,是哲学和多元主义阐释所特有的精致而严密的艺术。

当我们认识到新生的力只有首先伪装成已经占有事物的其他力才能出现,才能盗用这一事物时,阐释的复杂性便向我们显示出来。这种伪装或诡计又是自然的法则,因此它们不仅仅停留在伪装或者诡计的层面上。为了生存起见,生命一开始就不得不仿效业已存在的事物。某种力倘若不盗用与之竞争的其他力的特征,便无法生存(《论道德的谱系》,第 3 部分,8,9,10)。因此,哲学家的诞生与成长只有仿效牧师、禁欲者和教徒那种沉思冥想的

---

① 尼采问:是什么力给宗教以机会,使之"凭自身独立自主地行事"?(《善恶的彼岸》,62)。

气质,才能获得机会生存下去,在哲学家出现之前,正是这些人主宰着世界。我们注定要承受的这一事实不仅显露出哲学的形象——作为圣人的哲学家形象,作为智慧之友与苦行之友的哲学家形象有多么可笑,而且表明哲学本身在成长的过程中不会撕去禁欲主义的伪装,在某种程度上,它还必须相信这一伪装。只有当哲学赋予自身新的意义,即最终表现出真正的反宗教的力量时,它才会揭开伪装的面具(《论道德的谱系》,第 3 部分,10)。我们看到阐释的艺术必须同时又是穿透伪装的艺术,是识破伪装者以及他为何伪装的艺术,是认识到他为了什么目的在更新伪装的同时还要继续伪装的艺术。也就是说,系谱学不会在源头出现;而且,如果在孩子诞生后去探寻谁是它的父亲,我们很可能陷入严重的误解。起源中的差异不会在起源后显示,或许只有系谱学家那特别犀利、善于从远处观察和富于远见的眼睛,才能捕捉到这些差异。只有当哲学步入成熟的阶段,我们才可以把握其本质,梳理其谱系,将它同别的一切事物从最初混淆不清的危险状况中区分开来。不仅是哲学,其他事物同样如此。"对于一切事物而言,唯有更高的等级才重要!"(《希腊悲剧时代的哲学》)这一问题是关于起源的问题,但被设想为系谱学的起源只有在与更高等级的联系中才能被确定。

尼采说我们根本无须好奇希腊在多大程度上受惠于东方(《希腊悲剧时代的哲学》)。哲学是希腊的,是指它首先在希腊达到成熟阶段,彰显出它真正的力量和目标。这些目标不同于东方僧侣的目标,即使希腊哲学曾借鉴它们。两者也表现出迥然的差异。哲学家(philosophos)并不意味着智者,而是指智慧之友。但在这里,"朋友"必须以一种古怪的方式加以诠释:查拉图斯特拉曾说,朋友总是主动的我(je)和受动的我(moi)之间的第三者,驱使"我"为了生存超越自己,同时又被超越(《查拉图斯特拉如是说》,第1卷,"论朋友")。这种智慧之友是诉求于智慧的人,但这种诉求的方式如同人们诉求不可或缺的伪装;他是将智慧用于新颖、古怪与危险之目的的人,而这些目的其实根本算不上明智。他希望智慧超越自身的同时又被超越。当然,人们并非总是错的,他们对哲学家的本质,对他不明智的行为,对他的非道德主义以及对他的朋友概念,早有一种不祥的预感。我们可以猜测,谦卑、贫困、贞洁这些所谓明智的、禁欲主义的价值观被哲学、被一股新鲜的力量激活时,会被赋予何种意义

(《论道德的谱系》,第 3 部分,8)。

3. 意志哲学

系谱学并不只限于阐释,它同样进行评价。至此,我们似乎把事物描述为被相互斗争的力相继占有而几乎没有活力的客体。其实,客体本身也是力,是某种力的表现。这就是为什么客体与占有它的力之间或多或少存在某种亲和性的原因。客体(或现象)无一不被力占有,因为客体本身不是力的表象而是力的显灵。每一种力无不与其他力密切相关。力的存在是多元的,认为力可以单个地存在简直是一种荒谬透顶的想法。力是一种控制,也是被控制的客体。各种力在一定距离之内相互作用,而距离是每一种力包含的、借以与其他力相互关联的区分性因素——这是尼采自然哲学的基本原则,对原子论的批判必须依据这一原则来理解。这种批判表明,原子论企图把事实上只有力才拥有的本质特征即多元性和距离赋予物质。只有力才相互关联。(马克思在阐释原子论时曾说过:"原子是自身唯一的客体,它仅与自身相关"——[引自马克思

"德谟克里特与伊壁鸠鲁之区分"。]问题在于,原子的基本概念是否能容纳赋予它的这种本质关系?只有从力的角度而非原子的角度来考虑问题,才能使概念前后一致。因为原子观念本身无法包含肯定这一关系所必要的差异,无法包含存在于本质之中、依据本质界定的差异。因此,原子论是始源物力论的伪装。)

于是,尼采的力的概念是一种力与另一种力相关联的概念:力在这种形式中被称为意志。意志(权力意志)是力的区分性因素。由此引出一种新的意志哲学概念。因为这一意志并非神秘地作用于肌肉或神经,更不是作用于"普遍物质",而是必然地作用于另一个意志。真正的问题不在于意志与非意志的关系,而在于支配意志与服从意志——即多少处于服从地位的意志——之间的关系。"'意志'当然只能作用于'意志',而不是'物质'(例如'神经'):我们必须斗胆假设,只要能见到'效果'的地方,就有意志凌驾于另一意志之上"(《善恶的彼岸》,36)。意志被称为复杂多元的,这是因为它一动念,就想得到服从——但是也只有意志才能服从命令。因而多元主义在意志哲学中找到直接的确证和满意的根基。尼采与叔本华正是在弄清楚意志是多元还是唯一的问题上分道扬镳的,其他一切问题皆源于此。其实,导致叔本华最终否定意志的首要原因在于他相信意志的一致性。在他看来,正因为意志本质上是一元的,刽子手最终会明白他将与他的刀下鬼异途同归。万变不离其宗的认识使意志否定自己,自囚于怜悯、道德和苦行中(叔本华:《作为意志和表象的世界》,第4卷)。尼采发现了在他看来的确属于叔本华的神秘化倾向;一旦我们假定意志具有一致性或同一性,我们注定要否定意志本身。

尼采将灵魂、自我、自我主义等概念当作原子论最后的避难所来抨击。精神原子论不会比物质原子论更有价值:"在一切意志中,所涉及的就是一个支配和服从的问题,支配和服从的基础,便是由众多灵魂构成的复合多元结构"(《善恶的彼岸》,19)。尼采所称道的自我主义总是以进攻的、好斗的姿态反对美德,反对无私的德行(《查拉图斯特拉如是说》,第3卷,"三恶")。但事实上,以自我主义诠释意志,恰如以原子论诠释力,是一种蹩脚的解释。自我主义的存在势必需要一个自我。而把我们引向起源的只有一个事实:每一个力无论是想支配还是想服从,一律与其他力相互关联。起源是指起源中的差异,起源中的差异乃是等级体系,换言之,是支配力与被支配力、支配意志与服从意志之间的关系。等级体系与系谱学的不可分离,即是尼采所谓"我们的问题"(《人性的,太人性的》,"前言")。等级是原初的事实,是差异与起源的同步。我们稍后会理解为什么等级的问题恰好是"自由精神"的问题。不管怎样,我们可以指出,从意义到价值、从诠释到评价将是系谱学要承担的任务。事物的意义是这一事物同占有它的力之间的关系,事物的价值则是在这一事物中表现为一种复杂现象的力的等级关系。

4. 反对辩证法

尼采是不是一位"辩证家"?并非所有的"异"—"同"关系(即使是本质性的异同)都足以构成辩证关系:在辩证关系中,一切取决于否定的作用。尼采强调力将另一种力视为对象这一事实,但重要的是力是与另一些力发生关系。生命是与另一种生命互相斗争。多元主义有时看上去像辩证法——实际上它是辩证法最凶猛的和唯一深刻的敌人。因此我们必须慎重考虑尼采哲学中坚决反对辩证法的特征。有人说尼采不懂黑格尔,就像一个人不熟悉他的对手。然而,我们相信尼采熟知黑格尔运动,熟知拥护黑格尔的不同派系。他像马克思那样在黑格尔那里找到他的嘲弄对象。假若我们不知道尼采哲学的批判对象,那么他整个的哲学就会显得抽象和难以理解。那么,尼采反对谁呢?这个问题本身也要求做出几种回答,但其中尤为重要的是,超人概念针对的是辩证的人的概念,价值重估针对的是占有的辩证关系或异化的压制作用。反黑格尔思想,像一把利刃,贯穿尼采的作品。我们在他关于力的理论中已经可以察觉到这一点。

尼采从不把力与另一种力的本质关系设想为本质的否定因素。在与其他力的关系中,力即使处于服从的地位,也不会否定其他或非它的力,相反,它肯定自己与他者的差异,甚至以此为乐。否定在本质上不是作为力的活动源泉呈现的,相反,它是活动的结果,是能动力存在并肯定差异的结果。否定是存在本身的产物:进攻必然与某种能动的存在相关,是具有肯定意义的进攻。至于否定的概念(也就是说,否定作为一个概念),"只不过是随后发明的苍白意象,它与肯定的基本概念相对应——后者浸透了生命与激情"(《论道德的谱系》,第 1 部分,10)。而否定、对立或矛盾等思辨因素,尼采代之以差异的实用因素,即肯定与快乐的目标。正是在这一意义上,才有尼采式的经验主义。尼采反复问的一个问题——"意志想要什么,这种意志或者那种意志想要什么?"——不能理解为为了某种意志去寻求一个目标、动机或对象。意志想要的就是对差异的肯定。在与"他者"的本质关系中,意志使差异成为值得肯定的对象。"知道自己与众不同而获得的快乐",沉浸于差异的享受(《善恶的彼岸》,260)——这是新鲜的、有冲劲的、崇高的概念。经验主义者用它们来替代辩证法的沉重观念,尤其是被辩证家称为否定的劳作。可以说,辩证法是一种辛苦的劳作,经验主义则是一种快乐的享受。谁说劳作比享受更有思想呢?差异乃是实用之肯定的对象,这种肯定与本质不可分离,是构成存在的基本元素。尼采的"是"与辩证法的"否"相对,肯定与否定相对,差异与矛盾相对,快乐、享受与辩证法艰苦的工作相对,轻盈、曼舞与辩证的责任相对。注重差异的经验性情感,简言之等级,乃是概念的原动力,它比一切关于矛盾的思想都要深刻有效。

此外,我们还必须问:辩证家自己想要什么,渴望辩证法的意志又想要什么？这种意志是一股已枯竭的力量，它无力肯定自己与他者的差异，并不再主动作用于任何力，只是对支配它的力作出被动的反应——只有这种力才使否定因素在它与其他力的关系中凸显出来。这种力否定一切他者，并且把否定作为自己的本质和存在的原则。"每一种高贵的道德一概源于对自身的成功肯定，奴隶的道德却从一开始就对'外部世界'，对'异质的东西'，对'不是自己的东西'说不，这个'不'属于它的独创"（《论道德的谱系》，第 1 部分，10）。因此，尼采将辩证法当作平民的设想，当作奴隶的思维方式①：在此，矛盾的抽象思维战胜了肯定差异的具体情感，被动压制了主动，复仇与怨恨取代了进攻。与之相反，尼采则表明，主人身上的否定力量总是他自身存在的第二性的、派生的产物。并且，主人和奴隶的关系本身并非辩证的关系。那么谁是那位辩证家，谁使这种关系辩证化了呢？是奴隶，是奴隶的视角和属于奴隶视角的思维方式。著名的主人/奴隶关系的辩证特性，取决于如下的事实，即权力不

---

① 《偶像的黄昏》，"苏格拉底的问题"，3—7；《权力意志》，第 1 部分，70："在辩证法中获胜的是奴隶……辩证法只能作为一种防御的武器。"

是被设想为权力意志,而是被理解为权力和优越感的表征,"一方"意识到"另一方"的优越感。黑格尔的意志想要其权力得到认可,得到表现。而在尼采看来,这里的关于权力意志及其本质的概念完全是错误的。这是奴隶的概念,是怨恨者设想的权力的意象。"奴隶只会把权力看作有待认可的目标、需要表现的内容和竞争的赌注,因而在竞赛行将结束的时候,往往使权力依附于既定价值的简单特性。"①主人/奴隶的关系之所以能够轻而易举地借用辩证的模式,以至对于所有青年黑格尔派来说,已经成为一种原型或者研习的定式,这是因为黑格尔给我们描绘的主人的肖像从一开始就是奴隶的肖像,至少是一个想入非非的奴隶,往好处想,充其量也是一个成功的奴隶。在黑格尔描绘的主人的肖像下面,我们看到的总是奴隶。

5. 悲剧问题

尼采的评论者必须首先避免以任何托辞将他

---

① 尼采反对这种观念,即认为权力意志是令自己"被认可"的意志,从而将现行价值归诸自己(《善恶的彼岸》,261;《曙光》,113)。

一、悲　剧

的思想"辩证化",可是这些托辞现成得很。这便是贯穿尼采所有作品的悲剧文化、悲剧思想和悲剧哲学。但是,尼采的"悲剧"究竟意味着什么?他对世界的悲剧性理解与另外两种世界观——辩证的世界观和基督教的世界观截然相反。更为确切的说法是,悲剧有三种死亡方式。第一种是由苏格拉底的辩证法导致的"欧里庇得斯"式的死亡。第二种是基督教式的,第三种则死于现代辩证法和瓦格纳的夹击。尼采坚称辩证法和德国哲学从根本上带有基督教的色彩(《反基督教》,10),并坚称基督教和辩证法先天缺乏经历、理解和思考悲剧的能力。"是我发现了悲剧",甚至希腊人也误解了悲剧(《权力意志》,第 4 部分,534)。

辩证法提出了一种关于悲剧的概念,并将它与否定、对立和矛盾联系起来。苦难与生命、生命中的有限与无限、个人的命运与理念的普遍精神之间的矛盾,以及矛盾的运动与矛盾的解决——如此种种便是悲剧的表现形式。倘若现在读一读《悲剧的诞生》,我们可以很清楚地看到尼采并非作为辩证家而是作为叔本华的学生写这本书的。我们还必须谨记一点,叔本华本人对辩证法的评价也不是很高。然而,在尼采的第一本书中,他在叔本华的影响下展现给读者的思想框架仅在一个方面可以和辩证法区分开来,这就是矛盾以及矛盾的解决通过何种方式被理解。因此,尼采后来评价《悲剧的诞生》时承认:"它散发着令人讨厌的黑格尔气息"(《瞧!这个人》,第 3 部分,"悲剧的诞生",1)。因为矛盾与矛盾的解决仍然作为根本原则发挥着重要的作用,"人们在此看到矛盾转化成统一体"。这是一本非常艰涩的书,我们必须循着它的思路,以便理解尼采后来是如何建立悲剧的新概念的。

① 《悲剧的诞生》揭示出原初的统一与个体化、意愿与表象以及生命与苦难之间的矛盾。这种"本原的"矛盾明显带有反生命和责难生命的特点。生命需要得到辩护,换言之,需要从苦难与矛盾中拯救出来。《悲剧的诞生》未能摆脱基督教辩证法的阴影,即辩护、救赎与和解的思路。

② 这种矛盾在酒神狄奥尼索斯与日神阿波罗的对峙中反映出来。日神是个体化原则的神圣化身。他构筑表象之表象、美之表象、梦幻或是造型艺术,从而摆脱了苦难:"日神在他赋予表象的永恒性的灿烂光辉里克服了个体的苦难"(《悲剧的诞生》,16),他彻底抹除了痛苦。酒神则反其道行之,他回到原初的统一,砸碎个体并将之拖入毁灭的深

渊,使之融入本原的存在。于是,他使矛盾作为个体的痛苦复生,又通过让我们参与丰富的独特存在或普遍意志,使矛盾在更高的快乐中得以解决。因此,酒神与日神的对立并非因为它们是互为矛盾的对立面,而是因为它们解决矛盾的方式恰好相反。日神在造型艺术的观照中间接解决矛盾,酒神则在意志的音乐符号中,在再生中,直接解决矛盾。① 狄奥尼索斯像是背景,阿波罗在这之上镶绣华美的表象;但在阿波罗之下的狄奥尼索斯不断发出低沉的怨声。因而两者的对立势必要得到解决,势必要"转换为统一体"。②

③ 悲剧就是这样一种和解,它是由酒神主宰的奇妙而危险的联盟。因为在悲剧中,酒神是悲剧的本质。他是唯一的悲剧人物,"是受难的光荣的上帝",他的苦难,沉浸于本原存在的欢乐中的个体化苦难,是唯一的悲剧主题。悲剧唯一的观众是合唱队,因为它富于酒神的气质,并将酒神视为自己的主人和统治者。另一面,日神的贡献在于:在悲剧

---

① 关于间接意象与象征(有时称作"意志的直接意象")的对立,参见《悲剧的诞生》,5,16,17。
② 《权力意志》,第 4 部分,556:"实际上我只是力图猜测为什么希腊的阿波罗主义必须从狄奥尼索斯的土壤中产生,为什么狄奥尼索斯式的希腊必然变为阿波罗式的。"

中,是他把悲剧因素发展成戏剧,把戏剧中的悲剧因素表达出来。"我们必须将希腊悲剧理解为在日神的形象世界中反复宣泄自我的酒神歌队……在连续的宣泄中,悲剧的这个根源放射出本质就是一个梦的戏剧想象……所以,戏剧是酒神洞见与酒神作用的日神式体现"(《悲剧的诞生》,8,10),是酒神以日神的形式、在日神的世界中经历的客体化历程。

6. 尼采哲学的演变

在《悲剧的诞生》中,悲剧就其整体性而言,被界定为本原的矛盾、矛盾的酒神式解决以及对这种解决方式的戏剧性表现。悲剧文化和它的几位现代代表人物——康德、叔本华和瓦格纳——的特征在于再现和解决矛盾,即在矛盾的再现中以及在本原的基础上寻求矛盾的解决。"它最重要的一个特点在于智慧替代了科学成为终极目标,这种智慧以冷静的目光凝视世界的图景,以温柔的同情努力把永恒的苦难当作自身的苦难来把握"(《悲剧的诞生》,18)。然而,即使在《悲剧的诞生》中,也有成千上万处令我们感受到了与以上模式判然有别的一种新的概念。从一开始,酒神就是作为肯定性的神和好肯定的神同时出现的。他并不满足于在更高的超个人的快乐中"解除"痛苦,相反他肯定痛苦,并将它化为某个人的快乐。这就是酒神在多重肯定中得以自我转变,不至于在本原的存在中消融,也不至于使多元性再次被并入原初之根基的原因。他肯定成长的痛苦,却不复制个体化历程中的苦难。他是肯定生命的神灵,对他而言,生命必须被肯定,而不是得到辩护或救赎。这后来的酒神之所以不能压住先前的,是因为超个人的因素总是伴随着肯定的因素,并且最终会呈现出它的优势。例如,书中曾出现永恒回归的先兆,这便是德米特得知自己将再一次分娩狄奥尼索斯的时刻,然而狄奥尼索斯的复活仅仅被诠释成"个体化的终结"(《悲剧的诞生》,10)。在叔本华与瓦格纳的影响下,肯定生命仍然只是被理解为消除普遍的苦难,理解为超越个体的快乐。"个体必须转化成非个体的、超越人类的存在。这是悲剧确立的目标"(《不合时宜的思想》,第3章,"作为教育家的叔本华",参看3—4)。

当尼采在工作的最后阶段回头看《悲剧的诞生》时,他认识到这本书有两个根本的变革超越了半是辩证法、半是叔本华的思想框架(《瞧!这个人》,"悲剧的诞生",1—4)。其一正是酒神的肯定性格,他肯定生命,而非为生命寻求更崇高的答案或辩护理由。其二,尼采庆幸自己发现了一种对立,这种对立在他后来的工作中才得到充分的发挥。因为在《悲剧的诞生》之后,真正的对立不再是狄奥尼索斯与阿波罗之间完全辩证的对立,而是狄奥尼索斯与苏格拉底之间更为深刻的对抗。反对悲剧、导致悲剧灭亡的不是阿波罗,而是苏格拉底,而苏格拉底既不是酒神式的,又不是日神式的(《悲剧的诞生》,12)。他的观点被认为是一种古怪的倒错,"对于所有富于创造力的人来说,本能就是创造性的肯定力量,意识则起批判和否定的作用,在苏格拉底那里,本能变成了批判者,而意识变成了创造者"(《悲剧的诞生》,13)。苏格拉底是堕落的第一位天才。他让思想对抗生命,用思想来判断生命,并将生命设想成应该由思想评判、正名和拯救的东西。他令我们感到生命在否定的重压下被碾得粉碎,不值得渴望,亦不值得体验。苏格拉底是"理论家",是悲剧人唯一真正的对立面(《悲剧的诞生》,15)。

然而,某种东西再一次阻碍了这第二个主题的自由发展。为了让苏格拉底与悲剧的对抗充分显露其重要性,为了让这种对抗真正成为"是"与"否"的对立,成为否定生命与肯定生命的对立,首先必须把悲剧本身包含的肯定性因素释放出来,让它毫无遮蔽地显示自己,摆脱一切依附状态。一旦走上了这条路,尼采再也无法止步。狄奥尼索斯与阿波罗的对立也不得不退出最重要的位置,逐渐淡化或消失,以便真正的对立显现出来。最终,这种真正的对立本身也不得不作出改变,它不再满足于将苏格拉底视为典型的英雄,因为苏格拉底太希腊化,一开始由于他的明晰,显得有点过于阿波罗化,结尾被称为"苏格拉底——音乐之徒"(《悲剧的诞生》,15)又显得过于狄奥尼索斯化。苏格拉底并未全力否定生命;对生命的否定在他那里尚未找到它的本质。因此,悲剧人在纯粹肯定中寻找自己的元素时,必须认识到谁是他最深刻的敌人,即是谁在以真正的、确定的、本质性的方式进行否定。尼采非常精准地意识到了这一任务。因为他把狄奥尼索斯与阿波罗的对照——二神为解除痛苦达成和解——换成了更神秘的互补性对照,即狄奥尼索斯与阿里安①的对照;这是因为在肯定生命时,一位女士,一位未婚妻的出现是必要的。狄奥尼索斯/苏格拉底则为真正的对立所取代:"我把狄奥尼索斯与钉死在十字架上的人相对立——人们理解我吗?"(《瞧!这个人》,第4部分,9;《权力意志》,第3部分,413,第4部分,464)。尼采指出,《悲剧的诞生》在基督教的问题上一直保持沉默,并没有对基督教进行仔细甄别。而基督教恰恰既不是阿波罗式的,又不是狄奥尼索斯式的。"它否定美学价值,否定《悲剧的诞生》所承认的唯一价值;它是最深刻意义上的虚无主义,相反地,在狄奥尼索斯式的象征里,肯定达到了最大的极限"(《瞧!这个人》,第3部分,"悲剧的诞生",1)。

7. 狄奥尼索斯与基督

受难在狄奥尼索斯与在基督身上是等同的,一如两者具有同样的激情。它是同一种现象,却是相

---

① 阿里安(Ariane,英文名 Ariadne),古希腊神话中迈洛斯王之女。她提供线索帮助特修斯(Theseus)走出迷宫。后嫁给酒神狄奥尼索斯。——译注

反意义上的现象(《权力意志》,第 4 部分,464)。一方面生命为苦难辩护,肯定苦难;另一方面苦难谴责生命,提供不利于生命的证明,使生命成为某种必须得到辩护的东西。对于基督教而言,生命中的苦难首先意味着生命不是公平的,甚至本质上就是不公平的,它用苦难来抵偿本质的不公:因为它承受苦难,所以理应遭到责难。于是意味着生命必须得到辩护,换言之,必须把它从不公平中解救出来。解救则通过刚才还在责难生命的苦难进行:既然生命该受谴责,它就必须受苦。基督教的这两个方面构成了尼采称为"内疚"或痛苦的内向化的那种东西(《论道德的谱系》,第 2 部分)。它们界定了真正属于基督教的虚无主义,也就是说,界定了基督教否定生命的方式。一方面它是制造内疚的机器,是将痛苦与惩罚对等的可怕等式,另一方面,它是繁殖痛苦的机器,是痛苦的理由,是邪恶的作坊。① 即使基督教为爱和生命高唱赞歌的时候,歌里蕴涵着何等的诅咒,爱的后面又掩藏着何等的怨恨! 它对生命的爱宛如猛禽对羊羔的爱,脆弱、支离破碎、奄奄一息。辩证家将基督教的爱作为一个对立项,比

---

① 关于"理想的制造",参见《论道德的谱系》,第 1 部分,14。

如说与犹太的恨相对立。在一切需要进行更精细的评价、对协调关系加以诠释的地方设置二元对立(antithèses),是辩证家的职业和使命。花是叶的对立面,花"拒斥"叶——这是非常有名的、为辩证法所珍视的发明。基督教的爱之花以同样的方式,换言之,以一种完全是假惺惺的态度将怨恨"拒之门外"。"千万不要以为爱是作为犹太仇恨的对立面而萌发的! 不,事实恰好相反! 这种爱从仇恨中生发出来,作为它的树冠,骄傲地伸展着自己的枝叶,蔓延到纯净而温暖的阳光里,然而,在这由光明和崇高统治的新王国里,它总在追逐着同仇恨一样的目标:胜利、征服、诱惑"(《论道德的谱系》,第 1 部分,8)。① 基督教的快乐是"解脱"痛苦而获得的快乐:痛苦被内向化,以这种方式传给上帝,"给那个矛盾体,一个被钉在十字架上的神,那位有着无法想象的终极残酷的神秘神灵"(《论道德的谱系》,第 1 部分,8)。这是真正基督教的意义上的疯狂,是已浸透了辩证精神的疯狂。

---

① 这已经是费尔巴哈对黑格尔辩证法的一般性指责,对虚构的二元对立的偏好,损害了现实的协调关系(参见费尔巴哈,《黑格尔哲学批判》,阿尔都塞译,载《哲学宣言》,法国大学出版社);同样,尼采会说"用协调关系取代因果关系"(《权力意志》,第 2 部分,346)。

这与真正的酒神精神相差何其遥远！尽管在《悲剧的诞生》中,狄奥尼索斯仍然致力于"解脱"痛苦,他体验的快乐仍然是解脱痛苦的快乐,是在本原的统一中找到解脱的快乐。但现在他掌握了自我转变的意义和价值,对他来说,生命无须辩护,它本质上是正当的,更何况辩护是由生命来承担,"再深重的苦难它也会加以肯定"(《权力意志》,第 4 部分,464)。我们必须明白,生命不会通过使痛苦内向化来摆脱痛苦,恰恰相反,它从生命的外在性元素中来肯定痛苦。于是,狄奥尼索斯与基督的对立一步步发展成为肯定生命(对生命极尽溢美之辞)与否定生命(对生命极尽贬低之能事)的对立。酒神的疯狂与基督的疯狂、酒神之醉与基督之醉、酒神撕心裂肺的苦痛与基督钉死在十字架上所受的酷刑、酒神的再生与基督的复活以及酒神的价值重估与基督的圣餐变体如此等等对立,是因为存在着两种苦难和两种受难者。"苦于生命丰盈的人"使苦难成为一种肯定,正如他们使迷醉成为能动的行为;在酒神的受难中,他们只看到了肯定最极端的形式,而看不到减弱、反对或选择的可能。"苦于生命贫乏的人"则使迷醉变为一阵痉挛和麻木;他们让苦难成为谴责生命和反对生命的手段,甚至成为替生命辩护以及消除矛盾的手段。① 所有这些实际上恰好属于救世主的思想;没有一个救世主比同时是刽子手、受害人和抚慰者的救世主更美妙,他是神圣的三位一体,是内疚灵魂的美梦。从救世主的视角看,"生命必须成为通往圣人的道路";狄奥尼索斯则认为"生存本身为更深重的苦难正名,仅凭这一点,似乎便足以显出它的神圣"(《权力意志》,第 4 部分,464)。酒神的受难是多重肯定的直接象征;基督的十字架符号却是矛盾与解决矛盾的象征,生命屈从于否定的劳作。"展开矛盾、解决矛盾、调和矛盾"——所有这些概念对于尼采而言是陌生的。查拉图斯特拉曾高声宣称,"那高于一切和解的"便是肯定(《查拉图斯特拉如是说》,第 2 卷,"救赎");那高于一切展开、解决与抑制矛盾的便是价值重估。这是查拉图斯特拉与狄奥尼索斯之间的共通点:"我把祝福的肯定带进一切深不可测的地方……但这又是酒神狄奥尼索斯的观念"(《瞧! 这个人》,第 3 部分,"查拉图斯特拉如是说",6)。狄奥尼索斯与基督之间或者查拉图斯特

---

① 《尼采反对瓦格纳》,5,人们会注意到并非所有迷醉都是狄奥尼索斯式的,还有一种与之相对的基督教迷醉。

拉与基督之间的对立不是辩证的对立,而是与辩证法本身的对立;区分性的肯定与辩证的否定相对,与一切虚无主义及这一虚无主义的特定形式相对。关于尼采对酒神的阐释,没有人比后来的奥托更离谱了:他呈现的是一位黑格尔式的狄奥尼索斯,是充满辩证精神的、活脱脱的一位辩证家!

8. 悲剧的本质

狄奥尼索斯肯定一切存在的东西,"甚至包括最深重的苦难",而且以各种被肯定的形象出现。多样与多元的肯定——这就是悲剧的本质。倘若我们考虑到把每一事物变为肯定对象的困难,这一点就会显得更加清楚。在此,多元主义的努力和精神都是必要的,它们是转化的力量,是狄奥尼索斯的苦难。痛苦与厌恶在尼采那里总是在这一点出现:一切能否成为被肯定的对象,或者说,成为快乐的对象? 对于每一个事物,必须找到它被肯定,不再被否定的特殊方式。① 总之,悲剧既不存在于痛苦或厌恶之中,也不藏匿于对失去的统一的怀旧情绪中。悲剧只能在多样性和这种肯定的差异性中找到。悲剧的意义是由多样和多元的快乐界定的,这种快乐不是升华的结果,也不是净化、补偿、顺从或者和解的结果。尼采攻击一切没有认识到悲剧是一种美学现象的悲剧理论。悲剧是快乐的美学形式,而不是医疗处方或用来解除痛苦、恐惧和表示怜悯的道德手段。② 快乐才是悲剧的精髓,而这意味着悲剧直接引发欢乐,唯有对于那些愚钝的、病态的、满脑子道德伦常、指望靠悲剧来保证道德升华和医学净化效果的听众,悲剧才会招致恐惧与怜悯。"因此,随着悲剧的再生,富有艺术气质的听众也再生了。原本代替他们坐在剧院的,一直是一半带着道德要求一半带着装模作样的学术要求的古怪家伙,即'批评家'"(《悲剧的诞生》,22)。事实

---

① 参见查拉图斯特拉对永恒回归的苦痛和厌恶。早在《不合时宜的思想》中尼采就说过,原则上"一切可被否认的存在都是应当被否认的;真正的存在,相当于相信绝对无法被否认的、自身为真的、没有欺骗的实存"(《不合时宜的思想》,第 3 部分,"作为教育家的叔本华",4)。

② 早在《悲剧的诞生》中尼采便攻击过亚里士多德关于悲剧是一种宣泄的观念。他指出"宣泄"一词的两种可能诠释:道德升华和医学净化效果(《悲剧的诞生》,22)。但无论怎样解释,宣泄都将悲剧看作悲情和"反动的"情感的抒发。参见《权力意志》,第 4 部分,460。

一、悲　剧

上需要一种真正意义的文艺复兴,以便将悲剧从毫无品味的听众所奉行的恐惧与怜悯中解放出来,他们只能赋予悲剧某种源于内疚的庸俗含义。贯穿尼采整个哲学的反辩证、反宗教的梦想遵循多重肯定的逻辑,因而也是纯粹肯定的逻辑和与之相应的快乐伦理。悲剧的基础不在于生命与否定的关系,而在于快乐与多样性、积极性与多样性以及肯定性与多样性之间的关系。"英雄是快乐的,这一点正为迄今为止的悲剧作家们所遗忘"(《权力意志》,第4部分,50)。悲剧是率直的、生气勃勃的和充满快乐的。

这就是尼采放弃他在《悲剧的诞生》中依然称道的戏剧概念的原因。戏剧仍然是一种悲怆的情怀,是充满矛盾的基督教情怀。正因为这个缘故,尼采批评瓦格纳制造了一种戏剧性的音乐,从而抛弃了音乐的肯定性特征,"我为之痛苦的事实是,音乐变成了颓废之音,不再是狄奥尼索斯的笛声"(《瞧!这个人》,第3部分,"瓦格纳事件",1)。同样,尼采要求悲剧有权获得英雄式的而不是戏剧性的表现方式,表现一个欢快的、轻盈的、翩跹起舞的、爱游戏的英雄(《权力意志》,第3部分,191,220,221;第4部分,17—60)。酒神狄奥尼索斯的任务就是令我们轻盈,教我们舞蹈,赐予我们游戏的冲动。任何一位敌视或漠视尼采思想的历史学家也能识别出狄奥尼索斯的个性:欢快、轻盈、灵活善变并无所不在。① 狄奥尼索斯携着阿里安升上了天宇;她王冠上的珠宝是闪烁的群星。这是阿里安的秘密?是在那次著名的掷骰子后绽放的灿烂星群?正是狄奥尼索斯掷出了这些骰子,正是他舞蹈着将自己变形,正是他被唤作"万乐之神",即成千上万种快乐的神灵。

总的来说,辩证法不是世界的悲剧图景,相反,它是悲剧的死亡,因为它用理论概念(苏格拉底)或基督教的概念(黑格尔)替代了悲剧图景。黑格尔的早期作品所体现的正是辩证法的终极真理;现代辩证法是真正的基督教意识形态。它想替生命寻找正当的理由,并使之屈从于否定性的工作。然

---

① M. 让梅尔(M. Jeanmaire):《狄奥尼索斯》(帕约[Payot]主编),"快乐是他的性格中最显著的特征之一,并赋予他这样一种活力,为了理解狄奥尼索斯崇拜的扩张力,我们必定要回到这一活力"(第27页)。我们得到的关于狄奥尼索斯概念的一个本质特征,就是它唤起那种本性流动的,永远在变化的神性观念,即行进队列所展现的流动性。这既是狄奥尼索斯的追随者合成队列的方式,又是队列意象的体现。(第273—4页)"由妇人所生,由神秘的妇人争相护送,狄奥尼索斯是一个神,他不断与凡人联络,传送他直接在场的情感。与其说他下降到凡人的高度,不如说他的在场使这些凡人提升到他的高度"(第339页)。

而,基督教的意识形态与悲剧思想还是在一个问题上有相通之处,即生存意义的问题。依据尼采,"生存是否具有意义?"是哲学的最高问题,是最经验主义的甚至是最具"实验性"的问题,因为它在同一时刻提出了诠释和评价的任务。严格说来,这一问题意味着"什么是公正?",而尼采可以毫不夸张地说他的整个工作就是为了正确理解这一问题所做的努力。关于这一问题,当然存在蹩脚的诠释;长久以来,似乎只有被当作某种有缺陷的或者应该受到谴责的东西、当作某种不公正的从而应该为之正名的东西时,生存才具有意义。为了对生存进行诠释,需要一个上帝的存在;为了给生命正名需要拯救生命,而拯救生命又需要非难生命。生存的评价总是脱不开内疚的陈词滥调。这便是危及整个哲学的基督教启示。黑格尔从苦恼意识的角度来解释生存,但苦恼意识不过是内疚意识的黑格尔版。甚至叔本华……叔本华虽然使生存与公正的问题获得了空前的反响,但他却是在苦难中发现了否定生命的方式,并在否定生命中找到了为生命正名的唯一途径。"叔本华是我们德国人当中第一位公认的不屈不挠的无神论者:这便是他敌视黑格尔的秘密。在他看来,生存的非神性是既定的真理,明确无疑、不容辩驳之事……我们一旦拒斥基督教的阐释,叔本华的问题便令人悚惧地矗立在我们面前:生存究竟有无意义?这个问题需要好几个世纪的时间才能得到完整深刻的解答。而叔本华本人作出的回答,请原谅我这么说,是不成熟的,是一枚青涩的果实,是十足的折衷,他早早停下来,陷在基督教禁欲主义道德观的窠臼里,在这些道德观中人们同时抛弃了自己的信念和对上帝的信仰"(《快乐的科学》,357)。那么什么才是理解这一问题的另一方式,才称得上是真正悲剧性的理解方式,依据这种理解,生存会为一切它所肯定的东西正名,甚至包括苦难,而不会由苦难替它正名,换句话说,不会因苦难被神圣化?

9. 生存的问题

对生存意义的探讨由来已久,最早可以追溯到希腊时期,即前基督时期。我们看到苦难被用来证明生存的不公,与此同时,又被用来为生存寻找更高和更神圣的理由。(生存因为受难理应受责,又因为受难需要赎罪和拯救。)希腊人已经把生存诠

一、悲 剧

释和评价为过度行为、渎神和犯罪。泰坦的形象（"强加于泰坦式个体的犯罪必然性"）是历史上第一种赋予生存的含义。这种诠释对尼采的诱惑如此强烈，以至于在《悲剧的诞生》中尼采无法抗拒它的魅力，并用它来为酒神推波助澜（《悲剧的诞生》，9）。然而，为了发现这种诠释背后的陷阱和目的——它把生存变成一种道德和宗教的现象——尼采不得不找出真正意义上的酒神。在成为一种罪恶即过度行为之后，生存似乎被赋予了如此众多的含义。它由此获得了双重性质：一方面，它是一种巨大的不公正，而另一方面，它又是合理的赎罪。罪恶使它泰坦化，赎罪却又使它神圣化。① 如果不是想以一种微妙的方式贬低生存，使之屈从于判断、道德判断、并且首先屈服于上帝的裁决，那么所有这一切又是为了什么呢？据尼采看来，阿那克西曼德是完美地表达这一生存概念的哲学家。他说

---

① 《悲剧的诞生》，9："第一个哲学问题就这样设置了人与神之间一个艰难而无解的矛盾，把它如同一块巨石推到每种文化的门前。凡人类所能享有的尽善尽美之物，必通过一种亵渎而后才能到手，并且从此一再要自食其果，受冒犯的诸神必降下苦难和忧患的洪水，侵袭高贵的努力向上的人类世代。"我们看到在《悲剧的诞生》中尼采在何种程度上仍是个"辩证家"：他令狄奥尼索斯为泰坦们的罪行负起责任，而狄奥尼索斯却正是这罪行的受害者。他将狄奥尼索斯之死转变为某种十字架上的受难。

世间万物早晚要挨个儿为它的不公正受罚,付出赔偿的代价。这意味着:第一,生成是一种不公正(adikia),而万物所呈现的多样性正是这种不公正的总和;第二,事物之间相互斗争,并且要通过毁灭来为彼此的不公正接受惩罚;第三,所有事物起源于后来陷入生成、多元性和该受谴责的生育行为的本原存在(**不定性**),只有毁灭它们,本原存在才能一劳永逸地挽救它们的不公正(**神正论**)(《希腊悲剧时代的哲学》)。

叔本华在某种意义上是现代的阿那克西曼德。这两位哲学家究竟有何种魅力如此吸引着尼采,并由此能够解释在《悲剧的诞生》中为什么尼采仍基本忠实于他们对生存的诠释?毫无疑问,他们的魅力在于与基督教的区别。他们把生存视为有罪的、该受谴责的,然而毕竟不是错误的和该承担责任的。即使是泰坦式的英雄,他们对闪米特教和基督教那些令人难以置信的发明,即内疚、错误和责任也一无所知。在《悲剧的诞生》中尼采将泰坦和普罗米修斯之罪与原罪相对立,但他的描述十分隐晦,而且颇富象征意义,因为这种对立是他的否定性秘密,一如阿里安的神秘是他的肯定性秘密。他这样写道:"在原罪中,好奇、弄虚作假、易冲动、贪婪淫荡,一句话,一系列主要是女性的激情被视为罪恶之源……因此,雅利安人(希腊人)把渎神当作男性的,闪米特人把罪恶看作女性的"(《悲剧的诞生》,9)。这并非尼采厌恶女性的表现:阿里安是尼采的第一个秘密,是第一种女性权力,是酒神式**肯定的灵魂**,是与它不可分割的未婚妻。[①] 然而地狱的女性权力却截然不同,她具有否定的、道德化的力量,这位可怕的母亲和善与恶之母,是她在贬低和否定生命。"除非先绞死那些道德家们,再也没有别的途径能让哲学恢复从前的光荣。无论他们怎样谈论快乐与美德,他们只能让垂老的朽妇皈依哲学。让我们来看看这些辉煌了好几千年的圣人,无一例外是年老的或者成熟的妇人,像浮士德一样喋喋不休,这些婆婆妈妈们! 母亲,母亲! 多么可怕的字眼!"(《权力意志》,第3部分,408)母亲和姐妹,女性这第二种权力具有非难我们、迫使我们负责的作用。这是你的错,母亲说,如果我没有得到一个更好一点的儿子,更尊重他的母亲,更自觉地意识到他的罪行,这完全是因为你的错。这是你的

[①] 《瞧! 这个人》,第3部分,"查拉图斯特拉如是说",8:"除了我以外,谁知道阿里安是什么?"

错,姐妹说,如果没能让我更漂亮、更富有、更受宠爱,这全都是因为你的错。互相转嫁错误和责任、尖酸刻薄的反唇相讥、无休无止的责难和怨恨——这便构成了关于生存的道貌岸然的诠释。这是你的错,这是你的错,这种持续不断的抱怨只有轮到被责难者说一声"这是我的错"时才会停歇。在此之前,整个荒芜的世界回荡着这些喋喋不休的抱怨和它们的回声。"任何寻求责任的地方,一律是复仇的本能在寻求责任。这种本能牢牢控制着人类,以至于数个世纪以来的形而上学、心理学、历史学、尤其是道德全都留下了它的印记。人一旦开始思考,便把复仇的病菌带进了事物"(《权力意志》,第 3 部分,458)。尼采没有把怨恨(这是你的错)、内疚(这是我的错)和它们共同的成果(责任)视为简单的心理学事实,而是把它们看作闪米特与基督教思想中的根本类别,看作我们通常思考和诠释生存中的根本类别。尼采的任务是要提供一种新的理想、新的诠释方式和另一种思考方式(《论道德的谱系》,第 2 部分,23);"给无责任(irresponsabilité)以肯定之意义";"我希望拥有无责任的感觉,使自己超然于赞美与责备、此刻与往昔之外"(《权力意志》,第 3 部分,383 和 465)。无责任,这是尼采最高

一、悲 剧

贵、最美好的秘密。

与基督徒相比,希腊人就像是孩子。他们贬低生存的方式和他们的"虚无主义"丝毫没有基督教追求完美的意味。尽管他们也把生存看作是该受谴责的,可是他们并未发明把生存断定为错误的和应负责任的精细手段。当希腊人谈及有罪的、"渎神的"生存时,他们想到的是众神使人们疯癫的事实;虽然生存该受责难,但为此承担责任的是众神自己。这便是希腊关于罪行与基督教关于罪恶的诠释之间的区别。这也是尼采在《悲剧的诞生》中仍然相信生存有罪的缘故,因为罪行至少并不意味着有罪者应承担责任。"愚蠢、无知,还有点神经不正常——这就是即使处于最强盛、最勇敢的年代的希腊人也承认的导致不幸和灾难的原因。是**愚蠢**,而不是罪恶!你们明白这一点吗?……他肯定是被一位神愚弄了,他们会摇着头作出这种结论……在那个时代,众神就是这样在某种程度上替凡人的邪恶辩护,众神成了罪恶之源。那时,他们承担的不是惩罚,而是以更高贵的姿态承担罪恶"(《论道德的谱系》,第 2 部分,23)。但是,尼采也开始意识到只要稍加反思,就会缩短希腊人与基督教之间遥不可及的距离。当生存被视为该受谴责的,那么只差一步便可使它变为该负责任的。这一切只需变换一下性别,将泰坦们换成夏娃,再变换一下神灵,将旁观的众神、"奥林匹斯山的审判者们"换成上帝,换成那唯一的主动者和审判者。神替凡人在他的授意下作出的蠢行承担责任,凡人替投身十字架的那个神的蠢行承担责任,这两种解决方案并无太大的区别,尽管前者较之于后者远为完美。事实上,问题不在于该受谴责的生存是否要承担责任?而在于生存究竟是该受谴责的,还是清白无辜的?正是在这里,狄奥尼索斯发现了他的多重真理:无辜,多元性的无辜,生成的无辜以及一切存在物的无辜。①

10. 生存与无辜

"无辜"意味着什么?当尼采指责我们狂热地

---

① 这样,如果我们将尼采后来抛弃或修改过的《悲剧的诞生》的论题收集起来,可以得到五条:第一,在矛盾及解决矛盾的视角中的狄奥尼索斯为肯定的、多样性的狄奥尼索斯所取代。第二,狄奥尼索斯/阿波罗的对抗被狄奥尼索斯/阿里安的互补所削弱。第三,狄奥尼索斯/苏格拉底的对立越来越不充分,预示了更深刻的狄奥尼索斯/十字架受难的对立。第四,悲剧的戏剧化观念将为一个英雄式的观念所取代。第五,生存将失去其有罪的特征,而变得绝对无辜。

非难生命,狂热地从外界、甚至从自身寻求那些应当承担责任的东西,他的批判基于五个依据。第一点是"无物在整全外"①。然而,最后也是最深刻的一点却是根本"不存在整全这样的东西":"有必要分解这个世界,放弃对整全的顶礼膜拜"(《权力意志》,第3部分,489)。无辜是多元性的真理,它直接产生于力与意志的哲学原则。每一物涉及能够解释它的力,而每一种力又涉及与之不可分割的能力。正是这种相关、肯定以及被肯定的方式尤其无辜。无论何物,如果它不让某种力解释自己、不让某种意志评价自己,自然会唤起另一种能评价它的意志和另一种能解释它的力。但实际情形往往是,我们宁愿保留与我们拥有的力相符的诠释,而否定与我们的诠释不相符的事物。我们造出种种古怪的方式来表现力与意志,迫使力与其所能分离,我们把自身的力称为"有价值的",因为它绝不肯做它不能做的事,而把事物具有的力称为"应受谴责"的,其实只有事物才精确表现它拥有的力。我们把意志一分为二,造出一个中立的、富于自由意志

---

① 《权力意志》,第3部分,458:"整体不能被判断、被衡量、被比较,更不能被否认。"

的主体,并且给这意志行动和不行动的权力(《论道德的谱系》,第 1 部分,13)。这就是我们的境况与生存的关系,我们甚至尚未意识到意志可以评价("衡量")大地,力可以诠释生存。于是,我们否定生存本身,以贬抑代替诠释。我们发明了贬抑的办法,并把它当作评价和诠释的方式。"诠释当中的一种破灭了,但如果它被当作唯一可能的诠释,生存便似乎不再有意义,一切也仿佛是徒劳"(《权力意志》,第 3 部分,8)。唉,我们真是些蹩脚的玩家。无辜是关涉到生存、力和意志的一场游戏。在这里,生存被肯定和欣赏,力未与其所能分离,意志未被一分为二——这便是最接近无辜的含义(《权力意志》,第 3 部分,457—496)。

赫拉克利特就是这样一位悲剧思想家,公正的问题贯穿了他的所有作品。在他看来,生命是彻底无辜的、彻底公正的。他对生存的理解基于游戏的本能,并让生存成为一个美学的而不是道德或宗教的现象。因此,尼采将他的观点逐一与阿那克西曼德的观点相对立,一如尼采把自己与叔本华相对立。[①] 赫拉克利特否定世界的二元性,"否定存在本

---

① 下文中与赫拉克利特有关的可参见《希腊悲剧时代的哲学》。

身",并把生成作为一种肯定。我们不得不经过长时间的反思才能理解把生成作为肯定的意义所在。首先,它显然意味着只有生成;其次,毫无疑问,它意味着肯定这种生成。但我们还肯定了生成之在,我们说生成肯定存在或者存在在生成中得到肯定。赫拉克利特有两个像密码一样需要破译的思想;其一,并没有一个存在,一切事物都是生成;其二,存在也是这种生成的存在。一个是经验性的思想,它肯定生成;另一个是思辨性的思想,它肯定生成之在。这两种思想截然不可分割,像**火**与**正义**、**自然**与**逻各斯**一样,它们是同一元素的思想。因为没有超越生成的存在,也没有超越多样性的事物;多样性与生成绝非事物的表象或假象。但也不存在象超越表象的本质那样的多样且永恒的现实。多样性是与统一不可割离的表现形式,是统一本质性的转变和恒久的征兆。多样性是对统一的肯定;生成是对存在的肯定。生成的肯定本身即是存在,而多样性的肯定本身即是统一。多样的肯定是一肯定自身的方式。"一即多"。的确,如果统一未能真正在多样性中得到肯定,多样性如何从统一中出来?并在无穷无尽的时间过后,继续从统一中涌现?"如果赫拉克利特只察觉到一个元素,它在某种意义上也是径直反对巴门尼德(或阿那克西曼德)的思想的……一必须在产生与毁灭中被肯定。"赫拉克利特看得很透彻,在他看来,多样性不需要惩罚,生成不需要赎罪,而生存也不是某种形式的罪行。他在生成中看不到否定,恰恰相反,他看到的是对生成和生成之在的双重肯定,简言之,是存在的正当性。赫拉克利特是晦涩的,因为他把我们引向那扇晦涩之门:什么是生成之在?什么是与生成不可分割的存在?回归是生成之在,是生成本身的存在,是在生成中被肯定的存在。作为生成之规律、作为公正、作为存在的永恒回归。①

于是,生存无须负责,甚至不该受到责难。赫拉克利特走得如此之远,他大声疾呼:"多的斗争即是纯粹的公正!事实上,一就是多!"多与一、生成与存在的关联构成一种游戏。肯定生成和肯定生成之在是游戏的两个时刻,这两个时刻的构成需要

---

① 尼采对此作了精细的诠释。一方面赫拉克利特没有完全脱离罪与罚的视角(参见他关于完全燃烧的理论)。另一方面,他仅仅预示了永恒回归的意义。这就是为什么尼采在《希腊悲剧时代的哲学》中论及赫拉克利特时仅暗示永恒回归的原因,而在《瞧!这个人》中(第3部分,"悲剧的诞生"),他的判断也不是毫无保留的。

借助第三者的作用,即游戏者、艺术家或儿童的作用。① 游戏者-艺术家-儿童,宙斯-儿童:这就是酒神,是神话呈现给我们,给神的玩具包围的酒神。游戏者时而投入生活,时而观照生活;艺术家时而置身于他的作品之中,时而又凌驾于作品之上;孩子们在玩游戏的时候,有时退出来,有时又加入进去。在诸如此类的生成游戏中,生成之在同样在跟自己玩着游戏。永恒(时间),据赫拉克利特说,是一个玩游戏的孩子,是一个玩投掷游戏的孩子。生成之在,即永恒回归,是游戏的第二个时刻,又是那与前两个时刻相同一、同时有助于整个游戏过程的第三者。因为永恒回归是不同于外冲运动的回归,是不同于行动的直观,但它又是外冲运动本身的回归,是行动本身的回归:它是当下此刻的瞬间,又是周而复始的循环。我们必须理解赫拉克利特阐释的秘诀,他把游戏冲动与渎神对立起来:"召唤新世界的并非被视为有罪的渎神行为,而是被重新唤醒的永不间断的游戏冲动。"这不是神正论而是宇宙论;不是认为一切不公必须得到补偿,而是认为公

---

① 《希腊悲剧时代的哲学》:"正义或无处不在的守护神,正在发生的斗争,即被设想为游戏的整体;在判断这一整体的过程中,富有创造性的艺术家与自己的作品融为一体。"

正本来就是世界的法则；不是渎神而是游戏，是无辜。"实际上，渎神这一险恶之词是赫拉克利特主义者的试金石。他必须在此表明他理解还是误解了他的大师"(《希腊悲剧时代的哲学》，第 7 节)。

11. 掷骰子

掷骰子这种游戏包含了两个时刻——骰子掷出的一刻和骰子落回的一刻。尼采认为，掷骰子的过程发生于大地和天空这两张不同的桌子上。大地是骰子掷出之地，而天空是骰子落回之地。"如果我曾与诸神一起在神圣的大地之桌上掷骰子，那么地球会震颤，崩裂，喷出流火；因为大地是诸神的一张桌子，随着新创造的词语，随着诸神掷骰子的行为而震动"(《查拉图斯特拉如是说》，第 3 卷，"七印记")。"唷，我头上的苍天，你纯净而崇高！没有一只永恒的理性蜘蛛，没有一丝理性的蛛网，在我看来这就是你的纯净；你是神圣之偶然的舞场，是神圣的骰子和掷骰子者的神化了的桌子"(《查拉图斯特拉如是说》，第 3 卷，"日出之前")。但这两张桌子并非两个世界。他们是同一世界的两段时间,同一世界的两个时刻,是午夜与白昼,是骰子掷出的时刻和骰子落回的时刻。尼采坚持生活的两张桌子也是游戏者和艺术家的两个不同时刻:"我们暂时纵情投入生活,是为了在另一时刻以静默的态度观照生活。"掷骰子肯定生成,也肯定生成之在。

在掷骰子的过程中,关键不是掷骰子的次数导致相同的组合出现;恰恰相反,是因为组合的数目有限,所以每掷一次骰子,便必然会重复某一种组合。因此,并非大量的投掷次数导致组合的重复,而是有限的组合数目导致骰子的重复。被掷出的骰子是对偶然性的肯定,它们落回时形成的组合却是对必然性的肯定。必然性为偶然性所肯定,恰如存在为生成所肯定,统一为多样性所肯定。有人会徒劳地反驳说,如果投掷是偶然的,那么骰子不一定会显示出双六这种必胜的点数。这句话没错,但仅仅适用于那些一开始就不知如何肯定机会的游戏者。因为,就像统一不会抑制或否定多样性一样,必然性也不会抑制或取消偶然性。尼采将偶然性等同于多样性,等同于碎片、片断以及摇动并掷出骰子时的无序。尼采把偶然变成了肯定。天空本身被称为"偶然天"、"无辜天"(《查拉图斯特拉如是说》,第3卷,"日出之前");查拉图斯特拉的统治被称作"伟大的契机"(《查拉图斯特拉如是说》,第4卷,"蜜的祭礼";在第3卷的"旧榜与新榜"中,查拉图斯特拉自称为"偶然的救赎者")。"偶然——它是世界上最古老的贵族,我已使它回归万物,使万物从目的的束缚中解脱出来……在万物之中我看到了这令人欢欣的确定事实:万物宁愿在偶然之足尖上狂舞";"我的教义:让偶然来到我身边,它像幼童一样纯真无辜!"(《查拉图斯特拉如是说》,第3卷,"日出之前"和"在橄榄山上")因此,尼采称之为必然(命运)的东西从未取消偶然,而是与偶然本身结合。必然就像偶然自己被肯定那样为偶然所肯定。因为只有这样一种偶然的组合方式,就像多样性的统一一样,把偶然的各部分连接起来,这就是数或必然。数有成千上万,可能增加,也可能减少,但偶然之数仅此一个,即命定的那一个,它将偶然所有的碎片重新整合起来,宛如正午将午夜散落的碎片收集在一起。因此,为了产生使骰子落回的那个数,玩家只要有一次肯定偶然就够了。①

知道如何肯定偶然，就知道如何游戏。但事实上我们并不知道如何游戏："胆怯、羞愧而笨拙，像一只一跃失败的老虎：就像这样，你们这些高明的人啊，我常看到你们溜到一边：掷骰子掷输了。但这有什么关系呢！你们根本没有学会玩耍和嘲笑，没有学会应当怎样玩耍和嘲笑！"(《查拉图斯特拉如是说》，第4卷，"更高的人"，14)。蹩脚的赌徒指望多掷几次骰子，通过这种方式，他可以充分运用因果关系和可能性来产生满意的组合。这种组合，他当作隐藏于因果关系背后必须获取的目标来追求。这便是尼采谈及永恒的蜘蛛和理性之蛛网的用意所在。"面对躲在因果关系这张巨型蛛网背后的目的之蛛和结论之蛛，我们可以重复勇敢的查理面对路易十六时说过的话：'我要和所有的蛛网作战'"(《论道德的谱系》，第3部分，9)。企图把偶然

---

① 我们不要以为在尼采看来偶然会被必然否定。许多东西在类似嬗变的行为中都会遭到否定或废除，例如，重力的精灵为舞蹈所否定。在这点上，尼采的一般原则是：一切能否定的都把它否定掉（即否定本身，虚无主义及其表现方式）。但偶然不像重力的精灵，它不是虚无主义的一种表现，而是纯粹肯定的对象。在嬗变内部，存在一种肯定的联系：偶然与必然，生成与存在，多样与统一。通过这种关联得到肯定的东西不应与被嬗变否定或压制的东西混为一谈。

置于因果关系与最终结果的控制下来消除偶然,宁愿依靠骰子的反复投掷也不愿肯定偶然,宁愿预测结果也不愿肯定必然——所有这一切都是蹩脚玩家的所作所为。他们扎根于理性,但理性之根又是什么呢?这决不是别的什么,只能是复仇精神,即毒蛛(《查拉图斯特拉如是说》,第2卷,"论毒蛛")。是反复投掷的怨恨,是抱定一个目的内疚。然而,这样所能得到的充其量不过是多一点可能或少一点可能的相对数。宇宙并无目的,它可期望的目标并不多于可认知的原因——谁想当赢家,就得知道这个(《权力意志》,第3部分,465)。掷骰子之所以失败,是因为只投一次,偶然性得不到充分的肯定,从而无法产生那个注定的、必将整合所有碎片并决定骰子落回的数。因此,如下结论应当具有最重要的意义:尼采否弃原因/结果、可能性/结果的配对关系,否弃了这些术语的对立与综合以及由它们编织而成的蛛网,而代之以狄奥尼索斯偶然/必然的关联和狄奥尼索斯偶然/命运的配对关系。不是均匀分布在几次投掷中的概率,而是所有一次性的偶然;不是最终的、渴望的、期盼的组合,而是命定的、钟爱的组合,是命定之爱(amor fati);不是由投掷的次数决定骰子的组合,而是命定要得到的那个数决定投掷的次数。①

12. 永恒回归的结果

尽管掷出的骰子一劳永逸地肯定了偶然,但落回的骰子必然要肯定使骰子回落的点数或命运。在这个意义上,我们说,游戏的第二个时刻也是两个时刻的融合,或者说,是等同于融合的游戏者。永恒回归就是这第二个时刻,它是骰子掷出的结果,是对必然的肯定,是整合偶然各部分的数。但它同时又是第一个时刻的回归,是投掷的重复,是偶然本身的再生与再肯定。永恒回归中的命运同样是对偶然的"迎接":"我在我的瓦煲中烹调一切

---

① 尼采在《权力意志》的两篇文章中从可能性的视角向我们呈现永恒回归。永恒回归是在无数次的掷骰子中演绎出来的:"如果我们进行大量的投掷,某种花色的骰子重复出现的可能性便会大于完全的无序"(《权力意志》,第 2 部分,324)。如果这个世界上的力是定量的,并且时间可以无限延伸,那么"每一种可能的组合都会至少出现一次,甚至可以出现无数次"(《权力意志》,第 2 部分,329)。但是,第一,这些文章仅仅对永恒回归给出了一个"假定"的阐述;第二,从帕斯卡打赌的意义上来说这些文章是"辩护性"的。这是一个严肃对待机械论的问题,是表明机械论所得出的结论"并不必然是机械论的"的问题;第三,这些文章是一种挑衅的攻击,它用"蹩脚游戏者"自己的立场来击败他。

偶然之物。只有它完全煮好了,我才把它作为我的食品。真的,许多偶然傲慢地跑到我面前,但我的意志更专断地命令它,于是它哀求地跪下了——它哀恳着在我这里得到庇护和慈爱,并谄媚地说:看哪,查拉图斯特拉,朋友如何来寻觅朋友!"(《查拉图斯特拉如是说》,第 3 卷,"侏儒的道德")这意味着有这么一些自称有效的偶然的碎片,它们求助于概率,恳求游戏者多掷几次骰子。这些偶然的碎片不过是装成主人腔调的奴隶,在反复投掷的过程中,它们被分解成了几个简单的概率。① 但是查拉图斯特拉清楚地知道,人不能这样玩或是这样被玩弄,相反,他必须立刻肯定所有一次性的偶然(因此需要不断地煎煮它,就像掷骰子的人把骰子放在手里不停地把玩一样),以重新组合所有偶然的碎片,并肯定那个注定的、必然的而非可能的数。唯有这样,偶然才会被称为造访友人的朋友,欢迎再来的朋友和命中注定的朋友,它本身的命运就注定了这样的永恒回归。

尼采在一篇富于历史意义的、更加晦涩的文章

---

① 仅仅是在尼采将"碎片"看作"可怕的偶然"的意义上(《查拉图斯特拉如是说》,第 2 卷,"救赎")。

中写道:"普遍混沌排除一切有目的的活动,却并不与循环的观念相抵牾,因为这种观念仅仅是一种非理性的必然"(《权力意志》,第 2 部分,326)。这句话意味着混沌与循环、生成与永恒回归常常被当作二元对立的概念放在一起。因而,在柏拉图看来,生成本身是不受限制的、疯狂的、渎神的、有罪的,为了让它形成循环,需要一个造物主强行使它屈服,并把理念模型强加在它身上。于是,生成或混沌转变为模糊的机械因果关系,循环则指向外部强加的某种终极目标。循环中并不存在任何混沌,它表现了生成对外在规律的被迫服从。甚至在苏格拉底以前的哲学家当中,或许只有赫拉克利特认识到生成不处于"被审判的状态",它不能、并且从未被审判,它不会从别处接受规律,它是"公正的"并且拥有自己的规律(《希腊悲剧时代的哲学》)。也只有赫拉克利特预见到了混沌与循环之间并不存在冲突和对立。事实上,只需要肯定混沌(是偶然而非因果关系),就能同时肯定使骰子落回的数或是必然性(是非理性的必然而非终极结果)。"并不是一开始就存在混沌,然后逐步发展成为各种规律性和循环的运动:与之相反,所有这一切都是永恒的,是从生成中窃取的。如果出现过力的混沌,那么这种混沌就是永恒的,并且会在每一次循环中重复出现。循环尚未形成,这是本原性的规律,正如力群也是毫无例外的、不可违背的本原规律。一切生成都在循环之内和力群之间发生"(《权力意志》,第 2 部分,325,循环运动=循环,力群=混沌)。我们必须明白,尼采并未从古代的前辈那里找到他永恒回归的思想。古人没有在永恒回归中发现这种生成之在,也没有看到多样性的统一,这就是说,没有看到必然的,从一切偶然当中产生的那个数。他们看到的甚至是反面:对生成的征服,承认它的不公,并要为此不公赎罪,他们看不到"生成中有规律,必然中有游戏",或许唯独赫拉克利特是一个例外(《希腊悲剧时代的哲学》)。

13. 尼采的象征主义

当骰子在大地的桌子上抛出时,大地"颤栗着崩裂了"。因为掷骰子是多重肯定,是对"多"的肯定。但是所有片断和碎片都在一次投掷中被抛了出去:一切都是偶然的,一切在瞬间中完成。这种力量像火一样,它不是对多样性的抑制,而是对多样性瞬间的肯定。火是游戏的和转化的元素,没有任何东西与它对立。在骰子下崩裂的大地于是喷射出"火焰的河流"。正如查拉图斯特拉所言,多样性和偶然性不过是被煮好和烹调好的善。煮沸或置于火中并非意味着取消偶然,或是寻找隐藏在多样性后面的统一。恰好相反,在瓦煲里沸腾如同骰子在游戏者手中叮当地碰撞,它是肯定偶然或多样性的唯一方式。掷出的骰子形成使骰子落回的数,在带回骰子的过程中,这个数把偶然重新放回火中,保持加热偶然的火势。因为数是存在、统一和必然,而统一是被这种多样性肯定的统一,存在是被这种生成肯定的存在,必然是被这种偶然肯定的必然。数存在于偶然之中,正如存在与规律存在于生成中。存在的数,保持火势的数,以及在多样性得到肯定时被多样性所肯定的数,是掷骰子的过程中诞生的舞蹈之星,甚至可以说是灿烂的星群。这个游戏的规则是:人必用自身的混沌才能创造舞蹈之星(《查拉图斯特拉如是说》,序言,5)。当尼采奇怪是什么使他选择了查拉图斯特拉这个人物的时候,他找到了三个完全不同且价值迥异的理由。第一,他把查拉图斯特拉当作永恒回归的先知(《权力意志》,第 4 部分,155),但他不是唯一的先知,甚至不是最能预见其预言的真正含义的先知。第二个原因备受争议：查拉图斯特拉曾第一个将道德引入形而上学，使道德成为一种力、一种原因，尤其是一种目的；因此他成为谴责这种神秘化以及这种道德本身错误的最好突破口（《瞧！这个人》，第 4 部分，3）。但是类似的原因也适用于基督；谁会比基督更适合扮演反基督的角色……并扮演查拉图斯特拉自己的角色？① 第三个原因是回顾性的，但足以自圆其说，它是完美的偶然原因，"今天我偶然地得知了查拉图斯特拉的意义，他是金子般的明星。这种偶然像魔法一般令我着迷"（《致盖斯特》，1883 年 5 月 20 日）。

混沌-火-星群，这种意象的游戏将关于狄奥尼索斯的所有神话元素聚集在一起。毋宁说，这些意象构成了真正意义上的狄奥尼索斯游戏：幼童狄奥尼索斯的玩具；多重肯定和受难的狄奥尼索斯的残肢断臂；狄奥尼索斯的烹调或是被多样性肯定的统一；狄奥尼索斯创造的星群，天宇中像舞蹈之星一般的阿里安；狄奥尼索斯的回归，作为"永恒回归主

---

① 《查拉图斯特拉如是说》，第 1 卷，"自愿的死亡"："兄弟们哟，相信我！他死得太早了；假使他达到了我的年龄，他自己当会反对他的教义！"

一、悲　剧

人"的狄奥尼索斯。我们甚至有机会看到尼采如何理解他那个时代的自然科学、动力学和热力学。现在我们很清楚,当时尼采梦想的是与蒸汽机截然不同的、以火为动力的机器。尼采有自己的一套物理学概念,但他从未有过当物理学家的抱负。他给予自己诗和哲学的权利去梦想一种机器,或许有一天科学会通过它自己的方式实现这一梦想。这种机器能够肯定偶然、烹调偶然,制造使骰子落回的数,它靠多个小的操作就能释放巨大力量,它与群星游戏,简而言之,这就是赫拉克利特式的以火为动力的机器。①

但是,对于尼采而言,意象的游戏从未取代更深刻的概念和哲学思考的游戏。诗歌与格言是尼采最生动的两种表达方式,而它们具有与哲学确定的关系。从形式上看,格言呈现为碎片,是多元主义思想的表现形式;从内容上看,它主张清晰地表述某种意义。一种存在,一次行动,一个事物的意义——这些都是格言的目标。尽管尼采非常钦佩

---

① 《权力意志》,第 2 部分,38(关于蒸汽机)、50,60,61(关于力的释放:"人们证明有一些从未听说过的力可以通过具有合成性质的微小存在物释放巨大的能量……与群星游戏的存在物。""所有原子的爆炸、转向以及力的突然释放在分子内部产生。整个太阳系可以在瞬间经历堪与神经作用于肌肉相类比的一种刺激")。

谚语作家,但他清楚地看到谚语作为一种文体具有的缺憾:它只适用于发现某种动机,因此一般说来,它仅与人类现象有关。然而,对尼采而言,即使最隐秘的动机,也不过是事物中人性的一面,而且是人类活动中表层的一面。只有格言才能够清晰地表述意义,它是诠释与诠释的艺术。同样地,诗歌是评价与评价的艺术,它能够清晰地表述价值。但也正因为价值和意义是如此复杂的概念,因此诗歌本身必须被评价,格言本身必须被诠释。诗歌与格言本身就是某种诠释或评价的目标。"一句深刻隽永的格言,不可能单凭阅读来破解,阅读仅仅是开始,还需要对它进行解释"(《论道德的谱系》,序言,8)。从多元主义的视角看,意义和价值正是从区分性的因素那里分别获得了自身的意义和价值。这个总是存在的、却又总是隐藏于诗歌与格言中的区分性因素像是意义与价值中的第二个维度。与诗歌、格言具有本质联系的哲学通过发展这一因素,并借助这一因素的发展来促进自身的发展,才能产生完整的诠释和评价,换言之,才能产生思想的艺术、思考力或是"反刍力"(《论道德的谱系》,序言,8)。反刍和永恒回归,两个胃对于思考来说并不为多。诠释和评价也存在两个维度,其中,第二个也是第一个的回归,即格言的回归或是诗歌的循环。因此一切格言必须读上两遍。对永恒回归的诠释随着骰子的掷出开始,但这仅仅是开始,当骰子落回的时候,我们仍然必须对掷骰子本身作出解释。

14. 尼采与马拉美

尼采与马拉美之间存在惊人的相似。[①] 其中四个最显著的相似点向我们展示出所有的意象。

① 思考就是掷骰子。只有基于偶然的投掷才能肯定必然,才能产生"那个唯一的、没有其他可能的数"。这是一次投掷,而不是几次投掷后获得的成功:只有在一次投掷中能够取胜的组合才能保证

---

① 蒂博代(Thibaudet)在《斯蒂芬·马拉美的诗歌》中指出了这一点。他正确地排除了所有关于影响的问题。

骰子的回归。① 抛出的骰子就像大海与波涛（而尼采更愿意用大地与烈火的意象），而回落的骰子是灿烂的星群，它们的点数形成"从群星中诞生"的数。掷骰子的桌子因而具有双重的性质，它既是偶然之海，又是必然之天，既是午夜，又是白昼。午夜是骰子被抛出的那一刻……

② 人不懂如何游戏。即使高人也无力掷出骰子。大师老了，他不知如何在海面上、在高空中抛掷骰子。垂老的大师是必须跨越的"桥梁"，只有少年才是复兴掷骰子游戏的合适人选。这位少年的帽檐上插着"稚气十足的"翎毛，"他拥有优雅的身段和黝黑的肌肤，身边依偎着妖娆的女郎"。他是否等同于儿童时代的狄奥尼索斯？或是幸福岛上的孩子，即查拉图斯特拉的孩子？马拉美曾描写一个名为伊吉杜尔的孩子向他的祖先祈求，他的祖先

---

① 蒂博代在一页古怪的文字中（第 433 页）的确曾指出，根据马拉美，骰子只掷一次；但他似乎为之后悔，因为他发现多次投掷的原则更明确："我不相信随着思考的深入，他竟会写诗来讨论'多次投掷取消偶然'的主题。但这是明确无疑的。应当记住多次投掷的原则……"——但很显然，多次投掷的原则不会引起任何深思，而只会导致曲解。伊波利特（Hyppolilte）将马拉美的掷骰子与控制论机器相比较，而不是与多次投掷的原则相比，这显示了更深刻的眼光（参见《哲学研究》，1958年）。同样的比较也适用于尼采。

一、悲　剧

并非人类,而是被称为爱罗伊姆①的纯种族类,这一族"将它的纯粹提升为绝对,为了成为这个绝对的纯粹,最终在必然中消亡,只留下一些关于它的思想"。

③ 掷骰子不仅是无理的、非理性的、荒诞的和超人的行为,而且构成了悲剧性的尝试和卓越的悲剧思想。马拉美认为"戏剧"、"神秘剧"、"圣歌"以及"英雄"之间存在相等或对应的关系。只要把马拉美的戏剧观和《悲剧的诞生》都视为瓦格纳强大的影响力的产物,把瓦格纳视为它们共同的先驱,这个有名的戏剧思想证明这种观念至少表面上与《悲剧的诞生》有异曲同工之妙。

④ 数-星群是(或可能是)一本书或一件艺术品,它们作为这个世界的成果和为世界辩护的理由而存在(关于生存的审美辩护,尼采曾这样写道:我们在艺术家那里看到"必然与游戏、冲突与和谐如何携手创造出艺术作品"(《希腊悲剧时代的哲学》)。如今,命中注定的星群的数使骰子落回,因此,这本书既是唯一的,又是变化莫测的。马拉美清楚地肯定了意义与阐释的多样性,但这种多样性与另一种肯定密切相关,即肯定书和文本具有的

---

① Elohim,希伯来圣经中所说的神,上帝。——译注

"像规律一样不易腐蚀"的统一。书既是生成中的循环,又是生成中的规律。

尽管他们的思想如此接近,尼采与马拉美的相似仍然只是表面现象。因为马拉美总是把必然理解为对偶然的取消。他理解掷骰子的方式是,偶然与必然处于对峙的状态,掷骰子的第二个时刻必须否定第一个时刻,而第一个时刻也只能抑制第二个时刻。只有取消偶然,游戏才能成功;而游戏之所以失败,正是因为偶然以某种方式继续存在:"通过这一简单的事实,我们认识到人类行动的方式是从偶然那里获取的。"这就是掷骰子产生的数仍然是偶然的原因。我们注意到马拉美的诗歌往往属于陈旧的宣扬二元世界的形而上学思想;在他那里,偶然像生存一样必须被否定,必然则像纯粹理念或永恒本质具有的特征。因此,掷骰子的最后一线希望就是希望在另一个世界发现可理解的模式,在这块偶然不复存在的"空灵的高地",有一片星群担起这个责任来。最后,星群与其说是掷骰子的结果,不如说是逾越界限或进入另一个世界的结果。探讨马拉美的思想中究竟是贬低生命还是颂扬理智处于上风已经无关紧要了。在尼采看来,这两个方面密不可分,而且构成了"虚无主义"本身,即非难、

一、悲　剧

审判和谴责生命的方式，其余一切皆源于此。伊吉杜尔所属族类不具备超人的气质，却散发着另一个世界的气息；优雅的身段不属于幸福岛上的孩子，而属于哈姆莱特，马拉美曾在另一处称这位"险境中痛苦的王子"为"不能成为君王的潜在君王"；希罗多德①不是阿里安，而是一个心怀怨恨与内疚的冷冰冰的家伙，这个否定生命的精灵，在厉声责骂诺里斯时迷失了方向。艺术品在马拉美那里是"公正的"，然而这种公正不是生存的公正，它仍然是带有非难性的公正，这种公正否定生命，并预示自己的失败与无能。② 甚至马拉美的无神论也是莫名其妙的，它指望弥撒能成为梦想的戏剧模型——是弥撒，而不是狄奥尼索斯的神秘……事实上，贬低生命的永恒事业几乎从未如此全面深入地推进过。马拉美的确讨论过掷骰子的游戏，但这是一种被虚无主义窜改，并从内疚与怨恨的角度加以解释的游戏。一旦掷骰子与无辜，与对偶然的肯定剥离开来，一旦其中的偶然与必然相对立，那么掷骰子便毫无意义可言了。

----

① Hérodiade，马拉美同名诗篇的女主人公。——译注
② 相反，当尼采谈到"生存的审美辩护"，则是把艺术视为"生命的刺激物"；艺术肯定生命，生命在艺术中得到肯定。

15. 悲剧思想

这难道只是心理上的差异？只是语气或语调的不同？我们要提出尼采哲学在总体上依赖的一个原则：即怨恨、内疚等绝非是由心理学决定的术语。尼采将否定生命和贬低生存之举称为虚无主义。他分析了虚无主义中包括怨恨、内疚和禁欲主义理想在内的主要表现形式；他把整个虚无主义及其形式称作复仇精神。但是，虚无主义表现及其表现形式决不能简化为心理学的定式，更不能简化为历史事件或意识形态潮流，甚至不能简化为形而上学的结构。[①] 的确，复仇精神是通过生物学、心理学、历史学以及形而上学的方式表现出来；它也是一种类型，与作为尼采哲学基石的类型学密不可分。但问题在于：这种类型学的性质是什么？复仇精神远非一种心理学的特性，相反的，它是我们整

---

① 海德格尔也强调这几点。例如："虚无主义就像一个本质的进程推动着历史的发展，然而它在西方人的命运中几乎从未被认识过。因此，虚无主义不是一种历史现象，也不是一种在西方的历史框架中与其他精神相遇的精神潮流。"（霍兹威格[Holzwege]；"'上帝死了'——尼采说"，译自《论辩》[Arguments]）

个心理学所依赖的原则。怨恨并非心理学的一个组成部分,而整个心理学是怨恨的一部分,尽管它没有意识到这一点。同样,当尼采指出基督教充满怨恨和内疚时,他并没有把虚无主义当作一个历史性的事件,而毋宁是这样一种历史因素,一种普遍历史的原动力,或是著名的"历史性意义"或"历史的意义",一度在基督教中找到它们最恰当的表述。当尼采批判虚无主义时,他把虚无主义当作一切形而上学的预设,而不是某一特定形而上学的表达方式;没有哪种形而上学不是以超感性世界的名义来审判和贬低生命。我们甚至不能说虚无主义及其形式是思想的范畴,因为思想或理性思想的范畴——同一、因果关系、终极目标——本身就预设了某一种对力的阐释,即对怨恨的阐释。基于以上种种原因,尼采说:"数个世纪以来复仇的本能牢牢控制着人类,以至于所有形而上学、心理学、历史学、尤其是道德全都留下了它的印记。人一旦开始思考,便把复仇的病菌带进了事物"(《权力意志》,第 3 部分,458)。我们必须这样理解这段话:复仇的本能是构成我们称之为心理学、历史学、形而上学以及道德规范的本质的力。它是我们思想中的系谱学因素,是我们思维方式的先验原则。于是,尼采反对虚无主义和复仇精神意味着形而上学将被颠覆,历史(作为人的历史)将会终结,科学将经历转变。而我们的确不知道抛却怨恨的人会是什么模样。不谴责或不贬低生存的人还是人吗?还会像人一样思考吗?他不是已经变成了某种有别于人的东西,几乎是超人了吗?心存怨恨与消除怨恨,再也没有比这更大的差异了。它超越了心理学、历史学和形而上学。这是真正的差异或是先验的类型学,是标示系谱和等级的差异。

尼采宣称他的哲学目标就是帮助思想摆脱虚无主义及其表现形式。这意味着会有"质的变化"发生,会出现一种全新的思维方式,思想先前依赖的原则将被颠覆,而系谱学的原则将得到澄清——一次彻底的"嬗变"。长久以来,我们只会依据怨恨与内疚的原则进行思考,除了禁欲主义理想以外我们没有别的理想。我们把知识与生命对抗,以便审判生命,使它变为某种该受谴责的、该承担责任的或错误的东西。我们把意志变为某种恶劣的、陷入基本矛盾的东西:宣称要对它进行矫正、抑制、限制甚至否定和压制。只有付出这种代价后,它才是好的。没有一个哲学家在发现意志的本质时不哀叹自己的发现,没有一个不像胆怯的算命先生那样,一眼从中看到未来不祥的征兆和往昔万恶的源头。叔本华把这古老的概念推到极端,他曾把意志描述为监牢和使伊克西翁①受罚的地狱车轮。唯独尼采不抱怨他的发现,不打算替意志驱魔或限制其作用。"全新的思维方式",这意味着:肯定性的思想、肯定生命和生命意志的思想以及最终驱逐了所有否定性因素的思想;坚信过去与未来的无辜,并坚信永恒回归的到来。生存不再被认为该受谴责,而意志也不再为自身的存在感到内疚:这正是尼采所谓的喜讯。"意志,正是被称为解救者和报喜者的东西"(《查拉图斯特拉如是说》,第 2 卷,"救赎")②。喜讯是悲剧性的思想,因为悲剧既不存在于满怀怨恨的反责或内疚的冲突中,也不存在于饱含着负罪感与责任感的矛盾意志中,甚至不存在于反对怨恨、内疚或虚无主义的斗争中。在尼采看来,悲剧从未被理解为悲剧=快乐,如果用另一个伟大的等式来表述这一思想,那么就是意志=创造。我们不知道,悲剧其实是纯粹的和多样的肯定,是动态的

---

① Ixion,希腊神话中的拉庇泰国王,因意图对赫拉非礼,宙斯将他缚在旋转的车轮上,永在冥间受罚。——译注

② 《查拉图斯特拉如是说》,第 2 卷,"救赎";《瞧!这个人》,第 4 部分,1;"我是否定精神的对立面。不同于任何在我之前的人,我是带来喜讯的信使。"

欢乐。悲剧就是肯定:因为它肯定偶然以及偶然的必然性,肯定生成以及生成之在,肯定多样性以及多样性的统一。悲剧是掷骰子。除此以外,其余一切,包括基督教和辩证法的感伤、对悲剧的滑稽模仿以及关于内疚的喜剧都是虚无主义。

16. 试金石

当我们想在尼采和其他自称为或被称为"悲剧哲学家"的作家(帕斯卡、克尔凯郭尔和舍斯托夫[Chestov])①之间进行比较时,我们切不可看到悲剧一词就心满意足,我们必须考虑尼采的遗愿。仅仅这样问:"其他哲学家如何思考?他们的思想可否与尼采相比较?"是不够的,相反我们必须问:"这位哲学家如何思考?在他的思想中残存着多少怨恨与内疚的成分?在他对悲剧的理解中,禁欲主义理想和复仇精神是否继续存在?"帕斯卡、克尔凯郭尔和舍斯托夫天才般地将批评推进到前所未有的

---

① Pascal(1623—1662),法国数学家、哲学家;Kierkegaard(1813—1855),丹麦哲学家,现代存在主义哲学的创始人;Chestov(1866—1938),20世纪俄国思想家、哲学家。——译注

深度。然而,尽管他们悬置道德、颠覆理性,却依然未脱怨恨的窠臼,依然从禁欲主义理想中汲取力量。作为这种理想的诗人,他们用来反道德、反理性的,仍然是理性浸淫其中的禁欲主义理想,是理性生根其中的那个神秘物,即内趋性——毒蛛。为了显得哲学化,他们需要一切与内趋性、痛苦、悲哀和愧疚相关,以及与任何一种不满的形式相关的资源和线索。① 他们投身于怨恨的代表人物——亚伯拉罕和约伯的名下。他们缺乏肯定意识、外向意识,缺乏无辜和游戏的意识。与他们相反,尼采认为:"我们无须像某些人那样,认为哲学源自不满,于是等候不幸的来临。我们应当在快乐中开始,在具有男子气概的饱满的成熟中开始,在只有获胜的成年期才拥有的快乐之火中开始"(《希腊悲剧时代的哲学》)。从帕斯卡到克尔凯郭尔的时代,人们喜爱赌博和跳跃。但这些不是狄奥尼索斯和查拉图斯特拉崇尚的运动;跳跃不是舞蹈,赌博不是游戏。我们将注意到查拉图斯特拉如何不含先入之见地

---

① 《权力意志》,第 1 部分,406:"我们攻击基督教的什么方面?它希望破坏强者,削弱他们的勇气,利用他们的不幸时刻和疲惫,将他们为之骄傲的信心转变为不安和良心折磨……一个可怕的灾难,帕斯卡便是最明显的例子。"

把游戏和赌博相对立,把舞蹈和跳跃相对立;只有那些蹩脚的游戏者才会赌博,也只有那些小丑才会跳来跳去,才会把这种跳跃当作舞蹈,当作最终的征服和超越。①

我们提到帕斯卡的赌博,仅仅是为了最后下一个结论:它与掷骰子毫无相似之处。赌博根本不是肯定偶然,不是肯定作为整体的偶然,恰好相反,它把偶然分解为概率,把它变成"得与失的几率"。因此,想知道赌博究竟是真正具有神学意义还是仅仅为教义辩护就变得毫无意义。因为帕斯卡的赌博并不关注上帝存在还是不存在的问题。赌博是人类学的话题,它只关注人的两种生存方式:相信上帝存在的一类人的生存方式和相信上帝不存在的另一类人的生存方式。上帝不是在赌博中存在,而是被赌博预设的视角或是立场,根据这种立场,偶然被分解成输赢的几率,而选择权完全被禁欲主义理想和对生命所持的贬抑态度所把握。尼采明智地把自己的游戏与帕斯卡的赌博相对立。"帕斯卡

---

① 《查拉图斯特拉如是说》,第3卷,"新榜与旧榜":"人是要被超越的一种东西。因此你看:有着这么多超越的途径与方式!但只有小丑才会这样想:人也能被跃过。"《查拉图斯特拉如是说》序言,4:"我爱那当骰子于他有利时感到羞愧的人,并且他问道:我是欺诈的游戏者么?"

认为,如果没有基督教信念,那么你就会为自己,像自然和历史那样,成为一种怪物或混沌。我们已经实现了这一预言"(《权力意志》,第 3 部分,42)。尼采的意思是我们已经成功地发现另一种游戏,另一种玩法:我们已发现超人,他超脱于以上两种过于人性的生存方式;我们已知道肯定一切偶然,而不是把它分解成输赢的几率,听任这些碎片像主子那样发号施令;我们已使混沌成为肯定的对象,而不是把它作为否定的对象①。每当我们在尼采与帕斯卡(或与克尔凯郭尔、舍斯托夫)之间进行比较时,我们不得不作出相同的结论——比较只在一定程度上有效:这种提炼来自于尼采的基本思想和他的思维方式。而从微小的细菌中所提炼的便是宇宙中被尼采诊断为复仇精神的东西。尼采说:"渎神是所有赫拉克利特主义者的试金石。他必须在此表明他理解还是误解他的大师。"怨恨、内疚、禁欲主义理想以及虚无主义是每一位尼采主义者的试金石。他必须在此显示他已经理解了还是没有认识到悲剧的真正意义。

---

① "怪物与混沌——这是帕斯卡的运动,因此它是要被否定的"(《权力意志》,第 3 部分,42)。

二、 能动与反动

1. 身 体

斯宾诺莎为科学和哲学开辟新的道路。他说我们整天喋喋不休地谈论意识和精神,但我们居然不知道身体能做什么,它具备何种力量以及为何要积蓄这些力量。[①] 尼采清楚地意识到那时刻已经到来:"我们处在意识该收敛的时刻"(《权力意志》,第 2 部分,261)。提醒意识必须收敛意味着以其本来面目来对待意识:它不是别的什么,只不过是一种征候,暗示着更深刻的变化和完全与精神无关的力的活动。"或许在精神的一切发展中,身体才是唯

---

① 斯宾诺莎,《伦理学》,Ⅲ 2,证明:"我已经表明,人们不知道身体能做什么,不知道思考身体,可以得出什么结论;人们通过经验观察到,许多事物的发生只遵循自然法则,并认为它们只有在精神的指引下才得以发生……"

二、能动与反动

一重要的。"那么意识是什么呢？尼采像弗洛伊德那样，认为意识是受外部世界影响的自我领域(《权力意志》，第 2 部分，253；《快乐的科学》，357)。然而，较之于与外界(就现实而言)的关系，意识被定义为与优越性(就价值而言)的关系更为密切。这一区分对于意识和无意识的一般概念而言具有本质性的意义。在尼采那里，意识总是卑贱者关于高贵者的意识，前者从属或被"并入"后者。意识从来不是关于我的意识，而是一个自我关于另一个自我的意识，而后者本身对此并不知情；它不是主人的意识，而是奴隶关于主人的意识，而主人本身对此并不自觉。"意识往往只在一个整体想从属于另一个更优越的整体时才出现……意识产生于与某种存在相关的时刻，而我们可能沦为这一存在的一种功能"(《权力意志》，第 2 部分，227)。这便是意识的奴性：它只是"更优越的身体已然形成"的一个见证。

什么是身体？我们不准备把它界定为力场，即多元的力互相争夺的营养媒介。因为事实上根本不存在这样一个媒介，这样一个力的战场或战争。不存在一定量的现实，因为所有现实已经是一定量的力。在相互的"紧张关系"中，没有别的，只有一定量的力(《权力意志》,第2部分,373)。每一种力与其他力相关,它要么服从其他的力,要么支配其他的力。界定身体的正是这种支配力与被支配力之间的关系。每一种力的关系都构成一个身体——无论是化学的、生物的、社会的还是政治的身体。任何两种不平衡的力,只要形成关系,就构成一个身体。这就是为什么在尼采的意义上身体总是偶然的结果,而且似乎是最"令人惊讶的"事物,事实上它远比意识和精神更令人惊讶。[1] 偶然不仅表现为力与力之间的关系,同时也是力的本质。因此,我们不去追问,一个活泼的身体如何诞生,因为每一个身体都是鲜活的,都是构成它的力的"随机"产物。[2] 身体是由多元的现象,是多元的不可化简的力构成的,它的统一是多元现象的统一,是一种"支配的统一"。在身体中,高等的支配力被称为能动力,低等的被支配力被称

---

[1] 《权力意志》,第2部分,173:人的身体是"比陈旧的灵魂更令人惊异的观念"。《权力意志》,第2部分,226:"更令人惊奇的是身体;人的身体已经成为可能——我们不厌其烦地惊叹这样的观念。"

[2] 有关生命伊始的假问题,见《权力意志》,第2部分,66,68。有关偶然性的作用,见《权力意志》,第2部分,25,334。

为反动力。① 能动与反动正是表现力与力之间关系的本原性质。因为,如果每一种力不是同时拥有与其量差相应的质,进入关系的力就不可能具有一定的量。我们把这种由量差决定力属于能动还是反动的差异称为等级。

2. 力的区分

低等力并不因为服从的关系而不再是力,就与支配力判然有别。服从是力的这样一种性质,它和支配一样,与权力相关:"每一种力不会放弃自己的权力。即使支配力也承认在对手那里绝对的权力从未消失、合并或瓦解。服从与支配是斗争的两种形式"(《权力意志》,第 2 部分,91)。低等力被界定为反动力,它们不曾失去自己的力,也不曾失去力的量。它们通过确保机械手段和终极目标,实现生

---

① "réaction"(réactif)一词既有"反作用"、"反应"的含义,又有"被动"、"消极"之意。德勒兹用它来指充满惰性的卑贱的生活方式。译文除少数需强调"反作用"或"被动"意义的地方,主要将这个词译为"反动",既取物理意义上的"反作用力",即被动接受作用的含义,又取象征意义上的"消极"、"奴性"、"反动"之意。——译注

命所需要的条件,达到保持、适应以及实用的功能和任务,来发挥这种力。这就是反动概念的出发点,它于尼采的重要性在于:它是机械性和功利性的调和,是所有低等权力和被支配力遵循的准则。在此,我们必须指出,现代思想对力的反动面过于痴迷。当我们从反动力的角度来理解有机体时,我们总认为自己已经做得足够好了。这种力的本质和它的震颤令我们神魂颠倒。这就是我们论述生命理论时把机械手段与终极目标相对立的缘故;但这两种诠释仅仅对于反动力本身有效。不错,我们的确是从力的角度来理解有机体的,然而事实是,我们只有把反动力与本身不是反动力的支配力相联系,才能从本来面目来把握反动力,也就是说,把它们当作力而不是机械手段或终极目标。"我们往往忽视了自发的、进攻型的、扩张的、侵占的、变化的、不断校正方向的力(而适应的过程仅发生在这些力的作用之后)的本质优越性;这样一来也就否定了有机体中最高功能的支配地位"(《论道德的谱系》,第 2 部分,12)。

毫无疑问,描述这些能动力的特征是更加困难的事情,因为它们天生逃避意识,"真正了不起的行动是无意识的"(《权力意志》,第 2 部分,227)。意

二、能动与反动

识只表现一些反动力与支配它们的能动力之间的关系。意识本质上是被动的,这就是我们不知道身体能做什么或者它能进行何种活动的原因(《快乐的科学》,354)。而对意识的评价同样可以用来评价记忆与习惯,这些话甚至适用于滋养、繁殖、保养和适应等行为。这些一律是被动的功能和专门表现,表现特定的反动力(《权力意志》,43,45,187,390)。意识势必从自身的角度和方式,即反动的角度和方式来理解有机体。连科学也有时亦步亦趋地追随意识,完全依赖其他反动力;因而对有机体的解释总是拘泥于细枝末节,拘泥于它反动的一面。有机体的问题在尼采看来不是机械论与活力论之间的高下问题。如果活力论同机械论一样,宣称它也是在反动力中发现了生命的特质,只不过诠释的方式与机械论有所不同,那么它有什么价值呢?真正的问题在于发现能动力,没有能动力,反动力便不成其为力。① 身体之所以高于所有反动力,尤其是被称为意识的自我的反动力,必定是无

---

① 尼采多元主义的独创性就在于这里。在他对有机体的构想中,他没有让自己局限于构成力的多元性。他所感兴趣的是能动力与反动力的多样性以及对能动力本身的深入探讨。如果把这一思想与巴特勒(Butler)的多元主义相比较,我们就可以发现,巴特勒的理论虽然让人钦佩,却仅满足于记忆和习惯。

意识力量的活动使然:"从理智的观点讲,身体这一整体现象高于意识和精神,高于我们有意识的思维、情感和意志,就像代数高于乘法表"(《权力意志》,第 2 部分,226)。身体的能动力把身体变为自我,并且把自我界定为优越的和惊世骇俗的:"这最强大的存在,这神秘未知的圣哲——他名叫自我。他寄寓于你的身体之中,他便是你的身体"(《查拉图斯特拉如是说》,第 1 卷,"肉体的蔑视者")。真正的科学是关于行动的科学,而行动的科学必定是关于无意识的科学。认为科学必须追随意识的足迹和方向的观点是荒谬的,在这种观点中,我们可以嗅到道德的气息。事实上,只有在不存在意识或不可能存在意识的地方才有科学存在。

"什么是能动?——主动追求权力就是能动"(《权力意志》,第 2 部分,43)。侵吞、占有、征服和支配,这些都是能动力的特征。占有意味着通过开发环境来强加和创造形式(《善恶的彼岸》,259;《权力意志》,第 2 部分,63)。尼采批评达尔文以完全被动的方式来诠释进化和进化中的偶然。他赞赏的是拉马克,因为拉马克预言存在一种真正能动的和可塑的力,它主要与适应相关:它是一种变形的力。尼采认同唯能论（énergétique）①的观点，把能够自我转换的能量称为"高贵的"。转换的力量，即酒神式的力量，是能动行为的首要定义。然而，每当我们这样指出能动的高贵性以及它较之于反动的优越性时，我们切勿忘记反动也是力的一种类型。只是如果不把反动力与更高等的力——另一种类型的力——相联系，我们就无法把握它或是科学地理解它。反动是力的一种基本性质，但这种性质只有与能动相联系并且基于能动的基础上才能被诠释。

3. 量与质

力是具有量度的，它同时具有与其量差相应的性质：这种力的性质被称为"能动"与"反动"。我们可以看到一旦引入定性的诠释艺术，力的定量问题将变得微妙起来。具体存在如下两个问题：

① 尼采总相信力是量化的，必须进行定量分

---

① 唯能论，是19世纪末20世纪初流行于西方自然科学家中的一种思潮，创始人是德国物理化学家奥斯特瓦尔德。他认为，能量是比物质更基本的实体，是一切自然、社会和思维现象的基础。——译注

析。"他说我们的知识已经非常科学化,已经达到了可以运用数和量的程度。我们应当作出各种尝试来验证科学的价值秩序能否完全建立在力的数字和数量的刻度之上。而所有其他价值一概是偏见、幼稚和误解。它们在任何地方都可以被还原成这种数字和数量的刻度"(《权力意志》,第 2 部分,352)。

② 然而,尼采又认为纯粹以量来决定力,仍然有抽象、不完整、含混之嫌。力的定量艺术提出了如何诠释和评价性质的所有问题。"机械论只接纳量;但力存在于质中。因此机械论仅能描述过程,而无法解释过程"(《权力意志》,第 2 部分,46——在第 187 节,有一段文字几乎与这段引文一字不差)。"难道一切量不是质的迹象? 把质简化为量简直是无稽之谈"(《权力意志》,第 2 部分,343)。

这两种文本相互矛盾吗? 如果力与量不可分离,它也就不能脱离与之相关的其他力。因此,离开量的差异就无法谈论量的问题。量的差异是力的本质,也是力与力之间的关系。梦想有两种等量的力——即使这两种力被认为具有截然相反的含义——它也只是一个粗糙的、模糊的梦,一个统计学意义上的、生命沉溺其中的梦,化学则打破了这个梦。① 我们应该这样理解尼采每次对量的批评：量作为一种抽象的概念，总是而且本质上倾向于同一，倾向于把构成这同一的统一体平均化，并倾向于消除这统一体中的差异。完全以量化来确定力的做法，尼采的指责是，这样做会消除、抹平和抵消量的差异。另一方面，我们必须把他每次对质的批评理解为：质不过是两种被预设了关系的力之间相应的量差。简而言之，所谓量不可简化为质的观念，尼采不感兴趣，即使有，那兴趣也只是次要的、征兆性的。他的首要兴趣在于从量本身的角度所看到的一个事实：量的差异决不能简化为量的等值。质与量的不同之处仅在于质是量不可等值的那一面，是量与量之间的差异不可消除的那一面。因此，量差一方面是量拥有的不可化简的因素，另一方面，又是不可化简为量本身的因素。质无非是量的差异，只要力与力形成关系，质便等同于量的差异。"我们不禁感到纯粹的量差是与量根本不同的东西，也就是说，它是不可相互简化的质"（《权力

---

① 《权力意志》，第2部分，86，87：“在化学世界中占统治地位的是对力之间差异的最敏锐的洞察。但对一个原生质（作为化学力的多样性体现）来说，它对一个陌生的现实只有一种模糊的不定的知觉。”“承认无机世界中有知觉，且是具有绝对精度的知觉；这就是真理！不精确性和表象恰恰始于有机世界。”

意志》,第 2 部分,108)。这里残留的拟人化应当根据尼采式的原则予以纠正,根据这一原则,宇宙的主体性不再具有拟人化的特性,而是具有宇宙的特性(《权力意志》,第 2 部分,15)。"把所有的质简化为量的念头简直是疯狂……"

通过肯定偶然,我们肯定了所有力之间的联系。而且,毫无疑问,我们在永恒回归的思想中,一次性地肯定了所有的偶然。然而,由于自身的缘故,力不会全部同时建立关系。事实上,它们通过与一小部分力联系来实现各自的权力。偶然的对立面是连续(关于连续的论述请参看《权力意志》,第 2 部分,356)。不同量的力的不期而遇是偶然中确定的和肯定的部分,这种偶然像酒神的残肢断臂那样,与任何规律都不相容。但是在这种力与力的遭遇中,每种力都会得到与它的量相应的质,易言之,得到真正实现其权力的激情。正因为如此,尼采才会在一段含混的话中说宇宙预设了"任意质的绝对起源",而质本身的起源又预设了量的(相对)起源(《权力意志》,第 2 部分,334)。两种起源不可分割的事实意味着我们无法对力进行抽象的计算。无论什么时候,我们都必须细致入微地评价它们各自的质以及质与质之间的差异。

4. 尼采与科学

尼采与科学的关系问题至今没有得到妥善解决。有人声称这种关系取决于永恒回归理论——好像尼采之所以对科学产生兴趣（而且还是模糊的兴趣），完全是因为科学赞成永恒回归理论；而他对科学之所以不感冒，是因为科学反对这一理论。事实并非如此，我们必须从一个截然不同的角度来探寻尼采对科学采取批判立场的根源，尽管这一角度也为我们观照永恒回归理论开辟了新的视角。的确，尼采谈不上有什么科学技能或爱好。但使他与科学背离的却是他的本性与思维方式。无论对错与否，尼采认为科学对待量的方式总是倾向于抹平量差，即抵消量的不等值。作为科学的批判者，尼采从不用质的权利来反对量，而是用量差的权利来反对等同，用不等的权利来反对量的等值化。尼采设想有一种"数字和数量的刻度"，但这种刻度的单位之间互相没有倍数关系。他抨击科学的地方正是科学一味追求平衡的狂热，正是科学固有的功利主义和平等主义。① 因此,他的整个批判建立于三个层面:反对逻辑的等价,反对数学的等值,反对物理的平衡,反对消除差异的三种形式(这三种形式在《权力意志》第 1 部分和第 2 部分中占据显要地位)。在尼采看来,科学必定缺乏真正的力的理论,并且必定危及这种理论的存在。

揭示科学具有简化量差的倾向有何意义呢?首先,它表现科学在何种意义上是现代虚无主义思想的一部分。否定差异的尝试乃是更为宏大的计划的一个组成部分——否定生命,贬低生存,断言生命注定死亡(注定化为热量或别的东西),在这里,宇宙陷入了消除差异的深渊。尼采谴责物质、重量以及热量等物理学概念,谴责将量等值化的因素和"无差异"的原则。正是在这种意义上,尼采指出,科学是禁欲主义理想的一部分,而且以它自己的方式为禁欲主义理想服务(《论道德的谱系》,第 3 部分,25)。但是我们还必须问:在科学中是什么充当了虚无主义思想的工具。答案是:科学的天职就是从反动力的角度来理解和诠释现象。物理学与生物学一样反动,它们总是从细微处、从反动面来

---

① 参见给盖斯特(Gast)的信中对梅耶尔(Mayer)的评价。

领会事物。反动力一旦获得胜利,就成为虚无主义思想有力的工具。这也是虚无主义各种表现形式背后隐藏的一个原则:反动的物理学、生物学是怨恨的物理学、生物学。但我们仍不清楚,为什么怨恨会成为企图否定力之间差异的反动力的唯一目标? 它又是如何充当怨恨原则的?

科学既肯定永恒回归,又否定永恒回归,这完全取决于它的立场。然而,机械论对永恒回归的肯定与热力学对它的否定颇为相似:能量守恒总是被阐释为能量不仅具有恒定的总额而且取消了量与量之间的差异。在这两种情况中,都是经由有限原则(总量恒定)到达"虚无主义"原则(取消量差,总量不变)。机械论思想肯定永恒回归,但它假定量的差异在可逆系统的初始阶段和最终阶段之间可以抵消或取消。最终阶段与初始阶段同一,而初始阶段本身被设想为与中间阶段毫无区别。热力学思想之所以否定永恒回归,因为它发现量与量之间的差异作为热量属性的功能,只有在系统的最终阶段才会彼此取消。这样一来,同一被假定为最终的无差异状态,与初始阶段的差异状态相对立。这两类概念不约而同地赞成一个假定:存在一个最终的状态,即生成的最终阶段。存在与虚无、存在与非存在,都没有区别:两类概念在生成具有最终阶段这一观点上走到了一起。"在形而上学的术语中,生成可能终结于存在或虚无……"(《权力意志》,第2部分,329)。这就是机械论从未成功地建立关于存在的永恒回归思想的原因,就像热力学从未成功地否定这一思想一样。两者都从这一思想的身旁掠过,落入了消除差异的陷阱,落回到同一的深渊。

在尼采看来,永恒回归决不是一种同一的思想,而是综合的思想,是强调绝对差异的思想,它呼唤科学之外的新原则出现。这一原则即是多样性的再现以及差异的重复,它与"无差异"的原则相对立(《权力意志》,第2部分,374,"世界上不存在无差异的东西,尽管我们可以想象它的存在")。的确,如果把永恒回归变为同一的结果或同一的运用,如果不把它与同一以某种特定的方式对立起来,我们便无法理解永恒回归。永恒回归不是永久的相同,不是平衡的状态,也不是同一的寓所。永恒回归不是"同一"或"一"的回归,而是属于多样性和差异的回归。

5. 永恒回归的第一个侧面:作为宇宙学说和物理学说

尼采对永恒回归的论述预设了他对最终状态和平衡状态的批判。尼采说倘若宇宙有一个平衡点,倘若生成有最终的阶段,按理说它早就到达了这一点。但是目前和过去的状况表明我们至今未获得所谓的平衡点或最终阶段,由此证明力的平衡状态是不可能的(《权力意志》,第 2 部分,312,322—4,329—330)。但是为什么说如果有可能存在平衡和最终阶段,我们早应该获得了呢?这是因为尼采称之为往昔无限的缘故。逝去的时间无穷无尽,这意味着生成不可能有一个起点,意味着生成不是已然形成的事物。其实,生成不是已然生成的事物也就是说它无法最终定型。事物总处于尚未形成的状态,如果它能生成的话,它早已成为它生成的东西了。换言之,往昔是无限的,如果生成有一个最后阶段,那么它也早应该到达这一阶段了。实际上,说生成如果有最后阶段那么它早已到达这一阶段,就等于说生成如果有初始阶段那么它始终未曾离开这一初始阶段。如果生成最终可以变成某种东西,为什么它不在很久以前就结束它的生成呢?如果它是已然形成的某种东西,那么它又是如何开始形成的呢?"如果宇宙可以恒久不变,如果在它整个的进程中有一个严格意义上的存在的时刻,那么也就不再可能有生成,我们将再也无法思考或观察任何一种形式的生成"(《权力意志》,第2部分,第322,330节亦有类似论述)。尼采称以上这种观点是在"早期思想家"中发现的(《权力意志》,第2部分,329)。柏拉图曾声言如果每一件生成之物永远不可能回避现在,那么只要它存在,它就会停止生成,就是生成过程中的曾在的那一刻(柏拉图,《巴门尼德》,请参看"第二假设"——然而尼采思考得更多的是阿那克西曼德)。尼采评论道:"但每当我遇到古代的思想,我发现它总是被别的动机,通常是神学的别有用心的目的所控制。"古哲人坚持不懈地探求生成是如何开始的,它为何尚未结束,他们都是些虚假的悲剧家,只会援用渎神、罪恶和惩罚。[①] 除了赫拉克利特以外,他们无人直面纯粹生成的思想,无人试图把握获得这种思想的机会。此刻不是"严格意义上"存在或在场的时刻,它是正在流逝的时刻,这种思想逼迫我们去思考生成,但完全是既无开端又无终点的生成。

纯粹生成的思想又如何可能是永恒回归的基础呢?思考这一问题只需要放弃存在与生成截然不同并完全对立这种想法,或是相信生成本身的存在。那个既无开端又无终点的生成之在究竟是什么呢?回归即生成之在。"说一切回归意味着生成世界最接近存在世界——这便是沉思的最高境界"(《权力意志》,第 2 部分,170)。沉思的问题必须换一种方式来表达:往昔如何能在时间中形成?此刻如何能消逝?流逝的时间倘若不同时是既已过去的,又是即将来临的和此刻的,它将永远不会消逝。倘若此刻不自动流逝,必须等候着另一个此刻的莅临以便令自己成为过去,那么通常意义上的过去永远无法在时间中形成,而且这此刻也不会消逝。我

[①] 《希腊悲剧时代的哲学》:"但阿那克西曼德又想到一个问题:既然已经过去无限的时间,为什么生成之物还远没有全部毁灭?这万古常新的生成之流来自何方?他只能用一些神秘的可能性来回避这个问题。"

们不能等待,一个时刻为了流逝(为了其他时刻而流逝),必须同时是现在和过去,现在和将来。此刻必须同时与过去和将来共存。每一时刻与自身作为现在、过去和将来的综合性关系奠定了它与其他时刻的关系基础。永恒回归因此回答了时间流逝的问题。① 在这个意义上,永恒回归不能被解释为存在之物的回归,即一或同一的回归。假若我们把永恒回归理解为同一的回归,我们必定误解了这一概念。不是存在回归,而是回归本身只要肯定生成和流逝就构成存在。不是某一事件回归,而是回归本身是由差异和多样性肯定的事件。换句话说,永恒回归中的同一描述的不是回归之物的本质,相反,它描述的是不同之物回归的事实。这就是为什么永恒回归必须被当作一种综合:时间与时间各个维度的综合,多样性与多样性的再现的综合,生成与在生成中得到肯定的存在的综合,以及双重肯定的综合。因此,永恒回归本身依赖的不是同一的原则,而是一个必须在各方面满足某个确实具有充分理由的要求的原则。

---

① 关于对逝去时刻的永恒回归的描述可见《查拉图斯特拉如是说》,第3卷,"幻象与迷"。

二、能动与反动

为什么机械论对永恒回归的诠释是如此蹩脚?因为它没有必然地或直接地暗示永恒回归,它导致的无非是关于最终阶段的错误推论。在它那里,最终阶段被认为与初始阶段完全一致,以至于它断言机械过程是重复经历同一类差异,这便是尼采猛烈抨击(《权力意志》,第 2 部分,325 和 334)的循环假设。因为我们不能理解这一过程如何能离开初始阶段,如何能在最终阶段再出来,并通过同一类差异重现,而不管这差异是什么样的,它其实连一次顺利通过的力量也没有。循环假设无法解释两件事:首先它无法解释同时并存的循环所具有的多样性,更重要的是,它无法解释循环内多样性的存在。① 这就是为什么我们只能把永恒回归理解为某种原则的表述,这一原则被用来解释多样性与多样性的再现以及差异与差异的重复。尼采把这一原则当作他最重要的一个哲学发现,他把它称为权力意志。凭借权力意志,"我展示出某种特征,而这种特征只有取消机械秩序本身才能跳出这个秩序去思考"(《权力意志》,第 2 部分,374)。

---

① 《权力意志》,第 2 部分,334:"在一个循环中的多样性从何而来? ……通过承认在宇宙中一切力的中心均存在能量的等量聚集,我们不得不问人们如何会对多样性提出哪怕最小的疑问……"

6. 什么是权力意志

以下是尼采解释权力意志最重要的文本之一："力的胜利概念——我们的物理学家用它来创造上帝和世界——仍然需要完善；必须把一种内在的意志赋予它，我把它称为权力意志"（《权力意志》，第 2 部分，309）。权力意志因此归属于力，然而这种归属却是通过一种特殊的途径：它既是力的补充又是某种内在于力的东西，它不是作为属性归属于力。事实上，当我们提出"哪一个"的问题时，我们不能说力是想要的那一个，只有权力意志才是想要的那一个，它不会把自己委托或让渡给另一个主体，甚至包括力（《权力意志》，第 1 部分，204；第 2 部分，54："谁想要权力？这是个荒谬的问题，如果存在本身就是权力意志……"）。但它又如何能够"归属"于力？我们必须谨记，每一种力与其他力具有本质性的联系，力的本质即力与力之间的量差，这种差异又被表述为力的性质。这样理解的量差必定要求助于相关力的区分性因素，这些区分性因素同时是力的性质的起源性因素。权力意志就是力的系

二、能动与反动

谱学因素,它既是区分性的又是起源性的。权力意志是这样一种因素,它不仅衍生彼此关联的力的量差,而且产生在此关联中重新回到每一种力中的性质。权力意志在此揭示出它作为力的综合原则的本质。正是在这种与时间相关的综合中,或者是力再经受同一种差异,或者是多样性被复制。综合是力的综合,是它们的差异与差异被复制的综合;永恒回归是以权力意志为原则的综合。对"意志"一词,我们不应感到惊讶:除了意志以外,还有哪一个可以通过确定力与力之间的关系来充当力的综合原则?但是"原则"这一术语又如何理解?尼采不断抨击原则,是因为它们就限定的条件而言过于笼统,就它们宣称要把握或规范的东西而言又过于宽泛。只要叔本华的生命意志表现出极端的普遍性,尼采就喜欢把权力意志与它对立起来。如果权力意志恰恰相反,被当作一个优秀的原则,被认为调和了经验主义与原则,并形成了更出色的经验主义,原因就在于它本质上是一个可塑的原则,它不会比自己限定的条件更宽泛,而是随条件变化而改变自身,并且根据它决定的每一个具体情境来决定自身。其实,权力意志在任何时候都与特定的被确定的力不可分割,与它们的量、性质和方向不可分割。它从不高于它决定力之间关系的方式,它总是可塑的和变化无常的。①

不可分割并不意味着同一。为了避免形而上学的抽象,权力意志一定不能与力分离,然而把力与意志混为一谈却更为危险。这样一来,力不再被理解为真正的力,而被理解为落入机械论的力,这种力不仅忘却了构成其存在的力与力之间的差异,而且全然不知导致力的相互起源的因素。力是所能,权力意志是所愿——这种区别究竟意味着什么? 我们需要逐字分析此节开篇引用的那段话——力就其本质而言是有关胜利的概念,因为力与力的关系从概念上理解是支配与被支配的关系:两种力互相关联时,其中一种是支配力,另一种是受支配力。(甚至上帝与宇宙也不能逃脱这种支配与被支配的关系,尽管在这一情境中这样阐释这种关系值得商榷。)然而,力的胜利概念需要一种补充,而这种补充是内在的,是一种内在意志。没有这一补充,就谈不上力的胜利。这是因为除非有一

---

① 《权力意志》,第 2 部分,23:"我的原则是:迄今为止,心理学意义上的意志是一种未被证明的概括,这样的意志根本不存在;不去了解某一确定意志在多种形式下的多种表现方式,反而通过消除这意志的内容和方向,来抹杀它的特征——这完全是叔本华的手法;他称为'意志'的仅是一个空洞的词语。"

二、能动与反动

个能从双重角度来确定力量关系的因素添加到力中,否则这种关系将始终处于悬而不决的状态。处于关系中的力反映一种同步的双重起源:力的量差的相对起源和它们相应的性质的绝对起源。因此,权力意志被添加到力中,却是作为区分性和起源性的因素、作为产生力的内在因素被添加到力中,它丝毫没有人的特性。更为准确的说法是,权力意志作为一种内在原则加入到力中,它一方面确定关系中力的性质($x+dx$),另一方面确定这种关系本身的量度(dy/dx)。权力意志必须被描述为力和力群的系谱学因素。因此,力正是凭借权力意志才得以战胜、支配或指挥其他的力。并且,也正是权力意志(dy)使力在关系中屈服,它只通过权力意志才屈服。①

我们已经触及到永恒回归与权力意志的关系,但尚未说明或分析这一关系。权力意志既是力的起源因素,又是力的综合原则。但我们还不能弄清楚这一综合是怎样形成永恒回归,而综合中的力又

---

① 《查拉图斯特拉如是说》,第 2 卷,"自我超越":"怎么会这样呢? 我这样问我自己。是什么说服了生物,使之顺从和命令,甚至于命令的时候也在顺从? 你们这些最明智的人,现在来听我的讲道! 请严密地证明这一点:我是否已经爬进生命之心,进到生命之心的根底!" "我在哪儿能找到生命,就会在哪儿找到权力意志;甚至在仆从的意志中我找到要当主人的意志"(参见《权力意志》,第 2 部分,91)。

如何必须依据它的原则来复制自身的。另一方面，这一问题的存在还揭示出尼采哲学与历史相关的重要一面：它与康德哲学的复杂关系。综合概念在康德哲学中居于核心地位，是属于它的发明。现在我们知道，康德之后的人往往从两个方面——从支配综合的原则以及从综合本身中客体的再现——来指责康德对这一发现所造成的危害。他们要求原则对于客体而言不仅仅是制约性的，而且还是真正起源性的和生产性的（永恒差异或永恒确定的原则）。他们还指责康德思想中互不相关的术语之间竟然残存着不可思议的和谐。至于一种关于内在差异和内部决定的原则，他们则不仅要求综合要有根据，而且要求在这种综合中多样性的复制同样要有根据。倘若尼采属于康德主义的传统，这是因为他以独到的方式来对待这些后康德主义者们的要求。他把综合变成了力的综合——因为，如果不这样对待综合，我们就认识不到综合的意义、性质和内容。他把力的综合理解为永恒回归，由此在综合的核心找到多样性的复制。他建立了权力意志的综合原则，将它确立为彼此对峙的力的区分性和起源性因素。我们确信尼采的思想中既残留着康德的传统，又含有半明半晦的敌对成分，尽管这一推测需要在后文中进一步证实。在与康德的关系上，尼采与叔本华的立场颇有差异，他不像叔本华那样试图把康德哲学与它的辩证思想分离，借此开辟一条新的诠释路径。因为在尼采看来，辩证思想并非来自外部，而是由于批判哲学本身的缺憾所致。他似乎已经找到（在"永恒回归"和"权力意志"中找到）根本转化康德思想的途径，这是对既由康德构想又由他背叛的批判的彻底改造，是在新的基础上、以新的概念重新恢复批判工程。

7. 尼采的术语

现在我们必须先确定尼采的几个术语，尽管这样会提前运用我们将在后文中进行的分析工作。尼采哲学的严密性完全依赖于这一点。其哲学的系统精确性受到了错误的怀疑，无论这怀疑出于喜悦还是遗憾，它都是错误的。事实上，尼采是用完全准确的新术语来表述完全准确的新概念的。

① 尼采将力的系谱学因素称为权力意志。系谱学意味着区分和起源。权力意志是力的区分性因素，就是说，它是在被预设了关系的两种或多种

力之间产生量差的因素。权力意志是力的起源性因素,就是说,它是确定这种关系中每种力的性质的因素。权力意志作为原则并不抑制偶然,相反它暗示偶然,因为没有偶然,权力就不是可塑的和易变的。偶然是把力带入关系,权力意志是为这种关系确立原则。权力意志必然添加到力中,但它只能添加到被偶然带入关系的力中。权力意志把偶然置于它的中心,因为只有权力意志能够肯定一切偶然。

② 在力的关系中,力的量差和各自的性质都源于作为系谱学因素的权力意志。力是支配的还是服从的取决于它们的量差;力是能动的还是反动的则取决于它们的性质。权力意志既存在于能动和支配的力中,也存在于反动和服从的力中。既然量差在每种情况中都存在,那么想要衡量量差却又不解释现有的力的性质就毫无意义。力在本质上是有区分的,有定性的,它们以质的形式来体现量的差异。这就是诠释的问题:一个特定的现象或事件,先评估给予它意义的力的性质,再由之衡量现有的力的关系。我们不能忘记,在每一种情况中,诠释都会碰到各种困难和棘手的问题,在此"特别精细"的知觉,即化学中发现的那种知觉是必不可

少的。

③ 力的性质的原则是权力意志。倘若我们问："哪一个在诠释？"我们的回答是权力意志，是权力意志在诠释(《权力意志》，第 1 部分，204 和第 2 部分，130)。然而，为了成为力的性质的这种源泉，权力意志本身必须具有性质，尤其是那种流动的，甚至比力的性质还要微妙的性质。"占据统治地位的是权力意志那转瞬即逝的性质"(《权力意志》，第 2 部分，39)。权力意志这些与发生学或系谱学的因素直接相关的性质，这些具有流动性、原始性和繁衍性等性质的因素不能与力的性质混为一谈。因此，必须坚持尼采的术语：能动与反动指向力的本原性质，肯定和否定则指向权力意志的本原性质。肯定和否定、欣赏和贬抑是对权力意志的表述，正如能动和反动是对力的表述(正如反动力仍然是力，否定意志，即虚无主义，仍然是权力意志："……一种消灭的意志，一种反生命的意志，它拒绝生命最基本的生存条件。但它的确是并且仍将是一种意志！"《论道德的谱系》，第 3 部分，28)。区分这两种性质具有最深刻的意义，我们总是在尼采哲学的核心找到这种区别。在能动与肯定、反动与否定之间，存在深刻的亲和性和共谋关系，但绝不能混为

一谈。一旦确定它们的亲和性,将会带动整个哲学艺术。一方面,我们很清楚,每一种能动中含有肯定,每一种反动中也含有否定;但另一方面,能动与反动更像是手段,像是发挥肯定和否定作用的权力意志的手段或工具,正如反动力是虚无主义的工具。此外,能动和反动需要肯定和否定作为超越它们和实现其目的不可或缺的前提。更深刻的是,肯定与否定之所以能超越能动与反动,是因为它们直接体现了生成本身的性质。肯定不是能动,而是能动的生成的力,是能动生成的化身;否定也不是简单的反动,而是反动的生成。肯定和否定对于能动和反动而言既像是内在的又像是超验的;它们用力之网构造了生成之链。肯定把我们领入酒神的辉煌世界,即生成之在;否定却把我们猛然推入反动力浮现的令人忧虑不安的深渊。

④ 从以上种种理由,尼采推断权力意志不仅起着诠释的作用,而且起着评价的作用(《权力意志》,第 2 部分,29:"每一种意志意味着一种评价。")。诠释是确定给予事物意义的力,而评价是确定给予事物价值的权力意志。我们不能再从价值获得自身价值的角度提炼价值,正如我们不能再从意义获得自身意义的角度提炼意义。权力意志是系谱学

二、能动与反动

的因素,正是从它那里,意义获得自身的含义,价值获得自身的价值。我们在前一章的开篇时所讨论的就是这一概念,但那时尚未给它命名。意义背后的意义在于某一事物所表现的力的性质:这种力是能动的还是反动的,有什么差别? 价值背后的价值在于相应事物所表现的权力意志的性质:这种权力意志是肯定的还是否定的,有什么差异? 当诠释与评价的问题互相指涉和扩展时,哲学的艺术就变得更加错综复杂。尼采称之为高贵、高等和主人的有时是能动力,有时是肯定的意志;他称之为低级、卑贱和奴隶的时而是反动力,时而是否定的意志。我们以后会明白他为什么要使用这些术语。但是价值总归有系谱,它诱使我们相信、体会和思考的高贵或卑贱正依赖于这一系谱。只有系谱学家才能发现哪种卑贱会在这种价值中体现,哪种高贵又会在另一种价值中体现,因为只有他知道如何把握区分性因素——他是价值批判的大师。[①] 无论是最高贵的还是最低贱的价值,如果不把它当作必须穿透的容器,当作必须打破的雕像,去看看里面到底装

---

① 《论道德的谱系》序言,6:"我们要批判道德的价值,首先必须对道德价值本身的价值提出疑问。"

了些什么,那么价值观也就失去了所有的意义。像狄奥尼索斯的残肢断臂那样,只有高贵的雕像才能复原。谈论普遍的高贵价值——好像整个价值体系从来没有为了获得意义,确切地说,为了获得价值,充当过一切卑鄙、邪恶和奴役的避难所或表现形式——意味着那种思想太急于掩饰自身的卑微。尼采,这位价值哲学的始创者,倘若他能长寿一点,他将看到自己最具批判性的观点服务于甚至转化为最平庸、最低贱的完全意识形态化的守旧主义。铁锤敲击价值哲学的沉重声音变成了阿谀谄媚之音。抨击与进攻被怨恨所取代,后者是既定秩序吹毛求疵的守护者,是现行价值的看门狗。这是被奴隶占有的系谱学,是对性质和起源的遗忘。①

8. 起源和颠倒的形象

能动力与反动力在一开始,也就是它们起源的

---

① 越是丧失"评判=创造"这一原则,价值理论便会与其源头越远,尼采的灵感在波林(Polin)有关价值创造的研究中得到了复活。然而,在尼采看来,价值创造之间的联系无论如何不能成为对价值的沉思,而只能成为对一切"现存"价值的根本批判。

二、能动与反动

时候就存在着区别。它们之间没有承继的关系,而是在起源中共存。从否定完全站在反动的立场这一原则就可以看出能动力与肯定、反动力与否定之间的合谋关系。反过来,只有能动力才肯定自己,肯定自己的差异,并把差异变为享乐与肯定的对象。反动力即使在服从的时候也局限着能动力,将种种限制和不公平的束缚强加于能动力,它已经完全被否定的精神所控制(《论道德的谱系》,第 2 部分,11)。因此,起源本身在某种意义上包含了一种倒置的自我形象;从反动力的角度看,区分性和系谱性的因素呈现出与能动力相反的情况;差异变成了否定,肯定变成了矛盾。起源颠倒的形象始终伴随着起源;能动力的"是"变为反动力的"非",而对自我的肯定变为对它者的否定,尼采称之为"价值视角的倒置"。[①] 能动力是高贵的,却在反动力的映照下,发现自己一副平民的模样。系谱学是差异或区别的艺术,是高贵的艺术,但它在反动力的镜中看到自己颠倒的形象。于是,它以"进化"的形象出现——这种进化有时得到德国式的理解,被当作辩

---

① 《论道德的谱系》,第 1 部分,10;反动力既不肯定自己,也不通过简单结论来否定,它始于对他者的否定,始于自我与非我的对立。

证法的和黑格尔式的进化,当作矛盾的发展;有时它又得到英国式的理解,被视为功利主义的衍生物,以及利益和利润发展的产物。而真正的系谱学总是被进化所呈现的具有反动本质的形象所歪曲。无论是英国式的还是德国式的理解,进化论总是系谱学的反动形象。① 因而,反动力的特点在于它从一开始就否定了构成其自身的起源中的差异,颠倒了产生它们的区分性因素,甚至歪曲这一因素的形象。"差异滋生仇恨"(《善恶的彼岸》,263),这就是它们不把自己看成力,宁愿反对自身,也不愿如此看待自己,不愿接受差异的原因。尼采抨击为"平庸"的思想往往反映了喜欢从反动力的角度来诠释和评价现象的嗜好——每一个民族选择它自己的嗜好。但这种嗜好在起源中,在倒置的形象中就已经存在。意识与良心不过是这一反动形象的扩大……

让我们进一步推测,凭借有利的内部和外部环境,反动力战胜并抑制了能动力。现在我们已经离开了起源,因为这不再是一个颠倒形象的问题,而

---

① 有关英语中将谱系当作进化的观念,参见《论道德的谱系》序言,7 或第 1 部分,1—4。关于英式思维的平庸性见《善恶的彼岸》,253。有关德语中将谱系当作进化的观念及其平庸性见《快乐的科学》,357 和《善恶的彼岸》,244。

是进一步发展这一形象,即颠倒价值本身的问题(《论道德的谱系》,第 1 部分,7),如此一来,低等便凌驾于高等之上,反动力便奏响了凯旋之歌。如果它们确实获胜,那么它们所凭借的正是否定意志,正是使颠倒形象得到发展的虚无意志,但它们的胜利本身并非凭空妄想出来的。问题是,反动力如何取得胜利?也就是说,当它们战胜能动力时,它们是否也变成支配的、好斗的和征服的力量?它们汇集在一起是否就形成了更强大的能动力?尼采的回答是,即使汇集起来,反动力也不会变为更强大的力,不会变成能动力。它们以截然不同的方式寻求发展——分解,分离能动力与其所能,掠走它的部分或者所有权力。由此,反动力不会变得能动,相反,它诱使能动力倒戈加入它的阵营,使之变成新意义上的反动力。我们可以看到,从一开始起,反动力概念的意义在发展过程中经历着变化:当(最初的)反动力将能动力与其所能分解,能动力便随之趋向反动(新意义上的反动力)。尼采将就这种分解如何可能展开详细分析。但重要的是,我们应当注意到即使在这个阶段他也是小心翼翼的,他从未将反动力的胜利描述为比能动力更高等的力聚集起来的过程,相反,他把它形容为一种削减或分裂。尼采用了整本书的篇幅来探讨反动力在人的世界获胜的各种表现形式——怨恨、内疚和禁欲主义理想。他表明在每一种形式中反动力不是通过形成更高等的力而是通过分解能动力来取得胜利(请参看《论道德的谱系》中的三篇论文),而这种分解依赖的是虚构、神秘化或歪曲的手段。正是虚无的意志发展了否定和倒置的形象,并导致了力的削减。在削减的过程中总有一种虚构的成分,正如数字中的负数一样。因此,如果我们想对胜利的反动力进行数字的描述,我们切不可诉诸加法,认为反动力通过加法聚集成比能动力更强大的力,反之,我们应该诉诸减法,正是减法将能动力与其所能分解,否定其差异并使之变得反动。因此事实恰好相反,反动战胜能动不足以让反动停止反动。被虚构手段从其所能分离的能动力不见得不是真正的反动,事实上它就是这样变为真正的反动力的。这就是尼采使用"低贱"、"卑鄙"和"奴隶"等词语的根源所在;这些词特指那些凌驾于高等之上、诱使能动力落入陷阱并以奴隶替代主人却仍然摆脱不掉奴隶劣根的反动力。

9. 力的衡量问题

因而我们不能从抽象的统一来衡量力,也不能把某一系统中的力的现状作为标准来确定它们各自的质和量。我们说,能动力是高等的、支配的和最强大的力,而低等的力即使在得势时也不会改变它在量上处于劣势、在质上处于反动的局面,即不会改变其奴隶的本性。《权力意志》中有一处最经典的评论:"弱者总是不得不提防强者"(《权力意志》,第1部分,395)。我们不能凭借系统中力的现状或力与力斗争的结果来确定能动力和反动力。尼采曾这样批驳达尔文和进化论:"假定这种斗争存在——事实上它的确存在——其结果与达尔文主义者们所估计的,与人们或许大胆期盼的正好相反;即强者最终失败,只有少数的特权者和幸运者除外"(《偶像的黄昏》,"一个不合时宜者的漫游",14)。正是在这一意义上,诠释成为一种艰难的艺术——我们必须判断获胜的力是低等的还是高等的,反动的还是能动的,它们是作为支配力还是被支配力获取胜利。在这里,不存在事实,只存在诠释。力的衡量不可设想为一个抽象的物理过程,而应理解为具体物理过程中的基础行为,不可设想为一种冷漠的技术,而应理解为独立于事实的关于差异与性质的诠释艺术(尼采曾呼吁"超越既定社会秩序",《权力意志》,第3部分,8)。

这个问题再度引发一个古老的争论,让我们回想起发生在卡勒克力斯(Calliclès)①与苏格拉底之间有名的争论。尼采与卡勒克力斯是如此惊人地相似,以至于在我们看来,他们几乎如出一辙,卡勒克力斯的工作直接被尼采完成。卡勒克力斯力求区分自然与规律。任何把能动与其所能分离的事物都被他称为规律,在这一意义上,规律展现的是弱者战胜强者,尼采则把这一规律补充为反动压倒能动。事实上,一切分解力的事物都是反动的,同样地,与其所能分离的力也是反动的。相反,每一种发挥其能力极限的力都是能动的。每一种力都达到极限——这不是一种规律,它甚至是规律的反

---

① Calliclès,《高尔吉亚》篇中苏格拉底的主要对话者。——译注

面。① 苏格拉底回答卡勒克力斯说,自然与规律无法区分,因为弱者只要抱成一团便可形成比强者还要强大的力,便可战胜强者。从自然本身的角度看,是规律获得了胜利。卡勒克力斯对自己的不被理解毫无怨言,他重新开始解释:奴隶并不因为获胜而改变奴隶的本性;弱者的胜利不是通过形成更强大的力而是借助把力和它的所能分离的手段。力不能进行抽象的比较;从自然的观点看,具体的力乃是达到最终结果、达到能力或欲望之极限的力。苏格拉底再一次反对道:"卡勒克力斯,你只关心快乐……你用快乐界定一切善。"

由此我们可以看到诡辩派和辩证家之间究竟发生了什么,究竟哪一方拥有良好的信念和严谨的推理。卡勒克力斯颇具攻击性,但绝无怨恨。他宁愿放弃讨论,因为显然苏格拉底第一次的回答误解了他,第二次的回答又偏离了话题。他如何能向苏格拉底解释"欲望"与快乐和痛苦、与经历痛苦和满

---

① 《权力意志》,第 2 部分,85:"我们注意到,在化学中每个身体都尽其可能地展其所能。"《权力意志》,第 2 部分,374:"没有什么规律:每一权力在每一刻都有其最终结果。"《权力意志》,第 2 部分,369:"我很小心地不去谈论化学规律,这个词充满道德的气息。这其实是权力关系的绝对建立问题。"

足快感无关？他如何能对苏格拉底说快乐和痛苦是反动，是反动力的属性，是适应或不适应的明证？况且，苏格拉底如何能明白弱者不会形成更强大的力？他一半是误解了一半是误听了卡勒克力斯——他的心中充满辩证的怨恨和复仇的精神。当别人回答他的问题时，他是如此苛求，如此挑剔……

10. 等级体系

尼采同样遭遇到了他的苏格拉底，这是些自由思想家。他们说："您都抱怨些什么？弱者倘若未形成更高贵的力，它们如何会取得胜利呢？""让我们顺应现实吧！"(《论道德的谱系》，第 1 部分，9)。这是现代的实证主义。他们宣称要贯彻价值批判，要坚决抵制一切诉诸先验价值的东西，他们宣告这些价值已陈旧过时，但这样做的目的只不过是为了让人们重新发现它们才是主宰当今世界的力量。他们讨论教会、道德、国家的价值，目的就在于使其中的人道主义力量及其内容得到尊崇。自由思想家对恢复一切内容、恢复一切肯定的事物表现出不

二、能动与反动

可思议的狂热,但他们从不质疑这些自称为确凿无疑的事物,从不质疑与之相应的人道主义力量的起源或性质。这便是尼采称为"宿命论"的思想(《论道德的谱系》,第 3 部分,24)。自由思想家想恢复宗教的内容,却从不问宗教是否恰好包含了人类最卑贱的力量,包含了我们想抛弃的力量。这就是我们对自由思想家的无神论毫无信心的原因,即使他是一位民主人士和社会主义者:"是教会而不是它的毒素令我们反感"(《论道德的谱系》,第 1 部分,9)。宿命论、无力诠释、对力的性质蒙昧无知,这便是自由思想家的实证主义和人道主义的本质特征。一旦某种东西以人道主义的力量或事实出现,自由思想家便忙不迭地拍手赞成,而从不思考这种力是否出身卑贱,这一事实是否与高等事实对立:"人性的,太人性的。"由于它不考虑力的性质,自由思想与生俱来的使命便是为反动力服务,并展现它们的胜利。事实总是被弱者用来反对强者:"事实总是愚蠢的,它在任何时候都像呆头呆脑的牛犊,而不像神"(《不合时宜的思想》,第 1 部分,《历史的作用与滥用》,8)。尼采将自由精神与自由思想家对立,这种精神是诠释的精神,它从起源和性质的角度来判断力:"不存在事实,只存在诠释"(《权力意志》,

第 2 部分,133)。批判自由思想家是尼采作品的一个基本母题,因为这种批判找到一个同时抨击多种意识形态的视角,包括实证主义、人道主义以及辩证法:实证主义对事实的偏爱,人道主义对人类事实的提升以及辩证法对恢复人道主义内容的狂热。

在尼采那里,等级一词具有两种含义。它首先意指能动力与反动力的差异,即能动高于反动。尼采因而谈及"等级中无可更改、与生俱来的秩序"(《善恶的彼岸》,263);等级的问题本身就是自由精神的问题(《人性的,太人性的》,前言,7)。但是,等级还意指反动力的胜利和传播,以及由此导致的复杂体制——在这里,弱者成为征服者,强者反被污染腐化,摆脱不了奴隶本性的贱民凌驾于不再是主人的主人之上,规律和美德统治一切。在等级的第二个含义中,道德和宗教仍然是等级理论(《权力意志》,第 3 部分,385 和 391)。如果我们比较这两个含义,我们将发现第二个含义像是第一个的逆转。我们使教会、道德和国家成为一切等级的主人或守护人。我们这些本质上反动的人,把反动的胜利当作能动的转化,把奴隶当作新的主人,只承认颠倒的等级,也只配拥有这种等级。

尼采称之为弱者或奴隶的并非指最虚弱的人,

二、能动与反动

而是指那些不管具有何种力量,本身都与其所能分离的人。只要最大限度地发挥能力,最虚弱的人如果尽其所能,也会像强者一样强大,因为他可以借助狡猾、精明、才智甚至魅力来弥补他的弱点,所有这些都可以构成力量的一部分,因而他也就不再是最弱的。(查拉图斯特拉有鹰和蛇这两个动物:鹰强健高傲,蛇则狡猾可爱,一点也不比鹰弱小。参见序言,10)力的衡量与限定不取决于绝对的量,而取决于相对的成就。我们不能以斗争的结果和成功与否作为评判强弱的标准。因为——我再次声明——弱者获胜本来就是事实,它甚至是事实的本质。对力的评判应首先考虑它具有能动还是反动的性质,其次应考虑这种性质与相应的权力意志(肯定或否定)之间的联系,最后考虑与权力意志相联系时,力在发展过程中的特定时刻所呈现的性质差异。因此反动力乃是:① 关于适应性和不公平限制的功利主义之力;② 分离能动力与其所能,并否定能动力的力(弱者或奴隶的胜利);③ 与自身所能分离、否定或反对自身的力(弱者或奴隶的统治)。与之相应,能动力乃是:① 可塑的、支配的和征服的力;② 全力以赴、尽其所能之力;③ 肯定差异、把差异作为欢乐和肯定对象的力。只有同时考虑以上三对特征,力才能得到具体完整的界定。

11. 权力意志与权力的情感

我们知道权力意志是区分性因素,即确定力与力之间的关系以及力的性质的系谱学因素。因此,权力意志必须在这些力中表现自己。我们必须非常小心地探讨权力意志的表现,因为力的动力机制完全依赖于它。然而,权力意志表现自己究竟意味着什么?每当力受另一种更高等或更低等的力影响,力与力之间的关系便得以确定。于是,权力意志体现为接受影响的能力。这种能力不是一种抽象的可能性,而是必然在其他力与给定的力发生关系的每一刻被实现。我们不必对权力意志的双重性感到惊讶:从力的起源或产生的角度看,它确定力与力之间的关系;但从它表现自己的角度看,它又取决于相互关联的力。这就是权力意志总在确定的同时被确定,在限制的同时受限制的原因。因此,权力意志首先表现为接受影响的能力,表现为力接受影响的确定能力。我们在这里很难否认斯宾诺莎的启示。他在一种极为深奥的理论中提出与定量的力相应的接受影响的能力。一个物体接受影响的方式越多,它就拥有越多的力。这一能力可以衡量物体具有多少力或者可以展现它的权力。一方面,这种权力并非简单的逻辑可能,它在给定物体与其他物体相关联的每一刻必定会实现;另一方面,这种能力不是物理上的被动性,只有不完全由给定物体引起的才是被动情感。①

同样,对于尼采而言,接受影响的能力并非必然是被动的,而是一种激情(affectivité),一种感知性(sensibilité),一种感觉(sensation)。正是基于这一意义,尼采在还没有详细阐发权力意志的概念,没有赋予它完整的意义之前,就迫不及待地谈论起力的情感来。在把权力视为意志问题之前,尼采把它看作情感和感知性问题。即使权力意志的概念得到充分阐述后,这种情感的特征依然没有消失——它变为权力意志的表现。这就是尼采总说权力意志是衍生所有其他情感的"原始情感形式"的原因(《权力意志》,第 2 部分,42)。他在另一处表述得

---

① 如果我们的解释正确的话,斯宾诺莎在尼采之前就已看到,一种力与接受影响的能力是不可分的,并且正是这种能力表达了其权力。然而尼采在另一个问题上对斯宾诺莎采取的却是批判的态度:斯宾诺莎无法将自己提升到对权力意识的构想中,他将权力与简单的力相混淆,以被动的角度来设想力(参见"存在与保存")。

更清楚:"权力意志既非存在又非生成,而是一种激情(pathos)"(《权力意志》,第 2 部分,311)。换言之,权力意志表现为力的感知性,力的区分性因素则表现为力的不同的感知性。"实际情况要么是权力意志也统治着无生命的世界,要么根本不存在无生命世界。相隔一定距离也会彼此发生作用,因为一个事物吸引着另一个事物,而且事物均有被吸引的感觉。这是最基本的事实……权力意志为表现自身必须理解它所看到的事物,必须察觉与之同化的途径"(《权力意志》,第 2 部分,89)。只要力强行占有任何抵制它的东西,迫使低等力顺从,力的情感就体现为能动的。当力受它所服从的高等力影响,它的情感也随之转为温驯谦恭,或者说体现为被动的。我在这里重申,服从也是权力意志的表现。但是低等力可以导致高等力的瓦解和分裂,将它们积聚的能量通过爆炸毁于一旦。尼采喜欢把原子分裂、原生质的分裂与生命的繁衍相比较(《权力意志》,第 2 部分,45,77,187)。不仅瓦解、分裂和隔离的行为总在展现权力意志,被瓦解、被分裂和被隔离的状态也同样如此:"分裂表现为权力意志的后果"(《权力意志》,第 2 部分,73)。假定有两种力,一为高等一为低等,我们可以看到它们各自

二、能动与反动

接受影响的能力如何会必然实现。但这种能力的实现必须满足一个前提,即必须进入相应的可感知的生成历史或生成过程:① 能动力,主动或支配的权力;② 反动力,服从或接受作用的权力;③ 发展的反动力,分裂、瓦解和隔离的权力;④ 趋向反动的能动力,被分离或转而否定自身的权力。①

一切感知性只是力的生成。在力的"生成"过程中存在一个力的循环(例如能动力变成反动)。甚至会出现好几种力的生成彼此争斗的情形。② 因此,单单列举或对比能动力与反动力各自的特征是不够的。能动与反动是源自权力意志的力的性质。但是权力意志本身也具有性质,即类似于力的生成的可感知性(sensibilia)。权力意志首先把自己表现为力的感知性,其次表现为力的可感知的生成:激情是导致生成的最本质的因素(《权力意志》,第 2 部分,311)。总之,力的生成不可与力的性质掺杂混和,它是这些性质本身的生成,是权力意志本身的性质。力的性质不能从其生成中提炼,一如力本

---

① 《权力意志》,第 2 部分,171:"这最高的力,当没有任何东西可以组织时,便转而反对自身,用它的力来实施破坏行动。"
② 《权力意志》,第 2 部分,170:"代替了'因果关系'的是生成之间的互相斗争,往往还伴随着对竞争对手的消化吸收;生成的数目并不是恒定的"。

身不能从权力意志中提炼。对于力的具体研究势必暗示着动力学的研究。

12. 力趋向反动

然而,力的动力学实际上却将我们引向令人沮丧的结论。当反动力把能动力与其所能分离时,后者也变成了反动力。能动力趋向反动。趋向一词必须从最严格的意义来理解:力的生成表现为能动趋向反动。难道没有其他生成方式吗?事实是除了趋向反动这种生成,我们感觉不到、体会不到或无从知晓任何其他的生成。我们不仅注意到反动力的存在,还注意到它们战无不胜的事实。它们何以获胜?它们是通过虚无的意志,并借助反动与否定之间的亲密关系获胜的。但何为否定?它是权力意志的一种性质,是那种把权力意志界定为虚无主义或虚无的意志、促使能动趋向反动的性质。不能说能动力趋向反动是由于反动力获胜的缘故;相反地,应该说反动力之所以获胜是因为它们分离能动力与其所能,把它出卖给虚无主义的意志,出卖给比它们还要老谋深算的趋向反动的生成。这就

二、能动与反动

是反动力获胜的几种表现形式(怨恨、内疚、禁欲主义理想)主要是虚无主义表现形式的原因。力趋向反动和虚无主义的生成似乎已成为力与力之间关系的基本要素。难道就没有别的生成？一切都诱使着我们去"思考"，或许还有另外一种生成。然而这需要另一种感知性，正如尼采常常挂在嘴边的，需要另一种感知的方式。目前我们仍然不能解答这个问题，甚至几乎无从思考它的可能性。但是我们可以追问，为何我们只能感觉和认识到一个趋向反动的生成。这难道不是因为人的反动本性？不是因为人本身就是由趋向反动的生成塑造的？怨恨、内疚和虚无主义不是心理特征而是人性的根基。它是这种人性的原则。人是地球的"皮肤病"，是地球的反动……(《查拉图斯特拉如是说》，第 2 卷，"大事件")。正是在这一意义上，查拉图斯特拉谈及他对人无以复加的鄙视和厌恶。即使有另一种感知性、另一种生成，它还会属于人类吗？

人的这一状况对于永恒回归产生了巨大的影响。它如此严重地损害或腐化永恒回归，以至于令它变成了令人痛苦、厌恶和憎恨的对象。即使能动力回归，它也会变成反动力，甚至是永恒的反动力。不仅反动力回归，趋向反动的力也在回归。在查拉图斯特拉那里,永恒回归的思想不仅神秘隐晦,而且令人作呕、难以忍受(参看《权力意志》,第 4 部分,235,246)。刚开始,对永恒回归的描述紧随一个奇怪的幻象:那是关于一个牧童的,"挣扎,哽咽,痉挛,他的脸扭曲变形",一条沉重的黑蛇从他的口中垂下来(《查拉图斯特拉如是说》,第 3 卷,"幻象与谜")。后来,查拉图斯特拉自己解释这种幻象:"对人类无与伦比的憎恨——爬到了我的喉咙,窒息了我……你厌烦的小人永远回归……唉,人永远回归,甚至于最渺小的也永远回归——那就是我对于一切存在的憎恨! 唉,可恶! 可恶! 可恶!"(《查拉图斯特拉如是说》,第 3 卷,"病愈者")。卑鄙者、渺小者和反动者的永恒回归不仅使永恒回归的思想无可忍受,而且使永恒回归本身几无可能。它将矛盾引入了永恒回归。蛇是永恒回归的动物,但只要永恒回归是反动力的永恒回归,蛇就会伸展开蜷缩的身子,变成"沉重的黑蛇",从准备开口说话的口中垂下来。永恒回归、生成之在如何能被虚无主义的生成所肯定? 为了肯定永恒回归,必须咬下蛇头,再把它吐出来。然后,牧童便不再是牧童,也不再是人,"他变形了,沐浴在灿烂的光辉里,大声发笑! 地球上从来没有人像他这么笑过"(《查拉图斯特拉如是说》,第3卷,"幻象与谜")。这便是另一种生成,另一种感知性:超人。

13. 意义与价值的含混

力趋向能动,即反动力趋向能动,是我们所知的另一种生成。评价这一生成带来几个问题,而且它是对尼采关于力的理论所提出的概念是否具有系统连贯性的最后检验。让我们首先考虑第一个假设。尼采把最大限度发挥其能量的力称为能动力。能动力一旦被反动力将它与其所能分离,能动即变为反动。但为什么这种反动力不以自己的方式最大限度发挥它的能力呢?如果能动力只要同自身能力分离就变为反动,那么相反地,反动力作为分解力,难道不会变为能动吗?这难道不是它使自己变为能动的方式?具体而言,难道没有一种低贱、卑微或愚钝可以通过最大限度发挥其能力变为能动?尼采说过"这严格而雄伟的愚蠢"(《善恶的彼岸》,188)。这一假设令我们想起苏格拉底的驳辞,但两者显然不同。我们不会再像苏格拉底那样,认为低等力是通过形成更强大的力获得胜利,而宁愿相信反动力之所以获胜是因为最大限度地发挥了它的能量,换言之,是因为它形成了一种能动力。

当然,反动力可以从不同的角度加以考虑。譬如疾病使我不能做我能做之事,这个反动力把我弄得很被动,而且限制我的潜能,把我束缚于萎缩的环境里,使我只能委曲求全地适应于它。但另一方面,它向我呈现一种崭新的能力,赋予我崭新的意志,促使我自作决定,最大限度地发挥某种奇怪的力量(这种极限力量能发挥许多事物的威力,例如"从病人的角度去看较为健全的概念和价值……"[《瞧!这个人》,第 1 部分,1])。在此我们注意到对于尼采非常重要的矛盾心理:被他揭露反动本性的力在几行字或几页纸后突然呈现出令他神往的魅力,甚至由于它为我们开辟的前景,由于它具有令人不安的权力意志,展现出崇高的气势。它把我们与自身的权力隔离,但同时又赋予我们多么"危险"、多么"有趣"的另一种权力。它带给我们新的情感,教会我们新的接受影响的方式。趋向反动的力有一种令人钦羡的东西,它既令人钦羡又充满危险。不仅是病人,信教者也呈现出这种双重性:一

二、能动与反动

方面是反动的,另一方面又拥有崭新的力量。① "说真的,没有这些无能者鼓动的精神,人类历史将会过于乏味"(《论道德的谱系》,第1章,第7节)。尼采每每提及苏格拉底、基督、犹太教、基督教或者任何一种形式的颓废堕落,他总是在事物、存有物与力中发现这同一个矛盾。

然而,将我与能力分离和赋予我全新力量的是否为同一种力? 甘心受疾病摆布的病人与把疾病作为探索、支配以及壮大自己的手段的病人是否为同一个人? 是否为同一种疾病困扰? 像羊羔般抱怨不休的虔诚教徒所信奉的和像新的"猛禽"那样的牧师所宣讲的是否同一种宗教? 事实上,反动力不是一模一样的,而是根据与虚无意志之间关系的发展程度,彼此之间的差异也会不断变化。有一种反动力既服从又抵制,另一种则将能动力与其能力分离,第三种腐化能动力,把它带到即将生成的反

---

① 《论道德的谱系》,第1部分,6:"只有在这块由教士的、本质危险的生存方式所滋养的土地上,人才开始发展成为一种有趣的动物,只有在这里,在崇高的意义上人的精神才更高深,同时也变得凶恶了。"关于教士的矛盾心理,《论道德的谱系》,第3部分,15:"他自己必须本身有病,他必须从根本上和所有那些患病者、受难者联姻,这样才能理解他们并为他们所理解;但他还必须是强者,他的自胜力必须强于他的胜人力,尤其还必须有一种不可摇撼的权力意志,这样他就可以享有病人的信任和敬畏。"

动的边缘,带入虚无的意志;第四种反动力原本是能动的,但它被诱使着与其能力分离,逐渐变为反动力,被拽入深渊,最终转而反对自己——这些细微区别、不同情感和不同类型是系谱学家必须加以诠释的问题,除他以外,没有任何人知道如何诠释。"我对颓废问题很在行,这难道还要多说吗?我对此了如指掌。那种总体把握和领会的精巧技艺,那种精细入微的感觉,那种探幽析微的心理,以及我所特有的其他一切本领……"(《瞧!这个人》,第1部分,1)。诠释是要对每一种情况中反动力的现状进行诠释——也就是解释它们和否定、和虚无主义意志的关系发展到了何种程度。同样的诠释问题在能动力这一边也会出现;诠释每种情况中能动力的现状与差异,换言之,诠释它们和肯定之间的关系发展到了何种程度。有些反动力因为追随虚无主义的意志而变得雄伟迷人,有些能动力则因为不知如何跟从肯定的力量而逐渐衰退(我们将看到这便是尼采称为"文化"或"高人"的问题)。最后,评价呈现的矛盾甚至比诠释的矛盾更扑朔迷离。从否定的角度评判肯定,从肯定的角度评判否定;从虚无主义意志的角度评判肯定意志,从肯定意志的角度评判虚无主义意志——这是系谱学家的艺术,而系谱学家是医生。"从病人的角度去看较为健全的概念和价值,反过来,从饱满自信、多姿多彩的生命来俯视颓废本能的隐秘活动"(《瞧!这个人》,第1部分,1)。

然而,无论意义和价值如何矛盾,我们都不能断言反动力只要发挥能力极限就会变成能动力。因为"发挥极限",即"发挥最大能量",具有两种截然不同的含义,分别取决于它持肯定的态度还是否定的态度,肯定自身的差异还是否定这种差异。反动力达到它的极限时通常与否定或虚无的意志纠缠在一起,并以它们作为原动力。趋向能动的反动力则恰恰相反,它预设了能动与肯定的亲密关系;为了变为能动,它不仅要发挥能力的极限,还必须让自己的能力成为肯定的对象。趋向能动的反动力是肯定性的和好肯定的,正如趋向反动的能动力是否定性的和虚无的。

14. 永恒回归的第二个侧面:作为伦理思想和选择的思想

因为它既无从感觉也无从知晓,趋向能动的力只能被设想为一种选择的结果。这是力的能动性和意志的肯定性同时进行的双重选择。但谁来作出选择,谁充当选择的原则?尼采的回答是:永恒回归。先前令人嫌恶的永恒回归克服了嫌恶,令查拉图斯特拉成为"病愈者"和"被安慰的"对象(《查拉图斯特拉如是说》,第 3 卷,"病愈者")。然而,在何种意义上永恒回归才是选择性的?首先是因为,作为一种思想,它赋予意志实践的原则(《权力意志》,第 4 部分,229,231,"伟大的选择思想")。永恒回归赋予意志的原则像康德的原则那样严格。我们注意到永恒回归作为物理学说展现一种新的思辨综合形式;作为伦理思想,则展现一种新的实践综合形式:无论你想要什么,用这种方式来想:你也想要它永恒回归(l'éternel retour)。"如果每次你想要什么的时候,事先总问:我一定能无限次地重复我想做这件事的意愿吗?这种追问应当成为你最坚实可靠的重心"(《权力意志》,第 4 部分,242)。这个世界上有一件事让尼采感到沮丧:世间太少补偿,太少快乐,太少喜悦;一切事物只允许得到一次,仅有一次。第二天所能重复的,只是头天信誓旦旦的保证:"明天我绝不干这个了"——这完全是被施了魔咒的人的规定动作。于是,我们像垂垂老姒,只允许自己放纵一次,我们像她们一样行动和思考。"唷,你们抛弃了一切刚有一半的意志,决心懒怠如同决心行动一样。唷,但愿你们能明白我的话:'永远做你们所意欲的——但要首先做能意欲的人。'"①假如懒惰、愚蠢、卑鄙、胆怯或怨恨想要永恒回归,那它将不再是同一种懒惰、同一种愚蠢、同一种卑鄙、同一种胆怯。我们来看在这里永恒回归如何进行选择。进行选择的是永恒回归的思想。它使意志成为一个整体,剔除意志中一切脱离永恒回归的东西,它使意志变为创造,它带来了意志=创造的等式。

显然,这种选择还不足以让雄心勃勃的查拉图斯特拉心满意足。它满足于消除一些最缺乏实力的反动状态。然而,以自己的方式充分发挥其能力的反动力和在虚无的意志中找到强大动力的反动力却抵制第一种选择方式。它们远非脱离永恒回归,反而进入它,并且大有和它一起回归之势。因此,我们必须期待与第一种截然不同的第二种选

---

① 《查拉图斯特拉如是说》,第3卷,"侏儒的道德",第2卷,"慈悲者":"但思想卑微的人是最恶劣的。真的,邪恶的行为也胜于卑微的思考!你肯定会说:'沉醉于卑微的邪恶便可令我们解脱许多大的恶行。'但在这里人不会得到解脱。"

择。但是这第二种选择涉及尼采哲学最难懂的一部分,并且构成永恒回归学说几乎是最深奥的基本原理。因而在此我们仅能概述尼采的主要思想,而把详尽的概念阐释留给后文。

① 永恒回归何以被称为"虚无主义最极端的形式"(《权力意志》,第 3 部分,8)?如果永恒回归是虚无主义最极端的形式,那么与永恒回归分离、或从永恒回归中提炼的虚无主义无论多成熟、多强大,也总是"不完整的虚无主义"(《权力意志》,第 3 部分,7)。只有永恒回归才使虚无的意志圆满完整。

② 我们迄今为止的研究表明,虚无的意志总是和反动力联袂出现。它的本质是否定能动力,诱导能动力否定并反对自身。这样,它同时又奠定了反动力得以保存实力、获胜和传播的基础。虚无的意志是普遍的趋向反动,是力从能动趋向反动。正在这一意义上,虚无主义单靠它自己总是不完整的。甚至禁欲主义理想也与我们想象的截然相反,"它是保存生命的权宜之计"。虚无主义是保存虚弱、衰退和反动的生命的原则。反动力在贬低和否定生命的原则的庇护下,得以保存自己,取得胜利,并且逐渐扩张它的势力(《论道德的谱系》,第 3 部分,13)。

二、能动与反动

③ 如果虚无的意志与永恒回归相联系,会出现什么样的情形？只有在这一刻虚无的意志才解除它与反动力的联盟,只有永恒回归才能促使虚无主义变成完整的虚无主义,因为它让否定成为反动力本身的否定。虚无主义在永恒回归中凭借永恒回归不再体现为弱者保存实力和获取胜利,而表现为他们的毁灭,他们的自我摧毁。"这种消亡采取了自我毁灭的形式——它是破坏力的本能选择……毁灭意志是更深刻的本能的意志,是自我毁灭的本能,是虚无的意志"(《权力意志》,第3部分,8)。因此,查拉图斯特拉早在序曲中就高声歌颂"愿意毁灭自身的人","因为他不想保存自己","因为他毫不犹豫地走过桥梁"(《查拉图斯特拉如是说》,序言,4)。查拉图斯特拉序言暗含着永恒回归的早熟的秘密。

④ 反对自身不应与这种自我毁灭、自我消灭混为一谈。在反对自身的反动过程中,能动力变为反动。而在自我毁灭中,反动力本身被否定,并被引向虚无。因而,自我毁灭据说是一种能动作用,一种"能动的毁灭"(《权力意志》,第3部分,8,《瞧！这个人》,第3部分,1)。只有它才展示力变为能动的情形:当反动力以某种原则的名义否定和抑制自

己,而这一原则片刻前还保证反动力保存实力并获取胜利,这时,力便由反动转为能动。能动的否定或能动的毁灭是顽强的精灵,它摧毁自身之内的反动,把这种反动连同自己交给永恒回归检验,甚至不惜以自身的衰败为代价,"这是顽强的精灵和意志,它们发现自己根本不可能在否定判断前止步,它们的本性要求能动的否定"(《权力意志》,第3部分,102)。这是反动力变为能动的唯一途径。因此,否定通过使自己变为反动力本身的否定,不仅成为能动的因素,而且好像发生了嬗变。它把肯定和正在生成的能动展现为肯定的权力。于是尼采谈及"生成的永恒欢乐……这种欢乐甚至包含了毁灭过程中的欢乐","肯定消逝和毁灭,这是酒神哲学决定性的特征"(《瞧! 这个人》,第3部分,"悲剧的诞生",3)。

⑤ 于是,以下便是永恒回归的第二种选择:永恒回归促使反动趋向能动。虚无的意志与永恒回归联手就能确保反动力不再回归。无论多强大,无论正在变为反动的力陷得多深,反动力总之不会回归。渺小、卑鄙和反动的人不会回归。否定作为权力意志的性质,凭借永恒回归,在永恒回归中改弦易辙,把自己变为肯定,变为否定之肯定,变为肯定

性的和好肯定的权力。这就是尼采称之为查拉图斯特拉的良药和狄奥尼索斯的秘密的东西。多亏了永恒回归,"虚无主义才能征服自己"(《权力意志》,第 3 部分)。这第二种选择与第一种完全不同。它不再是一个把一切脱离永恒回归的东西从意志中清除的简单思想,而是一个永恒回归迫使某些东西改变本质从而构成新的存在的问题。它不再是选择性的思想,而是选择性的存在;永恒回归就是存在而存在就是选择(选择=等级)。

15. 永恒回归的问题

以上的论述只是一个简单的总结。我们将依照以下几个要点进一步论述:权力意志两种性质之间的关系(否定与肯定),权力意志本身与永恒回归的关系,嬗变作为一种新的感知和思考方式、并且首先作为一种新的存在方式的可能性(超人)。在尼采的术语中,价值的颠覆意味着能动取代反动(严格说来,它是颠覆的颠覆,因为反动一开始取代了能动)。而价值转换或者价值重估意味着肯定而非否定——它是变为肯定权力的否定,是狄奥尼索斯最终的变形。所有这些未经剖析的要点构成了永恒回归学说的顶峰。

从远处我们几乎看不到这一顶峰。永恒回归是生成之在。但生成是双重的:它是趋向能动和趋向反动,即反动力趋向能动和能动力趋向反动。然而只有趋向能动才具有存在。生成之在倘若被趋向反动的生成即本身是虚无主义的生成肯定,我们便会陷入矛盾的境地;正如永恒回归如果是反动力的回归,也会陷入矛盾的境地。永恒回归教导我们趋向反动的生成不具有"存在";同样,也是它把趋向能动的生成存在的事实告诉我们。通过再现生成,永恒回归必然会使生成趋向能动。因而肯定是双重的肯定:如果不肯定趋向能动的存在,生成的存在就无法得到完全的肯定。如此一来,永恒回归也是双重的:它是生成的普遍存在,然而生成的普遍存在用来形容单个的生成。只有趋向能动的生成才具有存在,这一存在是整个生成的存在。回归是整体,但整体又在单个的时刻被肯定。当永恒回归被确认为普遍的生成之在,当趋向能动的生成也被确认为普遍的永恒回归的征候及产物,肯定则发生变化,变得更加复杂深奥。永恒回归作为物理学说肯定生成之在;然而作为选择的本体论,它将这一生成之在确定为趋向能动的"自我肯定过程"。在连接查拉图斯特拉与他的动物的共谋关系的核心地带,我们看到一种误解悄然出现,那是动物们既不理解也无法认识的问题,是令查拉图斯特拉感到恶心却又能治愈他的问题。"哦,你们这些小丑和手风琴!查拉图斯特拉回答,又莞然笑了……你们已经将这编成一支古老的歌了吗?"(《查拉图斯特拉如是说》,第 3 卷,"病愈者")。古老之歌是循环,是整体,是普遍的存在。但是肯定思维遵循的完整公式是:整体,没错;普遍存在,没错;但普遍存在是用来形容单个的生成,整体是用来形容单个的时刻。

三、批　判

1. 人文科学的改造

在尼采看来,科学呈现出一片阴郁的景象,到处都是被动、反动和否定的观念把持着权柄。它们总是试图从反动力的角度对现象进行诠释。我们已在物理学和生物学中看到了这种情形。然而当我们严肃地审视人文科学时,我们发现从反动和否定的角度阐释现象的情形正在进一步恶化:"功利主义"、"适应"、"规范"乃至"遗忘"成为诠释所依凭的概念(《论道德的谱系》,第1部分,2)。在人文科学、甚至在自然科学中,无视力的起源和系谱乃是随处可见的显然事实。可以说,科学家把反动力的胜利当作自己的模式,企图把思想绑缚在这种模式之上。他大张声势地宣称自己尊重事实、热爱真理。然而,"事实"不过是一种阐释,真理无非是表达一种意志。问题在于:它是什么样的阐释?谁想要真理?宣称"我在寻求真理"的人想要什么?今日科学对自然与人的探索在某种意义上称得上史无前例地透彻,但是它对理想秩序和既定秩序的屈从也可谓空前绝后。学者,甚至具有民主意识和社会主义意识的学者并不缺乏虔诚,只不过他们发明了一种不依赖于心灵的神学。① "请看一个民族的演变中学者地位突出的各个时期:那往往是灯枯油尽的时期,是日薄西山、走向没落的时期"(《论道德的谱系》,第 3 部分,25)。

人文科学对行为和一切能动因素的误解是显而易见的:例如,它从行为的实用性来判断行为。我们不要操之过急地断言,功利主义在今天业已过时。首先,即使事实果真如此,其中一部分功劳也应该归于尼采,更何况,一种学说只有在确保自己的原则广为传播,并且其基本原理已渗入到取代它的学说之中才甘心退隐。尼采质问道:功利主义概念究竟指的是什么? 也就是说,行为究竟是对谁有利或有害? 又是谁从行为的实用性或危害性以及

---

① 《论道德的谱系》,第 3 部分,23,25。有关学者的心理,参见《善恶的彼岸》,206—207。

它的动机或后果来考虑行为？答案并非行动者,因为他并不"考虑"行为,而是那些第三方、受难者或是旁观的人。他从获利或可能获利的角度来评价他没有付诸实践的行为——正因为他没有付诸实践。不行动的人认为自己有天然的行动的权利,他理应从中获得利益(《论道德的谱系》,第1部分,2,10;《善恶的彼岸》,260)。我们来猜一猜"实用性"的根源:它通常也是反动概念的根源,即怨恨,仅仅是出于怨恨的需求。在这里,功利主义就是一个很好的例子。然而,不管怎样,喜欢用抽象关系取代现实的力量关系,并以之为展现力与力之间所有关系的标准,这似乎是哲学和科学的惯用伎俩。在这点上,连黑格尔的客观精神也比不过"客观性"一点不少的实用性概念。不管是哪一种抽象关系,总要取消真正的行为(创造、言说、爱等等),而代之以第三方看待这些行为的视角——在这里,行动的本质与第三方宣称他应得的好处、有权获得的利益混为一谈(无论这第三方是上帝、客观精神、人性、文化,还是无产阶级……)。

让我们来看看另一个例子,即语言学的例子:通常从听者的角度来判断语言。尼采梦想另一种语言学,一种能动的语言学。词语的秘密不取决于听者,一如意志的秘密不取决于服从者,力的秘密不取决于反动力。尼采的能动语言学只有一个原则——词语只有说话者通过它来表达某种意志时才具有意义;只有一个规则——将言说视为真正的行为,让自己处于言说者的地位。"赐名是主人的权利,这个权利行使得如此充分,以至于我们可以认为语言起源于统治者权威的表达:他们说:这是什么,那是什么,他们把字词赋予一切事物和事件,然后通过这种方式将其占为己有"(《论道德的谱系》,第1部分,2)。能动的语言学家试图发现言说者和命名者。谁在使用某一特定的词语,他首先用它来描述什么?他自己,听者,其他东西?他的意图何在?他说出这个词的时候旨在表达何种意志?词语意义的变化意味着另一个人(另一种力和另一种意志)占据了词语,并用它来指涉另一种事物,因为他想要的东西有所不同。尼采整个的词源学和语言学概念——这个概念往往遭人误解——就建立在上述原则和规则之上。在《论道德的谱系》一书中,尼采对"善"进行探讨时曾出色地运用这一原则来考察"善"的词源、意义及意义变化:他表明"善"这一词语怎样最早由主人创造并运用于自己身上,后来又怎样被奴隶夺走,他们反倒可以称主人为"邪恶之徒"(《论道德的谱系》,第 1 部分,4,5,10,11)。

真正能动的科学会是什么样子,它会像这种新的语言学一样充满能动的概念吗?只有能动的科学才能发现能动力,才能认识到反动力作为力的本来面目;只有它才能阐释真正的行为和真正的力量关系。因此它以三种形式出现。首先它作为征候学出现,把现象当作征候进行阐释,并认为征候的意义必须在产生它们的力中才能找到。其次它作为类型学出现,把力分为能动力和反动力,从性质的角度来阐释力。最后它作为系谱学出现,从高贵或低贱的角度评价力的起源,在权力意志以及这种意志的性质中发现力的谱系。各种科学,甚至包括自然科学,都被整合到这样一种概念当中,而且科学和哲学也联合起来(《论道德的谱系》,第 1 部分的结尾注释)。当科学不再使用被动的概念,它就不再是实证主义,而哲学也不再是关于行为的乌托邦和幻想,不再是实证主义的补充。这样的哲学家是一位征候学家、类型学家和系谱学家。我们由此可以看到尼采三位一体的"未来哲学家"形象:医生-哲学家(医生解释症状),艺术家-哲学家(艺术家塑造类型),立法者-哲学家(立法者确定等级和系谱)(参考《希腊悲剧时代的哲学》;《权力意志》,第 4 部分)。

2. 尼采问题的形式

形而上学以如下的形式表述关于本质的问题:什么是……? 我们或许习惯性地把它当作不言而喻的问题;事实上,这应归功于苏格拉底和柏拉图。为了弄清楚这一问题究竟在何种程度上预设了某种特定的思维方式,我们得追本溯源,回到柏拉图那里。柏拉图问:什么是美? 什么是正义? 等等诸如此类的问题。他想把这种形式的问题与所有其他形式的问题相对立。他笔下的苏格拉底时而反对毛头小伙子,时而反对顽冥不化的老头,时而反对声名煊赫的诡辩论者。这些人的回答几乎如出一辙,他们援引正义或美丽的具体意象:少女、牝马、瓦煲等等。苏格拉底最终胜利了,因为他们引述的只是美的个体,却并未回答"美是什么?"的问题。于是,就产生了柏拉图视如至宝的区别:美的事物(不过是偶然的、取决于生成过程的美)和**美**(唯一的,必然的美,作为存在和本质的那一种美)

之间的区别。因此,在柏拉图那里,本质与表象的对立、存在与生成的对立主要取决于某种提问的方式。然而,我们应该问问自己苏格拉底是否赢得有理,因为他的方法似乎并无成效:确切地说,它控制的是所谓怀疑论者的对话,而虚无主义是这里的主宰。回答"什么是美?"的问题时援引美的事物,这毫无疑问是一个愚蠢的错误;但"什么是美?"未必不是一个愚蠢的问题。即使作为发现本质的重要途径,也不能确定这个问题就是合理和适当的。对话的过程中常常会有灵光一闪,刹那间给予我们诡辩家的思想启示。将诡辩家、老者、少年糅合在一起是一个交融汇合的过程。诡辩家希庇亚斯不是一个当被问及"什么是……?"的问题时只满足于回答"哪一个"的孩子。相反,他认为哪一个是最好的问题,也是最适于确定本质的问题。因为它并非像苏格拉底认为的那样指向分散的个例,而是指向具体事物的生成过程所包含的连续性,指向可援引或已被援引的所有事物的正在生成的美。因此,提问哪一个是美的,哪一个是正义的,而不问什么是美,什么是正义,是最终制定的方法。它暗示一种原创的本质观,与辩证法相对的诡辩艺术,一种经验主义的、倡导多元的艺术。

"这是什么？我好奇地嚷开了——这是哪一个？你该问！查拉图斯特拉这样说道，然后以他特有的方式，即以一种迷人的方式，陷入了沉默。"①在尼采看来，"哪一个"的问题意味着：哪些力支配着给定的事物？哪种意志占有了它？哪一个被表现和彰显，哪一个被隐匿？只有"哪一个"的问题才能把我们领到本质的问题上。因为本质只是事物的意义和价值；本质由与事物密不可分的力和与力密不可分的意志确定。况且当我们问"这是什么？"时，我们不仅落入了最卑劣的形而上学的窠臼，而且，实际问的还是"哪一个"的问题，不过问得愚笨、盲目、困惑罢了。"'这是什么？'是换一角度来确定意义的方式。本质，存在，是预设了多元的透视的现实。从根本说来，它总是这样一个问题：这对于我（对于我们，对于每一个明眼人）意味着什么？"（《权力意志》，第 1 部分，204）。我们所问的"什么是美？"其实是问从哪一个角度事物显示它的美，从哪一个角度看似不美的事物显得不美？对于这样的事物，哪些力通过占有它使它或是会使它变得美

———————

① 《流浪者与影子》，序言草纲，第 10 页（法文版，阿尔伯特，Ⅱ，第 226 页）。

丽？而且，是哪些力屈从于这些力，哪些则奋起抵制？多元主义的艺术并不否定本质：它使本质在每一种情况中都取决于现象与力的密切关系，取决于力与意志的默契配合。事物的本质存在于占有它并在其中表现出来的力，它在与这种力关系密切的力中得到进一步发展，被与之对立和能够支配它的力损害或毁灭。本质永远是意义与价值。因此，这"哪一个"的问题回荡在每一个事物中，为每一个事物鸣响：究竟是哪些力？是哪一种意志？这是一个悲剧性的问题。在最深刻的层面上，所有一切引向狄奥尼索斯。因为狄奥尼索斯是一个同时隐匿自身和揭示自身的神，他就是意志，就是那一个……在狄奥尼索斯或权力意志那里，"哪一个"的问题找到了最高权威；每次提出这一问题，正是狄奥尼索斯，即权力意志在作出回答。我们不应问"哪一个想要？"，"哪一个诠释？"，"哪一个评价？"，因为无论在什么地方，什么时候，权力意志总是想要，总是诠释、评价的那一个（《权力意志》，第 1 部分，204）。狄奥尼索斯是长于变换的神，是多样性的统一，是肯定多样性并为多样性所肯定的统一。"这是哪一个？"——在这个问题里，答案总是他。狄奥尼索斯之所以保持沉默，故作引逗，是想争取时间隐匿自身,变换另一种形式并对力作出改变。在尼采的作品中,有一首极优美的题为《阿里安之怨》的诗歌展现的就是提问方式与提问的神之间的根本联系,即多元问题与狄奥尼索斯式肯定或悲剧性肯定之间的根本联系(《酒神颂》,"阿里安之怨")。

3. 尼采的方法

从上述问题中衍生了一种方法。这种方法将任何给定的概念、情感或信仰都视为想要某物的意志。这样说,那样想或那样体会的那一个人究竟想要什么?这个问题表明一个人如果不具备特定的意志、力和存在方式,他就无法言说、思考或体会那个特定的事物。言说者、示爱者和创造者想要什么?反之,那些不行动却想从行动中获利的人,那些诉诸"无私公正"的人想要什么?禁欲主义者,追求实效的功利主义者,他们又想要什么?还有叔本华,当他发明否定意志这一古怪的概念时,他想要的是什么?这一概念是真理吗?而那些追求真理者,那些宣称"我在寻求真理"的人到底想要什么?① ——意志与其他行为不同,它是我们一切行为、情感和思想关键的和本原性的例证。以下是这一方法的具体步骤:将概念与权力意志相联系,使它成为意志的征候,没有这种意志,它甚至无法加以思考(没有这种意志,情感无从体验,行动亦无从采取)。这一方法与悲剧问题是一致的。它本身就是悲剧式的方法。或者更精确地说,如果我们剔除戏剧一词中所沾染的一切基督教和辩证法的情感,它就是戏剧化的方法。"你想要什么?"阿里安问狄奥尼索斯。意志想要什么——想要意志对应物的潜在内容。

意志想要的是什么?我们不应被这一表述蒙骗。意志想要的不是对象、目的或结果。结果、对象乃至动机仍然是征候的表现。依据自身的性质,意志想要的可能是肯定差异,也可能是否定差异。只有性质才是人们想要的:重的、轻的……意志想要的总是它自身的性质以及相应力的性质。正如尼采所说的高贵、肯定、轻盈的灵魂,它拥有"某种

---

① 这是尼采在所有著作中一以贯之的方法,《论道德的谱系》有非常系统的体现。

对自身的根本肯定,这是一种不可能寻求,不可能发现,或许也丢不掉的一种东西"(《善恶的彼岸》,287)。因此,当我们质疑"这样思考的人想要什么?"时,我们并未放弃"哪一个?"这一根本问题,而不过是赋予它某种规则,并使之在方法论上得到进一步发展。事实上,我们要求使用确定的类型而非具体的例证来回答问题。类型是由权力意志的性质、这种性质表现的差异以及力与力之间的相应关系构成的,其他一切都是征候。意志想要的不是目的,而是类型,是言说者、思考者、行动者、非行动者、反动者等类型。只有在类型的具体范例中确定意志想要什么,这一类型才能被界定。譬如,追求真理的人想要什么?这一问题是知晓谁在寻求真理的唯一途径。戏剧化的方法因此成为唯一适用于尼采的工作以及他的提问方式的方法:这是一种区分性的、类型学的和系谱学的方法。

没错,对于这种方法,还必须克服第二种反对意见,即它的人类学特征。但我们只需要考虑人自身的类型。倘若人果真由反动力的胜利构成,那么整个戏剧化方法的目标就是发现展示力之间其他关系的其他类型,并且发现权力意志能够改变过于人性的因素的另一种性质。尼采说:非人与超人的因素——事物、动物或诸神——在戏剧化的能力方面一点也不逊于人以及人的决心。它们同样是狄奥尼索斯的变形,是想要某物的意志所表现的征候。它们同样表现一种人并不知晓的力的类型。戏剧化的方法在各个方面都超越了人类。除了大地的意志,还有什么样的意志能够肯定大地这样的事物?大地的意志——在这种意志里,大地本身毫无意义——想要什么?意志的性质——同样也是地球的性质——究竟是什么?对于上述种种问题,尼采答道:"失重的状态……"①

4. 反对先哲

"权力意志"意味着什么?首先,它并不意味着意志想要权力,或把权力作为目标来追寻或渴求,而权力也不是意志的动力。"渴望权力"的表述与"求生意志"一样荒谬。那些把"生命意志"学说当

---

① 《查拉图斯特拉如是说》,序言,3:"超人是大地的意义。让你们的意志说,超人当是大地的意义!"《查拉图斯特拉如是说》,第3卷,"沉重的精灵";"有谁一旦教人类飞翔,他将移去一切的界标;一切的界标将会飞腾;他将重新命名大地,曰'轻灵者'。"

作真理来瞄准的人"必定得不到真理,因为这种意志根本不存在。因为,凡不存在者,当然不能有愿望;但已存在的怎能还渴求存在?"(《查拉图斯特拉如是说》,第 2 卷,"自我超越";第 3 卷,"三件恶事")。这就是尼采坚持认为权力意志是由他创造并引入哲学的新概念的原因,尽管这一学说从外表上看与传统没什么显著的区别。他曾经带着适度的谦虚说:"假设可以从故纸堆里挖掘出尚未说出的内容,那么至今尚无人像我那样把心理学理解为权力意志的形态学和发展理论"(《善恶的彼岸》,23)。然而,在尼采之前,不止一位作家谈及权力意志或者类似的东西;在他身后,也不止一位重新捡起这一术语。但是正如后者不是尼采的信徒,前者也称不上尼采的先师,他们总是从尼采显然不屑于考虑的含义探讨权力意志:好像权力是意志的终极目的,是它的根本动机。好像权力就是意志想要的东西。这种概念至少暗含了三种危及整个意志哲学的错误理解:

① 权力被解释为某种表征的对象。在此表述中,意志想要权力或是渴望支配,权力与表征的关系如此密切,以至于所有权力都是被表现的权力,而每一种表现都是权力的表现。意志的目标就是

表征的目标,反之亦然。在霍布斯那里,处于自然状态的人希望看到他的优越性被表现并得到他人的认可。在黑格尔那里,意识希望被别人认可并且被表现为自我意识。即使在阿德勒①那里,它还是一个表现优越性的问题,这种优越性必要时将弥补器质性的自卑。在这些例子中,权力总是表现或认可(recognition)的对象,而认可实质上预设了一种意识的比较。因此,权力意志必然拥有可以充当比较动力的相应动机,包括虚荣、傲慢、自恋、炫耀以及自卑。尼采质问道:是谁把权力意志理解成使自己得到认可的意志?是谁把权力本身理解为认可的对象?是谁实质上想表现为优越者,甚至希望自己的弱点也表现为优点?正是那些一心想"表现某种形式的优越感"的病人(《论道德的谱系》,第3部分,14)。"只有奴隶才会千方百计想引诱我们对他产生好感,只有这种人才会拜倒在这些好感面前,仿佛这好感并不是他呼唤出来的。——我重申一

---

① Alfred Adler(1870—1937),生于奥地利维也纳,心理学家,个体心理学派创始人。——译注

遍,虚荣,就是返祖现象。"①这样呈现给我们的权力不过是由奴隶臆造的权力的表征;这样呈现给我们的主人是奴隶无端猜想的主人形象,是奴隶在主人的位置上幻想着自己凯旋的形象,"这种对高贵者的需求,与高贵灵魂本身的需求在本质上是背道而驰的。事实上,前一种需求恰恰是缺乏高贵的象征和危险的征兆"(《善恶的彼岸》,287)。哲学家为什么要接受这一虚假的、看上去像一个获胜的奴隶的主人形象?其实所有这些只是一个前奏,是为更重要的辩证戏法作铺垫:一旦把奴隶摆在主人的位置上,他们就以为主人的真理就在奴隶那里。实际上,一切都发生在奴隶之间,无论是征服还是被征服。这是一种表现、被表现、让自己得到表现的疯狂,是成为典范,成为代表的疯狂;这种疯狂是所有奴隶共有的,是他们唯一能够理解的相互关系,是他们凭借胜利强加的关系。表现的概念毒害着哲学:它是奴隶以及奴隶关系的直接产物,它构成对

---

① 《善恶的彼岸》,261,有关"区分的欲望",参见《曙光》,113:"那渴望区分的人目不转睛地盯着他的邻人,想要知道他的情感;但要满足这种嗜好所需的同情与放任却远不是出于无辜、同情或慈悲。相反,我们想要察觉或猜测邻人正在以什么方式受难,是内心的煎熬还是肌肤之痛,他如何失去自我控制的力量,屈服于我们眼之所见、手之所触所造成的关于他的印象。"

权力最恶劣、最平庸和最低贱的诠释(《权力意志》,第 3 部分,254)。

② 意志哲学的第一种误解属于什么样的性质?当我们使权力成为表现的对象时,我们必然使权力依附于决定事物能否被表现或认可的因素。目前只有现行价值和已经被接受的价值才能这样提供认可的标准。一旦权力意志被理解为使自己被认可的意志,它必然促使人们把既定社会中盛行的价值(权力,金钱,荣誉,声名)①归于自己。在此,我们不禁又要问,是谁把权力理解为攫取既定的价值?"平庸之辈只会接受灌输的价值,自己并无任何价值观念;他从不习惯于设定价值,除了已经在他心中根深蒂固的价值以外,他不会再去寻找新的价值"(《善恶的彼岸》,261),他固守着主人赐予他的价值。卢梭曾批评霍布斯描摹了一幅以社会为先决条件的自然人的画像。类似的批评可以在尼采那里找到,尽管秉持的精神截然不同:从霍布斯到黑格尔,整个权力意志的概念预设了意志只想据为

---

① 《权力意志》,第 3 部分,522:"让一个煽动家来代表更高贵的品质,这多么不可能啊。好像高贵者的本质特征和真正价值就在于他们鼓动群众的能力,简言之,在于他们所营造的效果。可事实上,伟人的高贵,恰在于把他同其他等类者区分开来的那无从言传的品质。"(他们所营造的效果=他们自己制造的煽动效果=归于他们的既定价值。)

己有的既定价值的存在。这种意志哲学表现出来的明显症状即是守旧主义,它完全没有认识到权力意志创造新的价值。

③ 我们还必须追问:既定价值究竟是如何被归于权力意志的?总是通过战争或斗争的结果,无论这种战争或斗争采取何种形式——公开的还是秘密的,正义的还是阴险的。从黑格尔到霍布斯,对权力意志的解释从未离开过战争,原因很简单,因为战争决定哪些人将从主流价值中获取利益。既定价值的特点在于它总在斗争中发挥作用;而斗争的特点,无论是为权力而战,为名声而战,还是为生命而战,在于它往往求助于既定价值——这些解释总是摆脱不了类似的套路:斗争、战争、竞争乃至比较的观念同尼采及其权力意志概念毫不相干,我们无论怎样强调这一点也不为过。尼采并非否认斗争的存在,但他不认为它能创造任何新的价值。即使它创造价值,充其量也只是获胜的奴隶的价值。斗争不是形成等级的原则或动力,而是奴隶颠覆等级的手段。斗争从来不是力的能动表现,不是肯定的权力意志的表现——其结果也绝不是主人或强者获胜。相反,它是弱者压倒强者的手段,因为弱者总是大多数。这就是尼采反对达尔文的原因:达

尔文混淆了斗争与选择。他未能看到斗争的结果走向了他想象的反面：它的确有选择的功能，但它只选择弱者并确保他们获胜（《权力意志》，第1部分，395）。尼采说自己教养太好而不愿争斗。[①] 他还说权力意志是"从斗争中提炼出来的"（《权力意志》，第2部分，72）。

5. 反对悲观主义，反对叔本华

以上三种误解如果没有把极为悲惨的"腔调"或是伤感的语气引入意志哲学，它们将显得微不足道。我们发现，意志的本质总是与悲伤和不幸联系在一起。所有在权力意志或类似的事物中找到意志的人无一不喋喋不休地抱怨他们的发现，好像他们应该作出某种奇怪的决定以逃离这种意志或防止它带来的后果，好像意志的本质把我们放入无法生存、无从立足和受尽欺瞒的境地。这种观点很容易解释：从"支配的欲望"来理解权力意志中的意

[①] 《瞧！这个人》，第2部分，9："在我的生命中没有任何争斗的迹象；我是英雄特质的反面。想要某物，渴望某物，展望一个目的、一个愿望——我的经验中不存在任何这些东西。"

三、批　判

志,哲学家认为这欲望没有止境;由于把权力视为表现的对象,他们看到这样表现的事物具有虚幻特性;由于把权力意志和战争掺和在一起,他们在意志本身中看到了矛盾。根据霍布斯的观点,权力意志好像陷入了梦魇,只有对死亡的恐惧才使它走出梦魇。黑格尔则坚持认为主人处于非现实的状态,因为他依赖于奴隶的认可。每一位哲学家都把矛盾引入意志,同时把意志引入矛盾。被表现的权力只是表象;意志的本质如果不迷失于这种表象,就无法在意愿中确立自己。因此哲学家们向意志允诺一种限制,一种理性的或契约的限制,只有这种限制才能使意志存活,使矛盾得到解决。

无论在上述哪一方面,叔本华都谈不上开辟了新的意志哲学。相反,他的天赋在于引出了传统哲学极端的推论,并且把传统哲学推到了最离谱的境地。叔本华不满足于意志只有一种本质,他让意志成为事物的本质,即"从内部所看到的世界"。意志成为普遍本质,成为本质本身。但是,在这一刻起,意志想要的(意志的客观化)已外化为普遍的表现和表象。它的矛盾成为原始矛盾:作为本质,意志想要反映自身的表象。"意志在世界中得到反映,这就是等待着它的命运"表述的正是这种矛盾的痛苦。作为意志和表象的世界——这便是生存意志的原则。我们可以看到始于康德的神秘化倾向在此得到了进一步发展。通过把意志变为事物的本质或者变为从内部观看的世界,两个世界的区分原则上被取消了;世界既是感性的又是超感性的。但是,否认两个世界的区分,只是用内/外的区分代替原有的区分,这同本质/现象的区分,即两个世界的区分大同小异。通过把意志作为世界的本质,叔本华继续将世界理解为幻象、表象或表现(《善恶的彼岸》,36;《权力意志》,第 1 部分,216,第 3 部分,325)。如此一来,限制意志对于叔本华显然不够了,意志必须被否定,必须否定自身。叔本华的选择是:"我们是些蠢物,最好是抑制自己"(《权力意志》,第 3 部分,40)。他教导我们,对于意志而言,理性的或契约的限制已经不够,必须义无反顾地走向神秘的抑制。这是叔本华具有影响的一面,是他影响瓦格纳的一面:他的影响不在形而上学的批判,不在"残酷的现实感",不在对平庸之辈的深刻分析,也不是他的反基督教观,更不是他解释现象是意志的征候的方式,恰恰相反,在于他使意志变得越来越不可容忍、越来越缺乏生气,甚至把意志命名为生命意志的做法(《快乐的科学》,99)。

6. 权力意志的原则

在尼采看来,意志哲学必须取代陈旧的形而上学:必须毁灭和淘汰它。他认为自己是意志哲学的始创者,而其他人只是形而上学的最后守护者。尼采理解的意志哲学有两个构成喜讯的原则:"意愿=创造"和"意志=欢乐","意志,这位解放者和欢乐的使者,永远伴随着我。意志使人自由,这就是意志和自由的真义——查拉图斯特拉如此教你们。""让我来告诉你们,我的朋友们:所谓解放者和快乐使者是意志的别名。但也要明白,意志自身仍然是一个囚犯。想要解放……"(《查拉图斯特拉如是说》,第 2 卷,"在幸福岛上";第 2 卷,"救赎")。"想要成为没有意愿的人——我的兄弟们,你们知道这是疯人的无稽之谈!当我教你们'意志是一个创造者'时,我已带领你们远离了那些陈词滥调。""创造价值,这天生就是主人的权利!"(《查拉图斯特拉如是说》,第 2 卷,"救赎";《善恶的彼岸》,261)。尼采为何将创造和快乐这两个原则作为查拉图斯特拉训诫的主题,像榔头的两端那样,既可以敲进，又可以拔出？这些原则也许显得有些含混或不确定，但是假若我们明白其批判性，也就是说，明白它们与上述种种意志概念针锋相对，这些原则就有了极为确定的意义。尼采说，权力意志往往被理解为像是意志想要得到权力，而权力是意志想要的东西。结果是权力变为被表现的事物，被弄成了奴隶和无能之辈的观念，他们依据现行的既定价值的归属来判断权力，认为权力意志不能独立于这些既定价值作为战利品的战争而存在，将权力意志等同于矛盾和陷入矛盾的痛苦。针对意志的束缚，尼采宣称意志就是解放；针对意志的痛苦，他宣称意志就是快乐；针对梦想拥有既定价值的意志形象，他声称意志就是创造新的价值。

权力意志并非意味着意志想要得到权力。无论权力意志的起源、含义还是本质都不涉及任何"人"的特征。它必须从一个完全不同的角度加以阐释：权力是意志想要的那一个。权力是意志的起源性因素和区分性因素。这就是意志本质上具有创造性的原因，也是权力从不以表现作为衡量标准的原因：它从未被表现，被阐释，或者被评价，它就是进行阐释、评价和表现意志的"那一个"。但是它

三、批　判

究竟想要什么呢？它想要的，恰恰源于起源性因素。这种起源性因素（权力）确定力与力的关系，并限定相互关联的力。作为可塑性的因素，它在确定的同时被确定，在限制的同时被限制。权力意志想要的是力与力之间的特定关系，是力的特定性质及权力的特定性质——肯定或否定。这种复合体根据不同的情况发生变化，并且形成与给定现象匹配的类型。所有现象无不表现力的关系，力和权力的性质，以及这些性质之间的细微差别，简而言之，无不表现某种类型的力和意志。套用尼采的术语，我们应该说每一个现象不仅反映构成自身意义和价值的类型，并且使权力意志体现为意义获得自身意义，价值得到自身价值的因素。在这种意义上，权力意志就其本质而言是创造者和施予者：它不渴求，不寻求，也不欲求，最重要的是它不渴望权力。它施予：权力是意志中难以形容的东西（流动的、易变的和可塑的）；它是意志"乐善好施的美德"，通过它，意志本身可以给予意义和价值。① 最后，我们不要问，权力意志究竟是统一的还是多样的——这将

---

① 《查拉图斯特拉如是说》，第 3 卷，"三恶"："支配欲，可有谁还会称之为欲呢？……啊，谁会给这欲望命名，给它以真名呢？'施予之美德'——查拉图斯特拉曾名此无可名者。"

意味着对尼采哲学的普遍误解。权力意志是可塑的,它不能与确定它的每一种具体情况分离;正如永恒回归是存在,却是由生成肯定的存在,权力意志是统一的,却是由多样性肯定的统一。不能将权力哲学的一元论与多元主义的类型学分而论之。

创造意义与价值的因素还必须被界定为批判性因素。力的一种类型不仅意指力的性质,而且意指限定的力与力之间的关系。同时,能动的类型不仅指向能动力,而且指向整个等级体系,其中,能动力战胜反动力,而反动力受能动的支配;反之,反动的类型指向另一个等级体系,在这里,反动力获得胜利,并将能动力与其所能分离。正是在这一意义上,类型暗示了某些力借以战胜其他力的权力性质。对于尼采来说,高等和高贵意味着能动力的优越性,意味着它们与肯定的亲和力,以及它们上升的趋向和轻盈的特性。低等和卑贱则意指反动力的胜利,意指它们与否定的亲和力,以及它们的沉重或笨拙。许多现象只能被解释为这种反动力的沉重胜利。整个人类的现象难道不是这样一个例子吗?有些事物只能通过反动力和反动力的胜利才能生存。假如一个人为反动力所鼓舞,他就必定要言说、思考或感受一些东西,并且必定信奉某种价值。尼采明确指出,如果人的灵魂是沉重而卑贱的,就注定会出现这样的局面。灵魂的某种卑贱要比错误和愚昧本身更严重。① 因此,力的类型学和权力意志学说都不能与这种批判分离,它可以用来确定价值的系谱学,确定它们是高贵抑或卑贱。当然,或许有人问在什么意义上高贵比低贱或者高等比低等"更有价值",为什么会这样? 它是凭什么权利? 如果我们仅从权力意志本身或者抽象的角度来考虑权力意志,认为它天生就有肯定和否定两种对峙的性质,那么我们将无法回答这一问题。肯定为什么比否定好?② 我们将看到答案只能由永恒回归来检验:那回归的,支持回归的,想要回归的,才是"更好的",绝对好的。永恒回归的检验不会让反动力生存,同样也不会让否定的权力存在。永恒回归彻底改变了否定:它使沉重化为轻盈,使否定转向肯定,使否定变为一种肯定的权力。然而,这种批判已成为一种新型的否定:是变得能动的毁灭,是变得与肯定密切相关的进攻。批判是充满快乐

---

① 参见尼采对福楼拜的评判:他发现了愚昧,但却没有发现其中所预设的灵魂的卑贱(《善恶的彼岸》,218)。

② 在此,没有预定的价值可以决定什么是更好的;参见《权力意志》,第 2 部分,530:"我区分出生命的上升类型和堕落、解体、虚弱的类型,有人会认为,这两者之间孰优孰劣的问题仍然悬而未决。"

的毁灭,是创造者的进攻。价值的创造者不能与毁灭者、罪犯或批判家——既定价值、反动价值和卑贱的批判家——完全割离开来。①

7.《论道德的谱系》的计划

《论道德的谱系》是尼采最系统化的一本书。它涵盖两方面的旨趣:首先,它没有采用尼采常用的格言集或诗歌的形式,而是想成为诠释格言和评价诗歌的钥匙(《论道德的谱系》,前言,8)。第二,它旨在详细阐述反动类型,并分析反动力获胜的方式和原理。书中第一、二、三篇文章分别论述了怨恨、内疚和禁欲主义的概念;怨恨、内疚和禁欲主义是反动力获胜的手段和虚无主义的表现形式。《论道德的谱系》上述两个方面——在总体上把握诠释的诀窍和对反动类型的具体分析——并非是偶然地凑到了一起。难道不是反动力本身的压力在妨碍诠释和评价的艺术、歪曲系谱学并颠覆等级体系

---

① 《查拉图斯特拉如是说》,序言,9;"那破坏者,那个罪犯——然而他却是创造者";第1卷,15;"那进行创造的也必然进行破坏。"

三、批　判

吗?《论道德的谱系》的两种旨趣故而构成了一种批判。然而,这种批判究竟是什么,以及在什么意义上哲学是一种批判——所有这些问题还有待于分析。

我们知道反动力凭借虚构的手段获得胜利。这胜利总是依赖于否定——正如依赖某种假想的东西,使能动力与其所能分离。于是,能动力在现实中变为反动,却是通过神秘化的手段来实现。

① 从第一篇文章开始,尼采就把怨恨表述为"一种想象的报复","一种本质上是复仇精神的东西"(《论道德的谱系》,第 1 部分,7,10)。而且,怨恨的构成意味着存在一个悖论,即关于与自身所能分离的力的悖论,尼采对它进行了详细的分析(《论道德的谱系》,第 1 部分,13)。

② 第二篇文章强调了一个事实,即内疚与"宗教的和假想的事件"分离(《论道德的谱系》,第 2 部分,18)。内疚本质上是自相矛盾的,它表现反对自身的力。① 这种意义上的内疚是尼采称之为"颠倒的世界"的根基(《论道德的谱系》,第 3 部分,14)。

---

① 《论道德的谱系》,第 2 部分,18:"像无私、自我否定、自我牺牲这类对立的概念,它们的乐趣从一开始就与残酷联系在一起。"

我们或许注意到,一般来说尼采喜欢强调康德二律背反概念的不足,在他看来,康德并不理解这些概念的来源或是真正的外延。①

③ 最后,禁欲主义理想特指那些最深入的神秘化——即理想的神秘化,它涵盖了其他一切,包括一切道德和知识的虚构。尼采称之为精致的三段论(Elegantia syllogismi)(《论道德的谱系》,第 3 部分,25)。在此我们面对的是一种渴望虚无的意志,"但它至少是,并将一直是一种意志"(《论道德的谱系》,第 3 部分,28)。

我们力求勾勒《论道德的谱系》一书的形式结构。如果我们不再认为三篇文章的组合是一种偶然,那么就会得出这样一个结论,即尼采在《论道德的谱系》一书中,是想要重写《纯粹理性批判》。探寻灵魂的悖论,世界的自相矛盾,以及理想的神秘化——尼采认为在这个意义上,批判思想与哲学思想是一致的,而恰恰为康德所遗漏,在康德手里,批判思想的运用及原则都遭到了损害和败坏。舍斯托夫欣喜地在陀斯妥耶夫斯基的《地下室手记》中

---

① 矛盾的源头是内疚(《论道德的谱系》,第 2 部分)。矛盾表现为道德与生命的对立(《权力意志》,第 1 部分,304;《希腊悲剧时代的哲学》,第 2 章;《论道德的谱系》,第 3 部分)。

发现了真正的《纯粹理性批判》。宣称康德的批判以失败告终首先是尼采的思想。但尼采并未依赖任何人,他只靠自己来设想并实现真正的批判。这项工作对于哲学史具有重大的意义,因为它反对的不仅是与自己竞争的康德哲学,而且是整个康德的思想遗产,并与它们形成尖锐的对峙。经过著名的"批判性批判",从黑格尔到费尔巴哈,康德以后的批判究竟变成了什么模样?——它变成了一种技艺,给思维、自我意识和批评家自己用来占有事物和观念,或者用来重拾一度丧失的决心:简而言之,它就是辩证法。然而这种辩证法,这一新的批判,却小心翼翼地绕开了先决问题:谁该承担批判?谁是合适的人选?他们谈论的只是理性、精神、自我意识与人的概念;但这些概念指向谁呢?他们并没有告诉我们谁是人,谁是精神。精神的背后似乎隐藏着随时准备与任何权力、与教堂或国家妥协的力。当卑贱者重新拥有卑贱的事物,当反动的人重新拥有反动的决心,这是否意味着批判已经取得了长足的进步,并且证明了它的能动性?如果人是一种反动的存在,他凭什么承担批判的任务?宗教的复兴会让我们放弃虔诚的信仰吗?把神学转变为人类学,把人放在上帝的位置上,我们是否取消了本质性的东西,换言之,是否取消了那神的位置?所有这些不确定性一律始于康德的批判。① 在康德那里,批判未能发现真正能动的保证批判实现的例证。它在妥协中耗尽了精力:它从未令我们克服在人、自我意志、理性、道德和宗教那里表现出来的各种反动力。它甚至具有相反的效应——它使这些力变得更像"我们自己"的东西。尼采与康德的关系正如马克思与黑格尔的关系:像马克思摆正了辩证法的位置一样,尼采将批判纠正过来。然而这种类比远没有拉近尼采与马克思,反而使他们进一步分离。因为辩证法来源于由康德始创的批判形式,如果批判本身不是从一开始就是本末倒置的,那么也无须再纠正辩证法,更不必"制造"任何形式的辩证法了。

8. 从原则的角度看尼采和康德

康德是第一个认为批判作为批判就应该是全

---

① 《反基督》,10:"德国人能立刻理解我说的哲学已被神学的血所污染,新教牧师是德国哲学的祖父,而新教本身便是原罪……康德的成功只是一个神学家的成功。"

面而肯定的哲学家。全面,是因为"什么也不能逃脱批判";积极和肯定,是因为它如果不释放先前被忽视的其他权力,就无法限制认知能力。然而,如此浩大的工程会带来怎样的后果?读者是否真正相信在《纯粹理性批判》中"康德对于神学独断概念(上帝,灵魂,自由,不朽)的胜利,毁灭了与之相应的理想"(《论道德的谱系》,第3部分,25)?我们是否真正相信康德"曾有过这样毁灭的念头"?至于《实践理性批判》,难道康德不是从一开始就表明它根本不是一种真正的批判?康德似乎混淆了批判的肯定性与谦逊地承认批判权利之间的区别。我们从未见过有哪一个全面批判像康德这样具有安抚性,这样谦恭。这种规划与结果(还包括总体规划与具体意图)的反差,解释起来很容易。康德只不过把一种陈旧的批判观推到了极端。这种观念把批判当成一种力量,认为它应该针对一切企图占有知识、真理和道德的要求,却并不需要针对知识、真理和道德本身。全面批判就这样变成了妥协的政治学:战争还没有开始,势力范围就已经界定得清清楚楚。康德区分了三种范式:我能知道什么?我应该做什么?我可以期待什么?每一种范式各有限制,误用或越界是绝对不允许的,而每一种范式不批判的特性就像蛀虫一样深居于康德思想的核心：真正的知识、道德和信仰。康德还称之为——用他自己的术语——事实：即道德的事实，知识的事实……康德在各个领域之间划定界线的偏好在《判断力批判》中终于挣脱了束缚，获得了自由。至此，我们证实了早已知道的结论：康德批判只有一个目标，那就是辩护，它一开始就相信了它批判的对象。

这是伟大政治的宣言吗？尼采指出，迄今为止尚未出现过"伟大的政治"。批判如果满足于津津乐道真正的道德如何取笑其他道德，那它就只是空谈，不足挂齿；如果不针对真理本身，不针对真正的知识、道德和信仰，它就会毫无建树。[①] 尼采每次谴责的美德并非虚假的美德或那些拿美德作幌子的东西，而是美德本身，也就是说，他抨击的是美德本身的琐碎，价值本身的卑微以及道德本身难以置信的平庸。"查拉图斯特拉毫不怀疑这一点：他说正是那些深谙善与完美的洞见使他看到人就会不寒

---

① 《快乐的科学》，345："那敏锐的人……他一旦发现并批评某个民族关于道德的愚见，或人们关于人类普遍道德的愚见，包括道德的起源、宗教制裁、自由意志的偏见等等，便误以为自己已经批评了道德本身。"

三、批　判

而栗;正是出于厌恶,他才长上了双翅"(《瞧！这个人》,第 4 部分,5)。无论怎样批评虚假的道德或冒牌的宗教,我们仍然只是拙劣的批评家,"女王陛下的反对党",或忧伤的护教者。这是一种"治安法官"式的批判。我们谴责觊觎王位的人,声讨越界者,却把界限本身视为神圣不可侵犯的。对于知识而言同样如此:名副其实的批判不应针对不可知的伪知识,而应首先针对可知的真正知识(《权力意志》,第 1 部分,189)。因此,尼采认为他不仅在知识领域,而且在其他领域发现了全面批判唯一可能的原则,即所谓的"透视原则"(perspectivisme):不存在道德的事实或现象,只存在对现象的道德诠释(《权力意志》,第 2 部分,550);不存在知识的假象,因为知识本身就是假象;知识是一种错误,甚至是一种歪曲伪造。[①]（尼采把最后一个命题归功于叔本华,这是叔本华诠释康德的方式,他在与辩证法背道而驰的意义上,对康德思想实行了面目全非的改造。叔本华因此为批判的原则铺好了路,却在这原则的软肋——道德上摔了跤。)

[①]　《权力意志》,第 1 部分和第 2 部分(参见对知识的定义:"有系统有组织的错误")。

9. 批判的实现

康德在《纯粹理性批判》中所展示的天赋是设想出一种内在的批判。批判不能是诉诸情感、体验或任何外部因素的理性批判。批判的对象不再是理性之外的东西：不能在理性中寻求起源于别处——身体、感觉或激情——的错误，而只能在理性中寻求源于此理性本身的幻象。基于这两个要求，康德断言批判必须是理性自身对理性的批判。这难道不是康德的矛盾，理性既是法官又是被告，既是审判者又是起诉人，既是裁决者又是被裁决者？(《权力意志》，第 1 部分，185)康德找不到合适的方法允许理性从内部得到裁决而又不必自己充当裁决者。其实他并没有实现内在批判的计划。先验哲学发现的条件仍然外在于受条件制约者。先验原则是限定性的原则，却不是内在的起源性原则。我们要求得知理性本身的起源，以及知性和知性范畴的起源：什么是理性之力？什么是知性之力？隐藏于理性中并表现自己的是什么意志？是什么站在理性的背后，理性本身又是什么？在权力意志和由它衍生的方法中,尼采支配着内在的起源性原则。当我们比较权力意志与先验原则,以及权力意志中的虚无主义与先验结构时,我们首先想展示它们如何不同于心理学的定式。总之,在尼采那里,原则决不是先验的,系谱学所取代的恰恰是先验原则。唯有权力意志才是起源性和系谱学的原则,才是立法的原则,才能实现内在的批判。唯有权力意志才使嬗变成为可能。

在尼采那里,哲学家-立法者是作为未来哲学家的形象出现的;立法意味着创造。"真正的哲学家……乃是发号施令者和立法者"(《善恶的彼岸》,211;《权力意志》,第4部分,104)。因此,在舍斯托夫优美的文笔后闪烁着尼采式的灵感:"对于我们而言,真理甚至包括形而上学真理都源于显现(parere)。然而,形而上学真理的唯一源泉却是命令(jubere),只要人们不准备参与命令,形而上学对于他们来说就好像是不可能的。""希腊人觉察到一味顺从和接受所有呈现于眼前的事物将使人们看不到真实的存在。为了达到真的现实,我们必须把自己当作世界的主人,必须学会支配和创造……在这个缺乏充分理由的地方,这个我们认为思想停滞的地方,他们看到了形而上学真理的源头。"①不是说哲学家必须在其他工作之外添加立法者的工作,因为他是这工作的最佳人选——好像他对智慧的臣服使他有资格发现最可能的规律,其他人则轮到他们服从这种规律。我们要说的是另一码事:哲学家作为哲学家,他并非圣人,而且不再臣服,相反,他命令取代古老的智慧,打破陈旧的价值,并创造新的价值,正是基于这一意义,他的科学才是立法的科学。"对于他,'认知'即是创造,他的工作即是立法,他的求真意志即是权力意志"(《善恶的彼岸》,211)。的确,这种哲学家的理念可以追溯到苏格拉底之前的古希腊哲学,但是它在现代的复兴却好像是康德式的和批判性的。以命令取代显现:这难道不是哥白尼式革命的本质?难道不是批判与古老的智慧,与教条主义的顺从以及神学的循规蹈矩相对峙的方式?哲学作为哲学立法的观点使批判作为批判的观点获得了内在的完整性:它们一起构成了康德哲学的主要贡献,即它的具有解放意义的贡献。

但康德如何理解他的哲学-立法的观念呢?为

---

① 舍斯托夫,《思想的第二个维度》,N.R.F.,1932年9月。

什么尼采在他像要复兴和发展康德思想的那一刻，又把他列入满足于替现行价值开列清单，而与未来哲学家背道而驰的"哲学工匠"的行列？(《善恶的彼岸》,211)对于康德来说,立法者(在一个领域内)总是我们的一种能力：知性或理性。只要我们合理运用这种能力,并且分派给其他能力与之一致的任务,我们自己就是立法者。只有臣服于自己的某种能力,就像臣服于我们自己那样,我们才能成为立法者。然而,在这种能力中,我们服从的是什么,是哪一种力？知性与理性由来已久：当我们不再想服从任何人的时候,它们迫使我们继续服从。当我们已经停止顺从上帝、国家、我们的父母时,理性出现了,它劝诱我们继续保持温顺的品性,因为它说：是你自己在发号施令。理性把我们的奴性和顺从表现为使我们成为理性动物的某种高尚的东西。在实践理性的名义下,"康德特意为某些情境发明了一种理性,在这些情境中,当心灵和道德的需要以及'责任'说话时,人们不需要动用理性"[1]。那么,在康德著名的立法者与臣服者合一的概念背后隐藏的是什么呢？它不过是改头换面的神学,一种带有新教风格的神

---

[1] 《权力意志》,第 1 部分,78——类似的段落,见《反基督》,12。

学:我们肩负着双重的重任——牧师与信徒,立法者与臣服者。康德的梦想不是取消两个世界(感性的和超感性的)的区分,而是确保个体在两个世界的统一。立法者和臣服者,主体和客体,本体和现象,牧师和信徒,都是同一个人。这种安排作为神学是非常成功的:"康德的成功只不过是神学家的成功"(《反基督》,10)。我们是否真正相信一旦在我们身上植入牧师和立法者的形象,我们就不再首先是信徒和臣服者?立法者和牧师表现既定价值,履行它的管理和立法职责;他们所作的,无非是使现行价值内向化。康德的合理运用能力与这些既定价值奇怪地叠合在一起:真正的知识、道德和信仰……

10. 从结论看尼采和康德

尼采与康德的批判概念在以下五个方面截然对立:

① 起源性和可塑性的原则与先验原则相对,前者对信念、诠释和评价的意义和价值给出描述,而后者是所谓的事实的单纯条件。

② 反理性的思想与只臣服于理性的思想相对,

后者相信自己是立法者。"做一个理性动物,那是永远不可能的"(《查拉图斯特拉如是说》)。认为非理性主义——无论是与生俱来的权利,心灵的权利,情感的权利,还是反复无常或激情澎湃的权利——绝不反对理性思维,那可是错得离谱的想法。在非理性主义中,我们只关心思想和思维方式。反对理性的是思想本身,而反对理性动物的是思想家本身。① 正因为理性为了它的利益获取并体现支配思想的权利,思想才要夺回自己的权利,并成为反对理性的立法者:这就是掷骰子,就是掷骰子的真正意义。

③ 系谱学家与康德的立法者相对。康德的立法者是一个仲裁者,一个治安法官,他监管领域的划分与既定价值的分配。系谱学家的启示与法官截然相反。系谱学家是真正的立法者,他有几分像占卜者,即未来哲学家的形象。他并不预告至关重要的和平,而是预告前所未知的战争(《瞧!这个人》,第4部分,1)。他也把思考视为判断,但判断

---

① 《不合时宜的思想》,第1部分,"戴维·斯特劳斯",1,第2部分,"作为教育家的叔本华",1:个人思想家与公众思想家的对立(公众思想家是"有教养的市井之徒",他代表理性)。类似的主题可在克尔凯郭尔、费尔巴哈和舍斯托夫的作品中找到。

是诠释和评价,是价值的创造。判断的问题由此变成正义和等级的问题。

④ 批判者与反动者相对,反动者只为自己服务,是理性动物,是现行价值的支持者,他既是牧师又是信徒,既是立法者又是臣服者,既是征服者又是被征服的奴隶。那么,谁来承担批判的任务呢? 批判的立场又是什么? 批判的权威既非现实的人,亦非任何人的升华形式——精神、理性或自我意识;既非人亦非上帝——因为人与上帝之间不存在实质性的差别,他们可以轻而易举地相互置换。批判的权威是权力意志,而批判的视角是权力意志的视角。但这种批判的形式是什么? 不是超人,因为超人是批判自身的肯定性产物。但却有"超乎常人的类型"(《瞧! 这个人》,第 4 部分,5);即批判的类型,只要人想超越,想征服⋯⋯"你们能把自己改造成为超人的祖父和先辈:让这成为你最优越的创造吧!"(《查拉图斯特拉如是说》,第 2 卷,"在幸福岛上")

⑤ 批判的目标:不是人的目标或理性的目标,它最终的目标是超人,是那已被征服,已被超越的人。批判的要点不在于辩护,而在于不同的感觉方式:它是另一种感知性。

11. 真理的概念

"真理总被视为存在,视为上帝和最高的仲裁者……对求真意志必须批判,让我们以此为己任,尝试着对真理的价值来好好质疑一下"(《论道德的谱系》,第3部分,24)。正是在这一点,康德是最后一位古典哲学家:他从不质疑真理的价值,从不质疑我们臣服的理性。在这个方面,他与其他哲学家一样独断专行。他们当中无一质问:是谁在追寻真理?换言之,追寻真理的人想要什么?他属于何种类型,他拥有何种权力意志?我们来尝试理解这种哲学缺陷的本质。众所周知,人极少追寻真理:较之于错误,利益和愚蠢更让我们远离真理。然而,哲学家宣称思想作为思想寻求的真理,它"有权"热爱和渴望真理。通过权利,在思想与真理之间建立纽带,使纯正思想家的意志与真理相联系,哲学有意回避真理与自身的具体意志,与力的类型,以及与权力意志的性质之间的关系。尼采则从问题本身来考虑这一问题。他没有质疑求真意志,也没有再次提醒我们事实上人们并不热爱真理。他问道,真理作为一个概念意味着什么？这一概念有权预设哪些力和哪种意志？尼采批判的并非自称为真理的谬误见解，而是真理本身和作为理想的真理。根据尼采的方法，真理的概念必须加以戏剧化。"求真意志还在打算引诱我们去从事种种危险的事业。迄今为止，所有的哲学家都毕恭毕敬地谈论过那有名的真实性。看看这求真意志已经为我们提出了什么样的问题！……我们身上到底有什么东西迫使我们去追求真理呢？我们的确曾长久地停留在这一意志的起源问题上，但最后我们干脆在更根本的问题上止步不前了——我们追问这种意志的价值。就算我们想要真理，为什么不要非真理、不确定性、甚至无知呢？……你是否相信，据我们看来这个问题迄今无人问津——我们似乎是第一个看到它，目不转睛地凝视它，并愿意冒险一试的人？"(《善恶的彼岸》，1)

真理的概念描述了一个真实的世界。即使在科学中，现象的真理也构成一个与现象本身截然不同的"世界"。然而，真实世界的前提是真实的人处于这一世界的中心。① ——谁是这一真实的人？他想要什么？第一种假设是：他不想被欺骗，不想自己被欺骗，因为"受骗有害、危险且带来灾难性的后果"。但这一假设又必须以世界的真实性为前提。因为，在一个充满假象的世界，恰恰是不想自己受骗的意志显出灾难、危险和有害的征兆。事实上，"即使真理是危险和无用的，也必须不惜一切代价"形成求真意志。另一种假设是：我追求真理意味着我不想欺骗。"我不愿受骗这个一般法则包含我不愿欺骗自己这个个别法则"（《快乐的科学》，344）。如果一个人想寻求真理，他凭的不是世界的真相，而是世界的假相。生命被理解为"以误导，欺骗，异化，迷惑和制造错觉为目标"。但是真理的寻求者总想贬低假象的权威：他令生命变为"错误"，令世界变为"表象"。这样，他使知识与生命对峙，使世界与另一个世界，与超越的世界，确切地说，那个真实的世界对峙。真实的世界与把世界视为表象的意志不可分割。因此，知识与生命的对峙，两个世界的差异暴露出它们的本质特征：它们是道德起源

---

① 《权力意志》，第 1 部分，107："为了能够想象一个真理和存在的世界，首先必须制造一个诚实的人（包括他相信他是诚实的这一事实）。"

的差异,是道德起源的对峙。不想欺骗的人想要得到更好的世界和生活;他之所以不想欺骗完全是基于道德的原因。我们总是能碰到追求真理者的美德癖:他最爱干的就是给错误归类,开列责任清单,他不承认生命的无辜,甚至控告和审判生命,他抨击作为表象的世界。"我已认识到每种哲学中的道德(或非道德)的意图,是长成整株植物的真正胚芽。……因此,我不相信求知冲动就是哲学之父"(《善恶的彼岸》,6)。然而,这种道德对立本身仅仅是一个征候。想要另一个世界,另一种生活的人渴望更深刻的方式:"以生命反生命"(《论道德的谱系》,第3部分,13)。他希望生命变得富有德行,可以自我纠正并更正表象,假此生之舟辑,通达另一世界。他想生命否定和反对自身:"企图以力腐蚀力"(《论道德的谱系》,第3部分,11)。因此,在道德对立的后面隐藏着另一种矛盾,即宗教的或禁欲主义的矛盾。

从思辨的立场到道德上的对立,再从道德上的对立到禁欲主义的矛盾……但是禁欲主义的矛盾也是一种应该加以诠释的征候。怀抱禁欲主义理想的人想要什么?那个否定生命的人同时也是想削弱生命的人,是想保存他的类型,甚至想永远拥有这一类型的权力和胜利,确保反动力获胜并传播的人。正是在这一点上,反动力发现了导致它们最终获胜的令人不安的同盟:虚无主义,即虚无的意志(《论道德的谱系》,第 3 部分,13)。这虚无意志只能以被动的方式来忍受生命。也正是它,利用反动力来确保生命必定抵触、否定甚至消灭自身。从一开始,虚无的意志就激发了所有号称"高于"生命的价值。叔本华犯下的最严重的错误,正是这个:他相信意志在高于生命的价值中遭到否定。事实上,并非意志在更崇高的价值中被否定,而是更崇高的价值与否定和消灭生命的意志息息相关。这种否定意志界定所谓高尚价值的"价值"。它的武器在于:把生命交给反动力支配,以至于整个生命越滑越远,与自己的所能分离,变得越来越弱小,最终"趋向虚无,趋向它那虚无的穿透感"(《论道德的谱系》,第 3 部分,25)。虚无的意志和反动力,这就是构成禁欲主义理想的两个基本要素。

因此,阐释通过挖掘以下三个不同的层次获得了发现:知识、道德和宗教,即高于生命的三种价值——真、善和神性。这三种价值密切相关:禁欲主义理想既是第三个时刻,又是其他两个时刻意义和价值的体现。我们很容易划分出势力范围,甚至可以把每一时刻与其他两个对立起来。但是,作为不会危害任何人的修炼手段,禁欲主义理想总在那里反复出现,多少有些密集地占据着所有的领域。谁能相信知识、科学,甚至自由思想家的科学,以及"不惜一切代价换取的真理"会真正危及禁欲主义理想?"只要是精神进行着严谨、有力、不弄虚作假的工作的地方都完全排除了理想主义……但不包括它的求真意志。而且,请相信我,这种求真意志,这种理想的残余恰恰是禁欲主义本身最严谨、最机密、最能体现其精神的形式,它排除了一切外加的东西"(《论道德的谱系》,第 3 部分,27)。

12. 知识、道德和宗教

尽管如此,或许还是有一个原因促使我们宁愿将知识、道德、宗教区分甚至对立起来。我们刚才从真理追溯到禁欲主义理想,是想发现真理概念的起源。让我们暂时把注意力放在进化论而不是系谱学上,换言之,从禁欲主义或宗教的高度再下来,回到求真意志。必须承认,道德作为教条代替了宗教,科学则日益显现出代替道德的趋势。"作为教条的基督教,毁于其自身的道德"(《论道德的谱系》,第 3 部分,27);"战胜基督教上帝的是基督教道德观念本身";或者"求真的本能最终禁止自己去相信信仰上帝的谎言"(《快乐的科学》,357)。如今,有些事连信徒甚至牧师都不能说,也不能想。只有少数的主教或教皇还保留言说或思考它们的权力:天命、神圣的善、神圣的理性和神圣的终结,"所有这些已经一去不复返,因为它们无不违背我们的良知",它们是不道德的(《论道德的谱系》,第 3 部分,27)。宗教出于生存和适应的要求,通常需要自由的思想家。道德以其他方式延续宗教;而知识以其他方式延续道德和宗教。禁欲主义无处不在,它表现的手段却变化无常,它们不是同一种反动力。因此,批判尤其容易与罗列不同反动力的清单混为一谈。

"作为教条的基督教,毁于其自身的道德……"但尼采随后补充道:"出于同样的原因,作为道德的基督教也必然衰亡。"他是否意味着就像道德毁灭宗教一样,求真意志势必毁灭道德?即使如此,获益也微乎其微,因为求真意志仍然是禁欲主义理想的一部分,它的方法仍然是基督教的。尼采需要的是另外的东西:改变理想,换一种理想,换一种"感受的方式"。但改变在现代社会如何可能呢？只要我们问一问何为禁欲主义和宗教理想，只要我们将这一问题推向理想本身，道德或美德便会自告奋勇地涌现出来，代替禁欲主义作出回答。美德说：你责问的就是我，我来担保禁欲主义；在宗教里，既有善，也有恶；我把这些善收集在一块，是我想要这种善。而我们一旦问：可是这种美德又是什么呢？它想要什么？重复的故事开始上演。真理挺身而出：是我想要美德，我为它担保一切。它是孕育我的母亲，是我为之奋斗的目标。如果不通向美德，我将一无所是。而现在谁能不把我当回事呢？有人要求我们以渐进演变为托辞，迈着轻快的步子，头朝下降回到系谱学的阶段（从真理追溯到道德，从道德追溯到宗教）。美德为宗教担保，真理又为美德担保。如此环环相扣便足矣。然而，我们不会同意回落到系谱学阶段，倘若没有重新找到我们的出发点，那又可以作为前进跳板的观点：真理本身没有超越批判，它并不具有神圣的权利，批判必须成为对真理本身的批判。"基督教的求真本能得出一个又一个的结论后，最后必然要得出最具有打击力的反对自己的结论。不过，只有当基督教提出求真意志究竟意味着什么的问题时，它才会得出那个最后的结论。我未曾相识的朋友啊(因为至今我尚不认识一位朋友),我在这儿再次碰到了我的难题:如果我们身上的那种求真意志没有意识到它自己已经成为问题,那么我们的整个存在还有什么意义?当求真意志获得自我意识——这已然是无可怀疑的事实——道德便逐渐衰亡:这将是下两个世纪的欧洲历史要上演的百幕剧中宏伟壮丽的一幕,最恐怖,但或许是最丰富,也是最有希望的一幕"(《论道德的谱系》,第 3 部分,27)。在这一极其严谨的文本中,所有术语无一例外地经过仔细推敲。"一个又一个结论"意味着一个阶段接一个阶段地往下沉降:从禁欲主义理想到它的道德形式,从道德意识到它的思辨形式。而"最具打击力的结论"、"反对自身的结论"意味着:禁欲主义理想在求真意志那里再无藏身之处,再无为它挺身而出的担保者。只要继续这样往下推断,沉降到更深的,比别人要求我们的还要深的地方,那就够了。这样,禁欲主义理想才会给撑出来,才会露出它本来的面目。再也没有任何角色为它承担重任,再也没有道德的或是学术的角色。我们回到了我们的问题,但同时又处在重新上升的关键时刻,处在换一种感觉方式、换一种理想的时刻。因此,尼采不是说要用真理的理想来取代禁欲主义甚至道德的理想,相反,他认为只有质疑求真意志(对它进行诠释和评价),才会防止禁欲主义理想被其他继承其精髓的理想以别种形式所取代。当我们揭露求真意志中禁欲主义理想的永久存在,我们便取消了这种理想的永恒性条件,并撕下了它最后的伪装。在这一意义上,我们也是"求实的",也是"求知者"。[①] 但我们没有用别的理想来取代禁欲主义理想,我们把它一网打尽,彻底毁灭它的地盘;我们要在另一个地方树立另一种理想、认知方式以及真理概念,换言之,我们不要在求真意志中被预设的真理,而要预设了另一种截然不同的意志的真理。

13. 思想与生命

尼采经常抨击知识,因为它宣称反对生命,衡量和评判生命,并且把生命视为目的。在《悲剧的诞生》中,苏格拉底对生命的颠覆就已经以这种形

[①] "我们是知识的追寻者"。同样,尼采会说主人是完全不同于先前意义上的"求实者"上的"诚实"的人(《论道德的谱系》,第 1 部分,15)。

式出现了。尼采总是说:尽管知识不过是从属于生命的简单手段,它却把自己摆在了终极目标、裁决者和至高无上的权威的位置上(《权力意志》,第1部分和第2部分)。但是我们必须评估这些文本的重要性:知识与生命对抗,把自己当作生命裁决者的行为是一种征候,而且仅仅是一种征候。知识之所以与生命对抗,无非是因为它表现了一种抵抗生命的生命,一种反动的生命,这种生命在知识中找到保存和发扬其类型的手段。(因此,知识将迫使生命与其所能分离的法则强加于生命,阻止甚至禁止生命运动,把生命局限于可进行科学观察的狭隘的被动框架中,好像被关在动物园里的动物一样。但是这种衡量、限制和塑造生命的知识本身是完全照着反动生命的模子,在反动生命的限制内塑造而成的。)因此不奇怪,尼采的其他一些文本更加复杂,它们没有停留在征候的表面,而是穿透征候进行深入的诠释。在这些文本中,尼采抨击知识不再是因为它把自己当成终极目标,而是因为它使思想变为听命于生命的简单手段。他谴责苏格拉底,不再因为苏格拉底把生命置于知识的控制下,恰恰相反,是因为他任凭思想听候生命的盼咐。"在苏格拉底那里,思想为生命效劳,而在此前的哲学家那里,生命为思想效劳"(《希腊悲剧时代的哲学》)。如果我们首先敏感地察觉到生命一词的细微差异,我们会发现这两种文本并不矛盾。当苏格拉底把生命变成知识的奴隶,这一生命应理解为通过这种方式变为反动的整个生命。但当他把思想变成生命的奴隶,这个生命应理解为某一特定的成为整个生命和思想典范的反动生命。如果我们洞悉"知识"与"思想"的差别,那么这两种文本的冲突将进一步减弱。(在这里,问题再次出现:这难道不是经过彻底改造、转而反对康德的康德式主题?)

当知识成为立法者,思想就成了最听话的。知识是思想,却是臣服于理性、听命于理性所有表现形式的思想。求知的本能因而也是思想,却是与支配它和征服它的反动力密切相关的思想。因为理性的生命对思想的限制与理性的知识对生命的限制一模一样,所以在生命臣服于知识的同时,思想也臣服于生命。理性时而苦口婆心地劝阻,时而声色俱厉地下达禁令,千方百计阻止我们逾越界限:因为越界是没有用的(知识已经在那里起着先知先觉的作用),是邪恶的(生命已经在那里追求德行),

三、批　判

而且根本不可能(真理的背后没有任何东西可看可想)。① 然而,批判一旦被理解为对于知识本身的批判,它表达的不正是一种崭新的、能够赋予思想另一种含义的力量吗? 一种能够发挥生命极限、引领生命走向极限的思想。与反对生命的知识正好相反,这种思想肯定生命。生命可能成为思想的能动力,而思想可能成为生命的肯定力。两者携手并肩,互相扶持,唇齿相依,冲破界限,迸发出闻所未闻的创造力。如此一来,思想意味着发现、创造和新的生命契机。"有一些生命总是面对巨大的困难,这便是思想家的生命。我们必须侧耳倾听他们说了些什么,因为在这里我们会发现生命的可能性,那是唯一一个赋予我们欢乐和力量,并为我们清晰呈现出后继思想家的生命的故事。在此,创造、沉思、勇敢、绝望和希望绝不亚于伟大航海家惊心动魄的航行;而事实上,它们堪称生命领域中最遥远、最危险的探险航行。令人惊讶的是,在这些生命中有两种截然相反的本能,它们试图背道而驰,似乎在同一副轭的束缚下才迫不得已地并肩而行:求知本能总是给驱迫

---

① 阿波罗在《悲剧的诞生》中已经以这一形式出现过;他在个体周围追踪界限,通过他自己对自我认识和衡量的要求,一再地将之想象为这世界最神圣的法则。

着放弃习以为常的领地,投入不确定的深渊;生命本能则给驱迫着在黑暗里不断摸索,以图一方立足的新天地"(《希腊悲剧时代的哲学》)。换言之,生命超越了知识为之设定的限制,思想则超越了生命为之设定的限制。思想不再是一种理性,而生命不再是一种反动。这样,思想家表现的是思想与生命之间高贵的亲和性:生命把思想变为能动的思想,思想则把生命变为肯定的生命。在尼采那里,这种普遍的亲和性不仅是前苏格拉底思想最卓越的秘密,同时也是艺术的本质。

14. 艺 术

尼采的艺术观是一种悲剧观。它依凭的两个原则必须同时被理解为远古和未来的原则。首先,艺术对立于"不含私利"的行为:它没有治疗、镇定、升华或不涉利害的功能,它不"悬置"欲望、本能或意志。相反,艺术是"权力意志的刺激物",是"激发意愿的东西"。这一原则的批判意义显而易见:它促使反动的艺术概念一一曝光。当亚里士多德把悲剧理解为医学的净化或道德的升华时,他赋予了悲剧某种利益,可是这种利益与反动力的利益不谋而合。当康德在美和各种利益甚至道德利益之间作出区分时,他仍然把自己摆在观察家的被动视角上,可这观察家天赋日益枯竭,最终只剩得一个不含私利的姿态对待美。当叔本华阐发康德的"不含私利"的理论时,他是在——他自己也承认——把个人经验普遍化,把艺术施加于一个年轻人身上的性镇定效应的经验(运动对其他人也有类似的镇定效用)普遍化(《论道德的谱系》,第 3 部分,6)。尼采的问题比以往更为迫切:"是谁以不含私利的方式看待美?"艺术总是从观察者的角度得到评判,而且是艺术素养越来越低的观察者。尼采需要的是富于创造力的美学,古希腊皮格马利翁的美学。那么从这新的角度看,为什么艺术会作为权力意志的刺激物出现?为什么权力意志无需动力、目标和表现,却又需要某种东西来刺激它?这是因为只有和能动力、和能动的生命相联系,权力意志才得以成为肯定的权力意志。肯定是一种思维方式的产物,它必须以能动的生命作为它的条件和伙伴。依尼采看来,我们迄今尚未领悟艺术家的生命意味着什么:这种生命的活动不仅激起艺术作品本身所包含的肯定,并且激发出艺术家本人的权力意志。

艺术的第二个原则：艺术拥有制造假象的最高权力，它夸大"作为谬误的世界"，使谎言变得神圣，使蒙骗成为卓越的理想。[①] 这第二个原则在某种程度上是第一个原则的逆命题。生命中活跃的能动因素唯有与更为深刻的肯定相互关联才能得以实现。生命的活动像是一种惯于造假、欺骗、隐瞒、迷惑、引诱的权力。但是为了充分实现自我，这一制造假象的权力必须接受筛选、加强实力或是反复演习，借此提升为更高等的权力。这一权力必须深入地推进，直到它成为欺骗的意志，成为唯一能与禁欲主义理想抗衡、彻底反对它的艺术意志（《论道德的谱系》，第3部分，25）。正是创造谎言的艺术将假象提升为这种最高的肯定性权力，是它将欺骗意志变为制造假象的权力中被肯定的因素。在艺术家眼里，表象不再意味着对这个世界真相的否定，

---

① 《流浪者与影子》，序言草纲，6："这不是作为物自体的世界（这是空洞的，空无意义的，配得上荷马式的大笑）。只有作为错误的世界才如此富有意义，如此深奥，如此令人惊奇。"《权力意志》，第1部分，453；"艺术被赋予我们，是为了防止我们因真理而死亡。"《论道德的谱系》，第3部分，25："在艺术中，谎言得到了神化，蒙骗意志得到了良知的支持；艺术比科学更加彻底地反对禁欲主义理想。"

而是意味着以上那种筛选、纠正、强化和肯定。① 于是,真理或许有了新的含义。真理即是表象。真理意味着实现权力,提升为至高无上的权力。在尼采那里,我们艺术家＝我们求知者或求真者＝给生命带来契机的创造者。

15. 思想的新形象

思想的教条主义形象可以总结为三个基本的主题:

① 据称思想家作为思想家,是因为他渴求、热爱真理(思想家的诚恳真挚);而思想作为思想,是因为它拥有或形式上包含真理(观念的先天性和概念的先验性);思考是对某种能力的自然运用,因此只要真正地思考,就能得到真理(思想的自然权利,普遍接受的常识)。

② 据称只有与真理不相关的力(身体、激情和感观刺激)才使我们远离真理。因为我们不单是

---

① 《偶像的黄昏》,"哲学中的'理性'",6:"'表象'意指重复的实在,但是经过了选择、强化和修正。悲剧艺术家不是悲观主义者——他肯定一切可疑可怕的事物,他是狄奥尼索斯式的……"

思考的动物，所以我们会犯错，把谬误当作真理。谬误不外是反对思想的外力在思想中的结果。

③ 据称只有方法才能保证我们的思考端正真实。方法是一种技巧，但通过它，我们回到思想的本质，依附于这一本质，由此避开歪曲本质、骚扰我们的外力作用。通过方法还可以避免犯错。只要运用方法，时空便无关紧要：它使我们进入"对一切时空普遍有效的"领域。

这一思想形象最古怪的一点在于，它把真理理解为抽象的普遍。我们从未涉及构成思想的真正力量，从未把思想本身同它作为思想所预设的真正力量，把真理同真理所预设的东西联系起来。但是，没有一种真理在成为真理之前不是某种意义或价值的实现。真理作为一个概念完全是不确定的。一切都取决于思考内容的意义和价值。我们总是照自己理解的意义和信仰的价值，来享有我们应得的真理。只有思想中与意义相应的力在思想之外把握、占有某种事物，那种意义才是可思考的，才能加以思考。显然，思想自身无法思考，也无法依靠自身寻找真理。思想的真理必须依据力或权力对其进行阐释和评价，这些力或权力决定思想如何思考，指挥它这样而非那样思考。当我们谈及"朴素的"真理,谈及真理本身、为自身甚至为我们而存在的真理时,我们必须问是什么力隐身于这一真理思想的背后? 它的意义和价值又是什么? 令人不安的是,真理被理解为抽象的普遍、思想被理解为纯粹的科学的现象从未伤害过任何人。实际上,既定秩序和现行价值不断在以这种方式理解的真理中找到最好的支持。"真理一副憨厚、自在的模样,它不断地肯定既定的权力,于是人们无须担心从它那里会招惹什么麻烦,因为毕竟它只是纯粹的科学"(《不合时宜的思想》,第 2 部分,"作为教育家的叔本华",3)。既定力的工作是将思想确定为纯粹的科学,既定权力的工作是在真理本身找到理想的表现,这就是隐藏于教条主义思想形象背后的东西。使哲学身负重荷的仍然是莱布尼兹的古怪命题:创造新的真理,但首先"不要推翻已经确定的观念"。总之,从康德到黑格尔,我们看到哲学家们保持斯文、虔诚的品行,热衷于把文化要达到的目标与宗教、道德或国家的利益混为一谈。科学自名为批判,因为它使世界权力像是在它面前接受审判,实则却是投桃报李,把它欠权力的还给权力,批准真理作为自在、自为、为我们的真理而存在(《不合时宜的思想》,第 2 部分,"作为教育家的叔本华",3,

4,8)。

思想的新形象主要意味着:作为思想因素的不是真理,而是意义和价值。思想的范畴不是真假而是高贵与低贱、高等与低级,这些范畴取决于占有思想本身的力的性质。真理和假象,我们总有配得上自己的那一份:有卑贱的真理,也有奴隶的真理。我们最高贵的思想反倒重视假象,从未停止把假象变为更高等的权力,变为在艺术作品中得以体现、证实和实现的肯定权力和艺术权力。① 由此可以得出第二个结论:思想的否定形式不是谬误。哲学将谬误概念一再夸大说明教条主义思想形象何等冥顽不化。根据这种观点,任何反对思想的东西对于这思想只有一个效果,那就是把它带入歧途。因此,按理来说,谬误的概念体现的是思想最糟糕的一面,即思想与真理分离的状态。尼采在这里再次接过了这个按常理抛出的问题。哲学家援引各种例证阐明谬误(譬如当一个人遇到狄奥多尔却说"你好,泰特图斯",又譬如"3+2=6"),然而,在现实中,这些可笑的例证却足以说明这种谬误概念无

---

① 《人性的,太人性的》,146:"关于真理的知识,艺术家比思想家的道德意识更弱;他绝对不愿意放弃对精采生命的解释……"

非是对真实情况幼稚的、虚假的和稀奇古怪的推断。陈了学校里的儿童,谁会说 3+2=6? 除非由于近视或心不在焉的缘故,谁会说"你好,泰特图斯"? 成熟的和深思熟虑的思想另有敌人,另有深刻的否定形式。愚昧便是这样一种思想结构:它不是自我欺骗的手段,而是思想天生没有意义的一面。愚昧不是错误或者一连串的错误。有些愚昧的思想和无知的话语完全由真理构成,但这些真理是卑贱的,它们来自于卑微、沉重和铅灰的灵魂。被反动力控制的思想状态天生就表现愚昧,而且更深刻的是,它表现一种卑微的思维方式,愚昧只是这种思维方式的征候。无论是在真理中,还是在谬误中,愚昧的思想只能发现最卑微的东西——诠释奴隶胜利,微贱价值以及既定秩序之权力的卑微的谬误和真理。当他与整个时代开战的时候,尼采从未停止过谴责:嘴上说着一套,心里却想着另一套,这是何等卑贱的行为!

真理的概念只有在多元主义的类型学基础上才能确立。而类型学始于拓扑学。这是一个弄清楚这些错误和真理属于何种区域、何种类型,由哪种类型的力构想并阐明它们的问题。使真理面对卑贱的测试,并使假象面对高贵的测试——这是真正的批判性任务,也是深刻认识的唯一途径。当有人问"哲学有什么用?"这个问题时,回答必须强悍有力,因为对方以尖酸刻薄的语气发问。哲学并非为国家或宗教服务,这些机构关注的是别的东西。它也不听命于既定的权力。哲学的作用在于使人悲哀。如果某种哲学从未使人感到过悲哀或苦恼,那么它就不是哲学。哲学帮助减少愚昧,让愚昧变成耻辱。① 它没别的用途,只有这一个:暴露思想的一切卑贱形式。除了哲学以外,还有哪种学科会致力于批判所有的神秘化过程,而不管它们有何来源、有何目标? 揭露一切使反动力得以盛行的虚构;将卑贱与愚昧的混合揭示为神秘化过程,这混合造成了受害者与作恶者令人惊诧的共谋关系;最终把思想变为某种进取的、能动的、肯定的东西;创造自由人,即不会把文明的目标与国家、道德、宗教的利益混为一谈的人;向取代我们思想的怨恨和内疚开战;征服

---

① 《不合时宜的思想》,第 3 部分,"作为教育家的叔本华",8:"当人们在第欧根尼面前称赞某位哲学家时,他反驳道:他如何表明他是伟大的? 他献身于哲学那么长时间,却没有让一个人感到悲痛? 确实有必要在学院哲学的坟墓上刻下一行墓志铭:它没有使任何人悲痛。"《快乐的科学》,328:古代哲学家反对愚昧的布道,这里我们不问它是否比反对自私的布道更合理,可以确定的是,这布道使愚昧失去了良好感觉,这些哲学家给愚昧造成了损失。"

否定和它虚假的魅力——除了哲学以外,谁还对所有这一切产生兴趣?哲学最积极的一面是它作为批判、作为非神秘化工程的一面。我们不应过于草率地宣称哲学在这一方面已遭受失败。尽管愚昧和卑贱很强大,但是倘若没有哲学总在防止它们为所欲为,禁止它们随心所欲地作出愚蠢卑鄙之事——倘若哲学一味赞许——那么愚昧与卑贱将会比现在更强大。它们给束缚着不能恣意妄为,可是如果没有哲学,谁来束缚它们呢?谁来阻止各种力乔装打扮,装成一副高贵聪明的模样,一副思想家的模样?当然,也存在完全属于哲学的神秘化过程。教条主义的思想形象和对批判的拙劣模仿有力地证明了这一点。然而,哲学的神秘化始于它放弃非神秘化的任务、转而考虑既定权力的那一刻,也就是它放弃挫伤愚昧、抨击卑贱的重任的时刻。尼采承认当今的哲学家已经变成了彗星式的人物。[1] 但是,一旦我们仔细观察从卢克莱修到十八世纪的哲学家,观察这些彗星,可能的话,甚至追踪它们的轨迹,我们会重新发现它们奇异的飞行轨道。这些彗星式的哲学家知

---

[1] 《希腊悲剧时代的哲学》,"作为教育家的叔本华",7:"自然像射箭一样将哲学家送入人类当中;它没有瞄准,只是希望这支箭能射到什么地方从而停下来。"

道如何把多元主义变为一门思考的艺术,一门批判的艺术。他们知道如何告诉人们在内疚和怨恨的背后隐藏着某种东西,知道反对既定权力和价值就是自由人的形象。卢克莱修之后,怎可能还问"哲学有什么用"这样的问题?

之所以有可能,是因为哲学家的形象总模糊不清。他时而头顶着圣人的光环,时而仅仅是智慧之友——朋友的含义在这里是模棱两可的——换言之,他是一个反圣人的形象,为了生存不得不戴上智慧的面具。他时而又被弄成真理之友,使真理接受最严峻的考验,即意义和价值的考验,受过考验的真理宛如残肢断臂的狄奥尼索斯。哲学家的形象之所以模糊不清,不仅由于以上种种必要的伪装,而且源于种种背叛行为,这些行为把他变成宗教的哲学家,国家的哲学家,现行价值的收藏家和历史的职能人员。真正的哲学家形象随着某个时期、某个时代代表它的哲学家的离世也销声匿迹。因此,必须给它注入新的活力,使之不断延续,必须让它在下一个时代能够找到新的活动空间。在任何时代,如果不去积极从事哲学的批判任务,哲学便会死亡,哲学家和自由人的形象也将随之消逝。愚昧与卑贱总要炼成新的合金,总是属于我们自己所处的时代,属于我们同时代的人,是我们自己造成的。① 与不受时间影响的谬误概念不同,卑贱与时间息息相关,也就是说,它与当下的狂喜,与造就它、激活它的现有条件不可分割。这就是哲学与时间具有本质关系的原因:它总是在反抗它的时代,总是对现存世界进行批判。哲学家创造的概念既非永恒的,亦非历史的,而是不合时宜的,不属于当代的。哲学借以实现的对立是当代与非当代的对立,是顺应时势与不合时宜的对立(《不合时宜的思想》,"历史的作用和滥用",前言)。在不合时宜的思想中,有些真理比所有历史性真理和永恒真理相加的时间还要持久:这就是未来的真理。能动的思考"以不合时宜的方式运思,因而可以说它既反对时代又偏爱时代,偏爱(我希望如此)下一个即将到来的时代"(《不合时宜的思想》,"作为教育家的叔本华",3—4)。哲学家的演替不是圣人的永恒序列,更不是遵循历史时间的序列,而是间断的、像彗星那样出现的序列。他们的非连续性和重复性穿过永恒的天空,飞跃历史的大地,既不归于永恒,也不归于历史。不存在永恒的或历史的哲

---

① 《反基督》,38:"对于过去,我像一切有知识的人一样抱有巨大的宽容,也就是说具有宽宏大量的自我控制……然而当我跨入现代,我们的时代,我的感情便突然改变,突然爆发。"

学。哲学的永恒性恰如哲学的历史性,总归结于这一点:哲学总是不合时宜的,在每一个时代都不合时宜。

通过把思想置入意义和价值的因素当中,把思想变为对愚昧和卑贱的能动批判,尼采树立了一种全新的思想形象。思考从来不是某种能力的自然运用。思想决不是单独自由地思考,并且绝不只是受外力的干扰。思考取决于占有思想的力。只要我们的思考为反动力控制,只要它在反动力中找到它的意义,我们就必须承认我们尚未开始思考。思考意味着思想的活跃。然而,思想也有自己特有的、能够彻底占有它、占有一切力量的松弛懈怠的方式。反动力借以获胜的虚构是思想中最卑贱的因素,是它保持懒怠、忙于琐事却不事思考的手段。当海德格尔宣称我们尚未开始思考时,这一主题的源头之一便是尼采。我们在等待着能把思想变为能动、变为绝对能动的力,等待着能把思想变为肯定的权力。作为活跃行为的思考,总是思想第二性的权力,不是某种能力的自然运用,而是思想本身之内、为思想本身存在的非同寻常的事件。思考是思想的 n 次幂。仍然有必要使它成为"轻盈的"、"肯定的"、"狂舞的"。但是如果各种力不暴力地对待思想,它将永远不会获得这种权力。思想之为思想,必须对它施以暴力,需要权力,即思考之力,必须把它抛入趋向能动的过程。这种强制性的约束和训练正是尼采称之为**文化**的东西。在尼采看来,文化的本质就是训练和选择(《不合时宜的思想》,第2部分,"作为教育家的叔本华",6;《权力意志》,第4部分)。它表现出强力倾向,强行占有思想,以使它变为某种肯定的、能动的东西。我们只有完全把握了文化与方法对峙的所有方面,才能真正理解文化的概念。方法总是预设了思想家的良好意愿,总是以"某种预谋的决定"为前提。文化则与之相反,它是思想遭受的暴行,是通过力的选择行为来形成思想的过程,是充分调动思想家无意识领域的训练方式。希腊古哲人不讲方法,而讲教育(paideia)。他们知道思想并非基于良好意愿而是借助力来思考,力作用于思想,迫使它思考。连柏拉图也区分了迫使我们思考的东西和使思想停滞的东西。在洞穴隐喻中,他让教育从属于囚犯为了逃离或返回洞穴时所经受的暴力。① 尼采在某些有名的段落中论述的正是希腊哲人这种选择性的文化暴力思想。"只要看看我们古老的惩罚条例就不难理解,在这个地球上造就一个思想家的民族需要进行何等的努力";甚至痛苦的折磨也是必不可少的。"学会思考:我们的学校似乎不再知道这句话意味着什么","奇怪的事实是,地球上现存的或曾有的凡涉及自由、精致、勇敢、舞蹈以及威严的自信等品质,无一不是凭借这种专断规则的暴政发展而来的。"②

这些文本毫无疑问带有反讽的色彩:尼采所说的"思想家的民族"不是针对希腊民族,结果证明它是针对德国民族。然而,这种反讽究竟表现在哪里? 不在于思想只有通过力向它施暴才能思考的观点,也不在于暴力训练的文化观念,而在于对文

---

① 柏拉图,《理想国》,第 7 章:参见洞穴的神话以及有关"手指"的著名章节(迫使我们思考的东西与不迫使我们思考的东西之间的区别)。柏拉图接着阐发了一种思想的形象,这种形象与在其他文本中出现的形象迥然不同。其他的文本展现在我们面前的是教条式的观念:思想是对真、美、善的热爱和渴求。我们难道不能找出这两种形象在柏拉图中的对立? 难道那第二种形象是苏格拉底所特有的吗? 当尼采提议"试着将独立于苏格拉底的柏拉图勾勒出来"时,他头脑中所想的不正是这些吗? (参见《希腊悲剧时代的哲学》)

② 《论道德的谱系》,第 2 部分,3;《偶像的黄昏》,"德国人缺乏什么?",7;《善恶的彼岸》,188。

化发展抱有的怀疑。我们像希腊人那样开始,却像德国人那样衰亡。在好些奇怪的篇章里,尼采着重地描述了狄奥尼索斯或阿里安的失望:他们想要希腊人,却遇上了德国人。① 属于文化的活动只有一个最终的目的,即造就艺术家和哲学家(《不合时宜的思想》,第 2 部分,"作为教育家的叔本华",8)。所有选择性的暴力手段均为这一目的服务,"我研究的是这样一帮人,他们的目的论较国家的福祉更为高远"(《不合时宜的思想》,第 2 部分,"作为教育家的叔本华",4)。教堂与国家的主要文化活动实际上构成了文化本身漫长的殉教史。当国家鼓励文化时,"它鼓励文化的唯一目的在于使自己受到鼓舞,它认为从来没有任何目标高于它自身的利益和存在"。然而另一方面,文化活动与国家利益之所以混为一谈也存在它的现实根据。能动力的文化活动总是冒着偏离轨道的危险:有时它的确对反

---

① 参见:第一,《权力意志》,第 2 部分,226:"此刻阿里安失去了耐心……'先生,'她说,'你说起德语来真像头猪!''像一个德国人,'我毫不气恼地说,'仅仅像一个德国人。'"第二,《流浪者与影子》,序言草纲,10:"上帝在我面前显现,我已认识很长时间的上帝,他开口了,'那么,捕鼠者,你来这儿干什么? 你这个半耶稣教士半音乐家,而且几乎是个德国人的家伙?'"第三,我们要记住,《阿里安之怨》这首美妙的诗在《查拉图斯特拉如是说》中是献给魔法师的,但这魔法师是个故弄玄虚者,是文化的"造假者"。

动力有利。教会和国家为了实现自己的目的,有时会采纳这种文化暴力。有的时候,反动力使暴力偏离文化,将它本身变成反动力,变成制造更多愚昧并贬抑思想的手段。还有的时候,它们把文化暴力和它们自身的暴力、自身的力混淆起来(《不合时宜的思想》,第 2 部分,6)。这一过程被尼采称为"文化堕落"。它在何种程度上是不可避免的?在何种程度上又是可避免的?为什么?通过什么方式?我们将在后文中关注这些问题。无论怎样,尼采用这种方式强调了文化的双重性:从希腊文化变为德国文化……

这便是再一次强调,新的思想形象在何种程度上暗示了极端复杂的力量关系。力的理论取决于力的类型学,而力的类型学,又是始于拓扑学。思考取决于某种坐标,我们应当获得的真理取决于我们经常光顾的地方、注视的时刻和频繁诉诸的因素。没有哪一个观念比真理的源泉更虚假。只有在真理所处的地点、时刻和因素中,我们才能发现真理。每一真理无不是某一因素、某一刻、某一点的真理:正如希腊迈洛陶[①]不会从迷宫中离开(《权

---

① 半人半牛的怪物,饲养于克里特岛的迷宫中。——译注

力意志》,第 3 部分,408)。我们不会思考,除非我们被迫走向某个地方,在那里为思想提供养分的力、使思想变为能动和肯定的力能够得到充分利用。思想并不需要方法,它只要一种教育,一种塑形和一种文化。方法从总体来说是一种手段,它使我们避免进入具体的地点,或使我们保有(从迷宫里的线索)逃脱的可能。"我们真诚地请求您,请把这条线系在您身上!"尼采说,三则轶事就足以界定一位思想家的生命(《希腊悲剧时代的哲学》)。毫无疑问,一则是关于地点,一则是关于时间,还有一则是关于因素。这种轶事之于生命恰如格言之于思想,都是需要进行诠释的东西。恩培多克勒和他的火山——这便是思想家的一则轶事。山顶之高与洞穴之深、迷宫、正午-午夜、高空的宁静和地下的隐秘,这一切都是最高和最深的真理存在和升起的地方,我们是否能达到这些极限领域和巅峰时刻,完全取决于我们自己。思想领域是赤道地带,是激情洋溢的人们常常光顾的地方;它不是气候温和的温带,不适于那些正统的、讲究方法的或温和稳健的人们(《善恶的彼岸》,197)。

四、从怨恨到内疚

1. 反动与怨恨

在正常和健康的状态下,反动力的任务总是遏制行动。它们通过另一种我们能感觉到效果的行动来分解、推延或阻碍行动。与之相反,能动力爆发创造力,为了能够迅速准确地作出调整,它选中某一刻,某一有利的时机,朝着既定的方向迸发创造力。这样便形成了敏捷快速的回击。因而尼采说:"真正的反动是对能动的反应"(《论道德的谱系》,第1部分,10)。在这一意义上,能动的类型不是一种只包括能动力的类型,它还表现延缓行动的某种反动力与猛然作用于这种反动力的能动之间的"正常"关系。据说,主人之所以能及时反应,完全是因为他能作用于反动力的缘故。因此,能动力包含反动力,但包含的是那些能够服从、能够被作用的反动力。能动作用于反动,这正是能动类型表现的能动力与反动力之间的关系。

于是,我们看到单有反动并不构成怨恨。怨恨指反动力战胜能动力的类型。但反动力只有一个方法获胜:不再接受能动的作用。首先我们不能根据某种反作用的强度来界定怨恨。如果我们问,怨恨者是什么样的人,我们不要忘记一个原则:他是拒绝回应的人。而且我们可以在怨恨一词中找到确定的线索:反动力不再接受作用以便成为某种被感知的东西。反动力之所以战胜能动力,是因为它们逃避行动。然而,在这一点上,出现了两个问题:第一,反动力如何取胜,如何逃避?这一"病态"的机制是什么?第二,反过来,反动力如何正常地接受作用?正常(normal)在此并不意味着经常,而是意味着规范(normatif)和罕见(rare)。那么这一标准,这种"健康"状态又怎样定义呢?

2. 怨恨的原则

弗洛伊德常常描绘生命的图景,他称之为"主题假设"。接受刺激的系统不同于持久地保留这一痕迹的系统：同一个系统无法在同一时刻既忠实地记录它所经历的变化又表现出永葆新鲜的接受能力。"于是我们假设，某一器官的外部系统接受刺激却并不保存任何痕迹，因此不留下任何记忆；而在这个系统之后隐藏着另一个系统，它把第一个系统受到的瞬间刺激变为持久的痕迹。"与这两个系统或记录手段相应，就有意识与无意识的区别："我们的记忆生来就是无意识的"，反过来，"意识则分娩于记忆停滞的时刻"。因此我们必须把意识系统的形成视为进化的结果：可以说，在内与外的边界上，在内部世界与外部世界的疆界上，"已经形成了一个皮肤层，它不断接受外来的刺激，变得如此柔软；它拥有某些特性，使它成为唯一适合接受新刺激的媒介"，它只保留直接的、可变的客体形象，与无意识系统保留的持久的、甚至毫无变化的痕迹截然不同。①

这种主题假设，弗洛伊德并没有毫无保留地接受。其实，这假设的所有元素，我们在尼采那里都能找到。尼采在反动机制中区分了意识与无意识

---

① 弗洛伊德，《梦的解析》，关于"无意识"的文章，1915 年，"快乐原则之外"。

两个系统。① 反动的无意识领域由记忆的痕迹,即持久的印记界定。它是一种消化的、植物性的、反刍的系统,表现"纯然被动的不可能性,即一旦接受某一印象就无法摆脱"。当然,即使在这种无休无止的消化过程中,反动力也有转交给它们的工作,紧紧依附于不可磨灭的印记,加深这一痕迹。然而,这第一种反动力的不足,有谁看不出来呢?如果反动机制没有另一种由其支配的力的系统,它将无法适应。必然需要另一个系统,反动在其中不是对记忆痕迹,而是对当前的刺激或者对客体的直接形象做出反应。第二种反动力与意识不可分割,也就是与总能接受新鲜事物、不断更新的皮肤层,"总为新生事物留出空间"的环境不可分割。我们记得,尼采曾想提醒意识别忘了谦卑的必要,因为它的起源、本质和功能一律都是反动的。但意识也可以宣称自己拥有相对而言的高贵品质。第二种反动力向我们显示出反动以何种形式、在何种条件下可以接受作用:一旦反动力将意识到的刺激作为它们的对象,与之相应的反动便接受作用。

---

① 《论道德的谱系》,第 2 部分,1;第 1 部分,10;注意尼采所说的无意识有几种,行动天然是无意识的,但这无意识不能与反动力的无意识相混淆。

然而,这两个系统、两种反动力还必须互相隔离,必须禁止无意识的痕迹侵入意识领域。应当对某一特殊的能动力委以重任,让它来支持意识、更新意识,使意识每一刻都保持新鲜、流动、灵活变化的状态。此种能动的、超意识的能力是遗忘的能力。心理学的错误在于总把遗忘当作否定的因素,发现不了它的能动和肯定的特征。尼采认为遗忘的能力"并不像浅俗之辈所想象的那样,是一种惯性,它其实是一种能动的,从最严格的意义上讲是积极主动的抑制力","是专司缓冲的器官","是塑造力、再生力和治愈力"。① 于是,出现了两个同步的过程:一种反动力对意识到的刺激做出反应促使它接受作用;另一种反动力仅对记忆的痕迹有反应,因此留在察觉不到的无意识领域。"我们所吸收的东西在消化的过程中很少进入我们的意识……就像我们用身体吸收营养时经历的各种过程一样……因此,显而易见,如果没有遗忘的能力,一切幸福、快乐、希望、骄傲、所有现存的东西都将不复存在"(《论道德的谱系》,第 2 部分,1)。然而,

---

① 《论道德的谱系》,第 2 部分,1;第 1 部分,10,在《不合时宜的思想》第 2 部分("历史的作用与滥用")第 1 节中已阐述过这一主题。

这种遗忘的能力情况非常特殊,尽管它是能动力,但它被能动委派到反动力中,作为它们的"监护人"或"监督者",以防两个系统的反动机制越界混淆。因此,虽然遗忘是能动力,但它的能动性仅仅是功能性的,它脱胎于能动,却又从能动中抽离出来。为了更新意识,它必须不断从第二种反动力那里汲取能量,把它转化为自己的能量,然后再把转化后的能量传给意识。

所以遗忘比任何其他能动力更善于变化,更易于失败,更容易引起机能失调。"如果一个人,他的这一缓冲机制受损或失灵,那么这个人就像(而且不只是像)一个消化不良的人。他将一无所成"(《论道德的谱系》,第 2 部分,1)。如果我们假设,遗忘的能力出现差错,导致意识之蜡陡然变硬,刺激与无意识领域的痕迹变得混淆不清;反过来,本来只对痕迹有反应的反动力却上升到意识的领域,超越了意识。如此一来,对痕迹的反应变为可知觉的,同时刺激反应不再接受作用。带来的后果极其严重:一旦能动力不再作用于反动力,就被剥夺了活动的物质条件,失去了发挥作用的机会,于是与其所能分离。我们终于看到了反动力战胜能动力的方式。当痕迹在反动机制中取代刺激,反动力取代作用力,反动便战胜了能动。令人惊讶的是,当反动以如上方式获胜,真正的较量却只在两种反动力之间展开,反动力获胜的秘诀并非形成比能动力更强大的力。甚至遗忘力机能衰退也源于它不再能够在一种反动力中找到充足的能量来压制另一种反动力并更新意识的事实。一切都在各种反动力之间发生:有的力设置障碍,不让其他力接受作用,有的则把其他力通通毁灭。这是一场完全发生在反动机制之内颇为奇怪的地下斗争,其后果却波及整个能动领域。怨恨的定义再次得到修正:怨恨是既可知觉又不再接受作用的反动力,这也是疾病的通常定义。尼采没有简单地认为怨恨是一种疾病,在他看来,这种疾病反倒是怨恨的一种表现形式(《瞧!这个人》,第1部分,6)。

3. 怨恨的类型学[①]

所以说,怨恨的第一个问题是类型学的问题。如同在拓扑学里一样,各种反动力的位置变化和相互置换形成了怨恨。怨恨者的特征是记忆的痕迹侵蚀了意识,而记忆上升为意识本身。显然,这并不是记忆的全部,我们还要追问意识如何能构造出适合自己的、可被作用的、甚至几乎是活跃的、并且不再残留于痕迹中的记忆。在尼采那里,和弗洛伊

[①] 关于尼采和弗洛伊德,综上所述,我们是否应认为尼采影响了弗洛伊德? 根据琼斯(Jones)的观点,弗洛伊德断然否认这一点。弗洛伊德的相关假设与尼采的论纲之间的巧合,用两个人所共有的"充满活力的"设定便足以解释。我们应更加关注两人之间基本的差异。可以想见尼采对弗洛伊德会有何想法:他会又一次谴责后者关于精神生活的"反动"观念,对真正"能动性"的无知,以及无力于构想和引发真正的"嬗变"。这种想象颇可信,因为弗洛伊德的门徒中便有一个真正的尼采主义者。奥托(Otto Rank)便批评弗洛伊德思想中"平淡无味的升华观念"。他指责弗洛伊德不懂如何将意志从内疚或负罪感中解脱出来;他想要依赖于弗洛伊德那未知的无意识的能动力,用创造性的、艺术的意志来取代升华,这就是为什么他说:"我之于弗洛伊德,正如尼采之于叔本华"(参见奥托:《幸福的权力》)。

德一样,记忆理论变成了关于两种记忆的理论。①然而,当我们在第一种记忆的层面逗留时,我们仍然受纯粹的怨恨原则限制。怨恨者像一只警犬,只对地上残留的痕迹作出反应。他一味专注于痕迹:对他而言,刺激与痕迹在局部上是混淆不清的,以至于他再也不能作出任何反应。——拓扑学的定义必然地将我们引入到怨恨的"类型学"中,因为一旦反动力以这种方式战胜能动力,它们自己也就形成了某种类型。我们可以看到这种类型的主要症状在于它惊人的记忆力。尼采强调它不能忘记任何事情,而这种无法忘却的能力和它深刻的反动本质必须从各种角度来考虑(《论道德的谱系》,第 1 部分,10;第 2 部分,1)。一种类型同时是生物、物理、历史、社会和政治意义上的现实存在。

为什么说怨恨是复仇精神?有人可能认为怨恨者是偶然形成的:经历了太强烈的刺激(比如痛苦)后,他完全可能会被迫放弃反应的努力,从而无力作出迅速的回应。所以,他体会到一种复仇的欲

---

① 意识的这种第二记忆基于言语,并且表现为承诺的能力,参见《论道德的谱系》,第 2 部分,1。弗洛伊德的理论中也有一种有意识的记忆,依赖于"言语的痕迹"(与记忆的痕迹相区别),"并且很可能对应于一种特殊的记录"(参见"无意识"以及《自我与本我》)。

望,并推而广之地想把这个欲望施于整个世界。这种解释是错误的,因为它只考虑到量的因素,它把所受刺激的量拿来,与受刺激主体的力的量"客观地"进行比较。在尼采看来,重要的不是抽象意义上力的量,而是主体之内构成主体的各种力之间的确定关系,这便是所谓的类型。无论受到什么样的刺激,无论主体本身拥有什么样的合力,怨恨者只是利用后者来专注于前者留下的痕迹,所以他无法接受、甚至无法回应刺激。因此他没有必要经历过度的刺激。这种情况或许会发生但并不是必要的。他甚至不需要推而广之,就能把整个世界作为他怨恨的对象。由于他本身所属的类型,怨恨者无法作出"回应":他的反应没完没了,然而它只是被感知却不被实行。因此,这种回应指责它的对象,不管它究竟是什么,一律当作复仇的对象,当作必须为这种无限期的拖延负责的对象。刺激可以很美好,怨恨者也可以这么来体验:它可能不如怨恨者所拥有的力量那么强大,而他也可能拥有在抽象意义上和其他人一样强大的力量。但他还是把这种对象视为对自己的冒犯和侮辱,因为他认为它应当对自己在过分专注于痕迹中表现出来的那种典型的、本质的无能为力负责。怨恨者把每一个存在,每一个对象都视为一种冒犯,并认为这种冒犯的程度与这存在或对象对他的影响恰成比例。对他说来,美和善必定像他所经历的痛苦和不幸一样令人讨厌。"我们既不能摆脱任何事情,也不能拒绝任何事情——每一事物都带来伤害。人与事纠葛不清,经验刻下印迹,记忆则变得像化脓的疮口"(《瞧!这个人》,第1部分,6)。怨恨者本身就是一个充满着痛苦的存在:他的意识不是僵化就是硬化,每一个刺激一到他体内就迅速冻结,而侵入他的痕迹沉重不堪,对他来说是多么残酷的折磨。更有甚者,痕迹的记忆本身就充满了仇恨。这种记忆是狠毒的、理应受到贬低的,因为它通过谴责对象来弥补它无力摆脱相应刺激之痕迹的事实。这就是为什么怨恨的报复即使在实现的时候仍然保持着原初的"精神性"、虚幻性和象征性。报复和记忆之间的这种主要联系类似于弗洛伊德所说的虐肛情结。① 尼采自己把记忆描述为一个尚未完成的消化过程,而相应地把怨恨类型描述为肛门类型。这种腐蚀肠胃、

---

① 《瞧!这个人》,第2部分,1:"德国精神是消化不良,它什么都消化不了……一切偏见都来自于肠道。静止不动的生命(我已说过)是违背圣灵的真正罪行。"《论道德的谱系》,第1部分,6,关于怨恨者的"肠胃功能不全"。

分泌毒液的记忆正是尼采称之为蜘蛛、毒蛛和复仇精神的东西……我们由此可以瞥见尼采的意图：缔造一种实际上属于类型学的心理学，并将心理学置于"主体的平面上"。① 甚至治愈的可能也要依赖于这些类型的变化（颠倒和蜕变）。

4. 怨恨的特征

我们不要被"复仇精神"的说法蒙骗，精神并不会使复仇成为一个企图，或是一个尚未实现的目标，而是直接赋予它某种手段。如果我们把怨恨仅仅视为复仇、反抗和获胜的欲望，那我们就没有真正理解怨恨的意义。怨恨的拓扑学原理其实包含了现实存在的力的状态，即不再作出任何回应，并且逃避能动力作用反动力状态。它赋予了复仇某

---

① 容格也有同样的观点。他谴责弗洛伊德的心理学中"客观主义"的特征。容格所崇敬的是尼采，因为他第一个将心理学置于主体层面。也就是说，将心理学看作一种真正的类型学。

种手段来颠覆能动与反动之间的正常关系。① 这就是为什么怨恨已经是反叛,而且已经是胜利反叛的原因。怨恨是弱者作为弱者的成功,是奴隶作为奴隶的反叛和胜利。正是在这种胜利中,这些奴隶形成了一种类型。主人的类型(能动的类型)由遗忘力和作用于反动力的能力界定;奴隶的类型(反动的类型)则由惊人的记忆力和怨恨的能力界定,而后者决定性的特征体现在如下几个方面:

不懂得赞美、尊敬和爱(《善恶的彼岸》,260;《论道德的谱系》,第 1 部分,10)。关于痕迹的记忆本身就充满了仇恨,即使在最温柔、最深情的记忆里也隐藏着仇恨与报复。善于反刍记忆的动物用狡猾的手段来掩盖这种仇恨,无论遇到什么,他总是谴责自己,其实他是在谴责一种存在,而他却装作一副留恋这存在的样子。所以我们必须提防这种人,他们在还没有弄清楚善与美的意义,还不理解它们的价值的时候就匆忙谴责自己,这种谦虚实在是令人害怕。在这些谦恭的话语里隐藏着对美

---

① 德勒兹区分了两种反动力:接受能动作用的反动力(有时译为"反作用力")和拒绝接受作用的反动力。其中,第一种反映了能动与反动的正常关系,德勒兹将这种力仍划归能动的类型(见本章末的总表),而第二种反动力才属于真正的反动类型。——译注

的何等仇恨!这种人仇恨一切可爱的、值得赞美的东西,他用插科打诨或卑鄙的解释来贬低它们,并且能够在一切事物中看到自己可以摆脱的陷阱,于是他总是说:请别跟我斗智。怨恨者最显著的特点不是恶言恶行,而是令人作呕的恶意,是贬低的能力,没有什么可以阻挡它。他既不尊重朋友,也不尊重敌人,既不重视灾难,更不重视导致灾难的原因。① 特洛伊人注重甚至敬畏始于海伦的灾难的起因,而怨恨者只会庸俗化灾难的意义,对于指责,他们只会反唇相讥甚至互相推诿。他想贬低起因的价值,把灾难归咎于"某个人的错误"。与之相反,高贵者重视灾难的起因,却不以自身灾难为意,而奴隶看重自身灾难,表现的是消化不良的症状,是不懂尊重的卑贱思路。

"消极被动"。快乐在怨恨中"很快就被消极地表现为麻醉、入睡、休眠、安宁、安息日、舒缓压力和伸展四肢等,简言之,以各种被动的方式"(《论道德的谱系》,第 1 部分,10)。在尼采那里,被动(passif)并不意味着非作用的(non-actif);非作用的意味着

---

① 朱尔·瓦莱斯(Jules Vallès),"积极的"革命者,坚持认为不幸的原因是必须得到尊敬的(《巴黎景象》)。

"反作用的"(réactif);而被动指的是不受作用的。只要反动不再受作用,它就是唯一被动的东西。被动这一术语代表反动的胜利,代表反动不再受作用并成为怨恨的那一个时刻。怨恨者不知如何去爱,不想去爱,却想着被人爱。他想有人爱他,抚育他,爱抚他并照顾他入睡。然而他体质虚弱、消化不良、性情冷淡、彻夜失眠,并且奴性十足,这种人还极端暴躁:面对一切他不能从事的活动,他认为至少他应该从中受益,从而得到补偿。因此,如果没有人爱他、抚育他,他就当这是一种显而易见的恶意,怨恨者是一个孜孜求利的人。并且,只有通过获利原则的成功,通过使利益不仅成为一种欲望和一种思考方式,而且成为一种完善的经济、社会和神学体系和一整套神圣的机制,怨恨才得以施加于整个世界。认识不到这种获利原则,是神学的罪咎,并且是唯一违背精神的罪咎。正是在这一意义上,奴隶才有道德,而这种道德是*功利主义的*道德(《善恶的彼岸》,260)。我们问:是谁从有用和有害的角度考虑行动? 甚至还问,是谁从善与恶、从值得称许和该受谴责的角度考虑行动? 倘若我们回顾一下在道德之内一切被道德称为"值得称许的"和"好的"品质,比如不可思议的无私观念,我们将

四、从怨恨到内疚

认识到在这些品质的背后隐藏着一个被动的第三方的要求和反责:正是这位并不行动的人宣称对行动饶有兴趣,他只对自己从中获利的行动所具有的无私特征大加赞赏。① 道德在自身之内隐藏了功利主义的立场,而功利主义又隐藏了被动的第三方的立场,即介入主人之间洋洋得意的奴隶立场。

相互归咎、分配责任、无休止的非难。——这一切取代了攻击。"进攻的激情必然属于强者,正如复仇和积怨必然是弱者的属性一样"(《瞧!这个人》,第1部分,7)。怨恨者把获利、把他从并不履行的行动中获得利益的行为视为一种权利,一旦没有达到预期的目的,他便会破口大骂。既然怨恨先验地预示了挫折和复仇,这种人如何可能不失望呢? 如果没人爱我,这是你的错,如果我过得不好,这也是你的错,如果你的生活受挫,这还是你的错,你的不幸和我的不幸都在于你的错。在此,我们又

---

① 《快乐的科学》,21:"邻人称赞无私,是因为他从中捞到了好处。如果那邻人以为自己是无私的,他就应该阻止这种减弱自己力量、损害自己利益的做法;他会极力反对这种偏向的发展,更重要的是,他应这样显示自己的无私;他并没有为无私叫好啊! 这暗示着当今流行的道德观念中基本矛盾所在:这种道德的动机是与其原则相悖谬的。"

一次发现了怨恨中所包含的令人可怕的女性权力：它并不满足于谴责罪行和罪犯，它想要罪人，为罪行承担责任的人。我们还可以揣测怨恨者想要什么：他想把别人变成坏人，为了能够把自己看作好人，他不得不这么做。你邪恶，因此我善良：这是奴隶的基本公式，它从类型学的角度表达出怨恨的要旨，并把此前的所有特征总结综合起来。必须把这一公式与主人的公式——我善良，因而你邪恶——进行比较，两者显示的差异可以用来衡量奴隶的反叛和胜利："这种反向确定价值的方式……就是怨恨的本质所在：奴隶道德为了生存总是先需要构造一个敌对的环境"（《论道德的谱系》，第 1 部分，10）。奴隶必须从一开始就把别人构想成坏人。

5. 他是好人，还是坏人？

在这里有两个公式：我善良，因而你邪恶。——你邪恶，因此我善良。我们可以运用戏剧化的方法来进行分析：是谁说出了第一个公式，又是谁说出了第二个？他们各自想要什么？同一个人不可能说出这两个公式，因为在一方看来是善的恰巧在另一方看来是恶的。"善的概念绝非只有一种"(《论道德的谱系》，第 1 部分，11)，善、恶乃至因而这些词语都具有好几种含义。我们再一次发现，本质为多元和内在的戏剧化方法在这里左右着我们的研究，我们不可能在这种方法以外的任何地方发现这样一种科学准则，它使研究成为一种符号学和价值论，并使之确定词语的意义和价值。于是我们问：是谁把"我善良"作为自己的开场白？肯定不是那种把自己与别人相比、把自己的行为和成果与高贵和超验的价值相比的人；这种人不会用这样的开场白……宣称"我善良"的人不会等别人来称道他的善良，他径直依据行动、肯定和快乐的程度用这种方式来指涉自己、命名自己并描述自己。好被用来描述人们在行动、肯定和享受的时候所体验的活跃性、肯定性和快感：这是一种灵魂的品质，"是高贵的灵魂拥有的关于自身的根本确定性，它无需寻求、无从寻觅或许还不会失落"(《善恶的彼岸》，287)。被肯定的(无需刻意寻求)、被付诸行动的(无从寻觅)和被享受的东西(不会失落)具有的内在特征便是尼采经常所说的区别。肯定者和行动者同时也是存在者:"esthlos 的词根意味着一个人只要是存在的、现实的、真切的,他就是真正的人"(《论道德的谱系》,第1部分,5)。"他知道自己赋予事物以荣光,他是价值的创造者。他尊重自己内在的一切品质,这是一种自我颂扬的道德。从他那儿凸显出丰沛的情感、充溢的权力、高度紧张的幸福和想要馈赠和奉送的财富意识。"①"好人自己,也就是说那些高贵的、有力的、上层的和高尚的人们判定他们自己和他们的行为是善良的,意即他们感到并且断定自己和自己的行为是上等的,并以此对立于一切低下的、卑贱的、平庸的和粗俗的"(《论道德的谱系》,第1部分,2)。任何一种比较都不应妨碍这个基本的原则。如果把不肯定、不行动、不享乐的人当作坏人,较之于基本原则而言,这只是辅助性的推论,只是否定的结论。善首先指向主人,恶则是一个推论,它指向的是奴隶。邪恶的意味着否定的、被动的、坏的和不快乐的。尼采曾拟出提纲,准备就泰奥格尼斯②美妙的诗歌进行评论,这些诗歌完全基于一个根本的充满激情的肯

---

① 《善恶的彼岸》,260(参见权力意志作为"赠贻的美德")。
② Théognis,公元前6世纪的古希腊抒情诗人。——译注

四、从怨恨到内疚

定:我们是善良的,他们是邪恶的、卑贱的。我们若想在这种贵族式的鉴赏中寻找关于道德的蛛丝马迹,必将枉费心力,因为这是伦理学和类型学的问题——是涉及力的类型与相应存在方式的伦理学的问题。

"我善良,因而你邪恶":在主人的口中,因而一词只是引出了一个否定性的结论,这一结论仅作为以下这种论断的推论被提出:"我们高贵、美丽而且幸福"(《论道德的谱系》,第1部分,10)。在主人那里,一切肯定是前提,他必须拥有行动和肯定的前提以及这些前提给他带来的快乐,才能得出无关宏旨并且无足轻重的否定性结论。这种结论只是"一种附属物,一种补充的色调"(《论道德的谱系》,第1部分,11)。它唯一的重要性在于加速行动和肯定的进程,促成两者的联盟,并且成倍地增加快乐;好人"只有为了更高兴地肯定自己才去寻找其对立面"(《论道德的谱系》,第1部分,10)。主动攻击的情形是,它是一种否定,却是以肯定为前提而得出结论的否定,是由行动产生的否定,由肯定的权力推导而出的否定。因此主人承认三段论中前两个肯定的命题对于否定来说是必不可少的,否定的结论无非是加固前提的手段。然而,在"你邪恶,因此我善良"这一公式中,所有一切遭到彻底的改变:否定变成了前提,肯定则被认为是从否定的前提推出的结论。否定是本质性的东西,而肯定只有通过否定才能生存。否定摇身一变成为"本源性的观念,成为起点,成为出类拔萃的创造性活动"(《论道德的谱系》,第 1 部分,11)。奴隶为了获得明显肯定的结论,必须拥有反动和否定以及怨恨和虚无主义等前提。即使这样,它也只是看似肯定而已。这就是尼采为什么要坚持区分怨恨和攻击的缘故:因为它们在本质上截然不同。怨恨者需要首先构想一个非我,然后把自己与这一非我对立起来,最后才得以树立一个自我。这就是奴隶古怪的三段论:他需要两个否定才能获得肯定的表象。我们已经察觉到了使奴隶在哲学上如此成功的三段论形式:辩证法,作为怨恨的意识形态的辩证法。

在"你邪恶,因此我善良"这个公式中,掌握话语权的是奴隶。不可否认,他们也在创造价值。但这都是些什么古怪的价值!他们首先把别人设想为恶人。声称自己是好人的高贵者正是现在被称作恶人的人。这种恶人是行动的人,他不惮于行动,因此也不会根据对第三方的后果来决定行动与否;而现在好人则是那些畏缩不前、不愿行动的人;

四、从怨恨到内疚

他之所以是好的,不过是因为他使一切行动依赖于非行动者的立场,依赖于预知结果者的立场,更有甚者,依赖于神圣的第三方更为微妙的立场,在这里它负责对行动者的意图进行仔细的审察。"所有不逞凶、不害人、不进攻、不求报,把报复权交给上帝的人,所有像我们这样隐蔽自己、躲避一切罪恶,而且很少有求于生活的人,像我们这样忍耐、谦恭、正义的人,都是好人"(《论道德的谱系》,第1部分,13)。善与恶便这样诞生了:在此,伦理学对于善恶的决定让位于道德的判断。伦理学上的好变成了道德意义上的恶,坏则变成了道德意义上的善。善恶绝非好坏,恰好相反,它们是交换位置、颠倒的、逆转的好坏。尼采刻意强调这一点:"善恶的彼岸"并不意味着"好坏的彼岸",事实正好反过来……(《论道德的谱系》,第1部分,17)。善与恶是新的价值,然而它们是以何等古怪的方式被创造出来的!它们通过颠倒好坏的关系才得以生成。造就它们的不是行动而是畏惧行动,不是肯定,而是以否定开始。这就是它们为什么被称为永存的、神圣的、超验的和高于生活的原因。想想这些价值后面隐藏着什么,想想造就它们的模式!它们隐藏着一种刻骨铭心的仇恨,对生活的仇恨,对生活中一切积极肯定的东西的仇恨。道德价值一刻也不能脱离它从中得出结论的前提。而更发人深省的是,没有一种宗教价值可以与它从中得出结论的仇恨和报复分离。宗教的肯定性只是表面现象:它的逻辑是既然强者是"邪恶的"、"该诅咒的",那么所有不幸者、穷人、弱者和奴隶都是好人。它发明出善良的不幸者和弱者的概念,再也没有比这更好的针对强者和快乐者的报复手段了。设想如果没有犹太教怨恨力量的启发和指引,基督教的爱会是怎样呢?显然,基督教中的爱并非与犹太教中的怨恨相悖,而是后者的推论、结论以至于至高无上的荣誉(《论道德的谱系》,第 1 部分,8)。宗教或多或少隐瞒了导致它产生的原则(而往往在危急时刻,它才不再把什么都隐瞒),这些原则包括否定性前提的重要性、复仇精神及怨恨之力。

6. 悖论(le paralogisme)

你是邪恶的,我是你的对立面,因此我是善良的。——这一推论究竟错在哪里?假设我们有一只羊,它是一个逻辑学家。这只低声抱怨的羊用如下方式推导出它的三段论:猛禽是邪恶的(即猛禽是邪恶之徒,邪恶之徒就是猛禽);而我是猛禽的对立面,因此我是善良的。① 显然,在小前提中,猛禽被当作它所是的东西:即不与自己的效力和表现形式分离的力。但在大前提中,它却被假定为可以不显示它的力,可以抑制其效力,使自己与所能相分离:因为它没有抑制自己的作用,所以它是邪恶的。由此假定同一种力在善良的羊羔那里得到有效的抑制,而在邪恶的猛禽那里任其放纵泛滥。既然强者可以抑制自己行动,那么弱者就是那种不抑制自己就能行动的人。

这里便是怨恨悖论的根基:虚构一种与其所能分离的力。多亏了这种虚构,反动力才得以获胜。对于反动力而言,仅仅从行动中退缩是不够的,它们还必须颠倒力的关系,必须与能动力相对立,并且使自己表现为更高等的力。在怨恨中这一任务是由谴责过程完成的:反动力设想一种抽象的、被压制的力的形象,这种被迫与其效力分离的力如果作用就被认为是该受谴责的,如果不作用则被认为

---

① 《论道德的谱系》,第 1 部分,13:"这些猛禽如此之恶;那么和猛禽截然不同、甚至完全相反的羊羔难道不能算是善良的吗?"

值得嘉奖。它们甚至还认为较之于行动所需要的力,从行动中退缩需要更多(抽象的)力。于是对于我们来说,迫在眉睫的任务就是详细分析这种虚构,因为我们将看到反动力正是通过这种虚构的手段才获得强大的感染力,致使能动力变成真正的反动。

① 因果关系的时刻:力被一分为二。尽管力并没有与它的表现形式分离,但是表现形式却作为一种结果被归属于力,而力好像又是与众不同的、独立存在的原因:"同一件事一会儿称为原因,一会儿又称为结果。当科学家说'力在运动中'、'力产生这样那样的后果'的时候,也不见得比常人强多少"(《论道德的谱系》,第 1 部分,13)。一个"帮助记忆的简单符号,一个省略的公式"都被视为原因,譬如人们在说光闪闪发亮的时候也忙着寻求原因(《权力意志》,第 1 部分,100)。在这里,虚构的因果关系取代了真正的意义关系。力首先被压入自身,然后力的表现形式被弄成不同于力,在力中找到独特有效的原因的那个东西。

② 实体的时刻:已经一分为二的力被投影到底层,投影到可以自由决定是否表现力的主体。力被抑制,它变成了由主体控制、并且可由他取消的行为。尼采坚持不懈地暴露"主体"的虚构性和作为

语法功能的特性。一切主体——无论是伊壁鸠鲁的原子,笛卡尔的实体,还是康德的物自体——无一例外都是"微不足道的,想象的梦魇"的投影。

③ 互相确定的时刻:被抑制的力随之被道德化了。因为,如果假定力可以不表现它"拥有"的力,那么力可以表现它"没有"的力也就无所谓荒唐了。一旦力被投影到主体,就可以证明这一主体该受谴责还是嘉奖——如果能动力实施属于自己的行动,就该受谴责;如果反动力不实施不属于自己的行动,就该嘉奖。"就好像弱者的弱原是他的本质,他唯一的、必然的、不可替代的真实存在,是一种自发的举动,自愿的选择,是一种功绩"(《论道德的谱系》,第 1 部分,13)。力与力之间的具体区别、在限定的力(好和坏)之间存在的本源性差异,通通被已经实体化的力(善与恶)所体现的道德对立取代。

7. 怨恨的发展:犹太教士

至此,我们的分析已引导我们跨越怨恨的第一个侧面,正走向它的第二个侧面。当尼采谈及内疚时,他明确地区分了两种形式:在第一种形式中,内疚尚处于"原始形态",是一种纯粹的物质,是"动物心理学的问题,仅此而已";第二种形式则是充分利用原始形态并使之获得外形的内疚,没有这第二种形式,内疚便不成其为内疚(《论道德的谱系》,第3部分,20)。这种区分对应于拓扑学和类型学的区分,所有迹象都表明此前作出的区分同样适用于怨恨。怨恨也有两个方面或者说两个时刻。第一个方面,即拓扑学的问题和动物心理学的问题,构成了怨恨的原始材料;它表现反动力以何种方式逃避能动力的作用(反动力相互置换,痕迹的记忆侵入意识领域)。第二个方面属于类型学的问题,表现怨恨以何种方式获得外形:痕迹的记忆这时成为典型的特征,因为它不仅体现复仇精神,而且卷入无休无止的非难过程;反动力则与能动力相对立,把能动力与其所能相剥离(力之间的关系的颠倒,反动形象的投影)。我们应该注意到,如果没有第二种怨恨,反动力的反叛还不能获取全面性的胜利。其次我们还应看到,在两种情况中反动力都不是靠形成比能动力更大的力来战胜能动力的:在第一种情况中,所有一切都在反动力之间发生(反动力相互置换);在第二种情况中,反动力分离能动力与其所能,然而借助的却是虚构和神秘化的手段(通

四、从怨恨到内疚

过投影来颠倒力的关系)。为了全盘把握怨恨,我们还需解决两个问题:其一,反动力是如何虚构的?其二,它们在谁的影响下进行虚构?换言之,是什么促使反动力从第一个阶段转向第二个阶段?是谁对怨恨的内容加以阐发?是谁赋予怨恨以外形?谁是怨恨的"艺术家"?

力与决定它们性质的区分性因素不可分割。然而反动力却赋予了这一因素颠倒的形象:从反动的角度看到的力与力之间的区别变成了反动力与能动力的对立。因此,这足以使反动力获得机会来发展或投影这一形象,以便力与力的关系以及相应的价值能够依次被颠覆。在发现这一机会的同时,它们也找到了逃避行动的手段。不再受作用的反动力投影出颠倒的形象。这反动的投影,尼采称之为虚构:不仅虚构一个与此世相对立的超感性世界,而且虚构一个与生命相对立的上帝。尼采将这投影和梦幻的能动力量区分开来,甚至将它和肯定生命、颂扬生命的众神的积极形象区分开来:"梦幻的世界反映现实,虚构的世界则篡改、贬低和否定现实"(《反基督》,15,16,18)。这虚构主宰着怨恨的整个进化过程,换言之,它主宰着以下同时进行的种种操作:能动力被迫与其所能分离(篡改)、被责难并被认为应受谴责（贬低），而相应的价值则遭到颠覆（否定）。在这种虚构中，并且通过这种虚构，反动力把自己塑造成为一个高贵者。"为了拒斥地球上一切在生命中体现的上升运动，拒斥健康、力量、美和自我肯定，怨恨的本能天才一般地创造出另一个世界，在这个世界里，肯定生命的行为显得邪恶并应受谴责"（《反基督》，24）。

怨恨仍然不得不成为"天才"。虚构仍然需要一个能够从机会中获利、能够指挥投影并实施指控的艺术家。不管从怨恨的一个时刻到另一个时刻的过渡多么迅速和平滑，我们都不可以认为这种过渡可以被简化为简单机械的序列。它需要天才艺术家参与，尼采"哪一个"的问题在此发出前所未有的回声。"《论道德的谱系》一书包含了关于教士的第一个心理学分析"（《瞧！这个人》，第3部分，"论道德的谱系"）①。赋予怨恨以外形、实施指控、推进复仇事业甚至胆敢颠覆价值的那个人就是教士，而且尤其是犹太教士，那些奉行犹太教的教士。② 正是这位辩证法的大师把反动三段论的观点传授给

---

① 参见《偶像的黄昏》，"四种大谬误"：对因果律展开批判。
② 尼采在《反基督》，24,25,26页总结了他对犹太人历史的诠释：犹太教士是以色列诸王以及圣经旧约传统的歪曲者。

奴隶。是他伪造出否定的前提;是他把爱构想为推理而得的结论、无上的荣光和难以置信的仇恨流淌着毒液的花朵,基督教徒从他这里继承了这种新型的爱;也是他一开始就宣称:"只有不幸的人才是好人,只有贫穷者、无能者、卑贱者才是好人,只有苦难者、受害者、患病者、丑陋者才是唯一虔诚的,唯一受到上帝庇佑的,他们因为自身的缘故才得到福祉——相反,你们这些强大高贵的人,将永远邪恶、残酷、贪婪、不知足、不信神,你们将永远遭受不幸、诅咒并且被打入地狱!"(《论道德的谱系》,第1部分,7)。没有这教士,奴隶将不知如何摆脱怨恨的天然阶段。因此,为了正确评价教士的干预作用,我们应该看他在什么意义上是反动力的同谋,但仅仅是它们的同谋,而不是它们的一部分。教士确保反动力获胜,他需要这种胜利,然而他追求的目标与反动力的目标并非一模一样。他的意志是权力意志,而他的权力意志是虚无主义。[①] 我们再一次发现了这一基本命题:虚无主义,即否定的权力需

---

① 《反基督》,18:"以上帝之名,向生命、自然和生命意志宣战!上帝是有关此世的每一种诽谤、有关彼岸的每一种谎言的配方!在上帝那儿虚无得到神化,虚无意志变得神圣!……"《反基督》,26:"教士滥用了上帝之名:他将由教士决定事物价值的那种社会状态称为上帝之国,将达到并无限延续这种状态的方式称作上帝的意志。"

要反动力;命题反过来也成立:正是虚无主义这一否定的权力导致反动力的胜利。这一双重游戏赋予犹太教士无可比拟的深度和矛盾:"他支持一切堕落的本能——不是想被它们控制,而是因为他在那里预测到一种战胜这个世界的力量。"①

我们将不得不追溯尼采论述犹太教士如何体现犹太教精神的名篇,这些作品往往导致最可疑的诠释。我们知道纳粹与尼采的作品有一种暧昧的关系:之所以说暧昧,是因为前者喜欢诉求于后者,而他们又只有通过大量删改尼采语录、伪造版本并且查禁关键文本才做到这一点。况且,尼采自己从未与俾斯麦政权有过任何瓜葛,更不用说泛德意志主义和反闪米特主义了。他鄙视并且憎恨他们:"千万别跟任何一个卷入这种无耻下流的种族骗局的人搅和在一起。"②他甚至大声抗议:"可是,最终,当查拉图斯特拉的名字从一伙反闪米特人的嘴里

---

① 《反基督》,24,《论道德的谱系》,第 1 部分,6,7,8;这种教士与奴隶不相同,他们形成一个特殊的阶层。
② 《遗著》,博勒(Bolle)、梅屈尔(Mercure)译。

说出来，你想我是什么感觉！"①若想理解尼采反思犹太教的意义，我们就不能忘记"犹太人的问题"在黑格尔学派那里已经成为典型的辩证主题。尼采不过是以他自己的方式继续探讨这一问题。他问：教士在犹太人的历史中是如何被造就的？他是在何种条件下被造就的？——而这些条件将证明对于整个欧洲的历史具有决定性的意义？最令人惊讶的是，尼采居然对以色列王和《旧约》满怀钦佩。②犹太人的问题与教士在这个以色列世界中如何被造就的问题是同一个问题：即真正的类型学问题。这便是尼采如此坚持以下观点的原因：我是教士心理学的始创者（《瞧！这个人》，第三章，"论道德的谱系"）。在尼采那里确实有关于种族的思考，然而种族只是作为异族通婚的一个要素起作用，作为复合体的一个因素起作用，这个混合了生理、心理、政

---

① 给弗里奇（Fritsch）的信，1887年3月23和29日。有关这些内容，有关纳粹对尼采的窜改，参见尼科拉（P. M. Nicolas）的书《从尼采到希特勒》（Fasquelle,1936），这本书收集了尼采给弗里奇的两封信。在《善恶的彼岸》第251节中可以找到很好的例证来证明反闪米特分子在与尼采截然相反的意义上利用尼采的思想。

② 《善恶的彼岸》,52:"对《旧约全书》的鉴赏是鉴别心灵伟大还是渺小的试金石……把这完洛可可式的《新约全书》粘贴在《旧约全书》上，组成一本书——称作'万书之书'的《圣经》，这也许是最大的冒险，是'违背精神的罪恶'，文学的欧洲将因此而内疚。"

治、历史和社会等各方面因素的复合体就是尼采意义上的类型。对于尼采而言,唯一的问题便是教士的类型。而犹太民族,这个在历史上一度在教士那里找到其生存条件的民族,如今却变成拯救欧洲、创造出新的条件以防欧洲重蹈其覆辙的民族。① 我们在阅读尼采论述犹太教的文章时,不要忘记他致信给反闪米特人和种族主义作家弗里奇(Fritsch)时写下的这段话:"请您别再给我寄您发表的文章了,我怕要失去耐心了。"

8. 内疚与内趋性

怨恨这两种形式的目的都在于剥夺能动力发挥作用的物质条件,使它与自己的所能明确分离。然而,虽然能动力只不过是被假想为与其所能分离,但作为这种假想的结果,能动力的确发生了变化。从这个角度看,我们的问题又弹了回来:能动力到底变成了什么? 尼采的回答非常精确:无论能

---

① 参见《善恶的彼岸》,251(关于犹太人、俄国人和德国人的著名篇章)。

四、从怨恨到内疚 241

动力以何种理由被扭曲、被剥夺运作的条件、被迫与其所能分离,它总是被迫转向内部,转向反对自身。被内向化、被迫转向自身——这便是能动力变为真正的反动的途径。"所有不允许发泄的本能转向内部,我称其为人的内向化……这就是内疚的起源"(《论道德的谱系》,第 2 部分,16)。正是在这一意义上,内疚取代了怨恨的工作。就像它表现的那样,怨恨与可怕的劝说、与诱惑、与传播疾病的愿望不可分割。它用诱人的爱来掩盖仇恨:我责备你是为了你好;我爱你是为了让你加入我,我会一直这么做直到你加入我的那一天,直到你自己变成一个痛苦的、虚弱的、被动的人,即一个好人……"怨恨者何时才能达到他们杰出的、最终的、光辉的胜利?无疑,他们必然会成功地把自己的痛苦,以及世间的一切痛苦,全部转嫁给幸福者,如此一来幸福者就会为他们的幸福感到羞耻,他们或许还会彼此说:幸福是不光彩的,世间的痛苦太多了!"(《论道德的谱系》,第 3 部分,14)在怨恨中,反动力责难并影射自身。如果怨恨不让责难者自己承认他的错误,"转向自身",那么怨恨将毫无意义:能动力的向内投影不是投影的反面,而是反动投影的结果和延续。我们不应把内疚视为一种新的类型:我们至多在反动类型即奴隶类型中发现一些具体的变种,在那里,怨恨几乎处于一种纯粹的状态;而在其他的变种中,内疚的充分发挥掩盖了怨恨的作用。反动力继续一步一步不断走向成功:内疚扩展了怨恨,把我们引入更深的、传染得以蔓延的领域,在此,能动力变为反动,而主人变成了奴隶。

虽然被迫与其所能分离,但能动力并未从此消失。转向反对自身之后,它制造痛苦。它不再为自己欢呼雀跃,而是制造痛苦:"灵魂甘愿忍受自我的分裂,这令人不安,充满可怕快乐的工作就是从制造痛苦中获得乐趣而使自己受苦"(《论道德的谱系》,第2部分,18);"它在痛苦、疾病、丑陋,甚至在自我损害、自我摧残、自我凌辱和自我牺牲中感到并寻找快乐"(《论道德的谱系》,第3部分,11)。痛苦不为反动力所约束,而是被先前的能动力所制造。这导致一种奇特难解的现象:即痛苦的繁衍、自我复制和过量生产。内疚是使痛苦增殖的良心,它是一个肮脏的作坊,在这里它发现了使能动力转向反对自身从而制造痛苦的技术。通过力的内向化和向内投影来增殖痛苦——这是对内疚的第一个界定。

9. 痛苦的问题

以上至少是对内疚的第一个方面,拓扑学方面,即它的原始形态或物质状态的界定。内趋性是一个复杂的概念。被内向化的先是能动力,可是被内向化的力却成为痛苦的制造者;随着痛苦的大批量生产,内趋性像永不知足的无底洞,在"深度、广度和高度"上趁势推进。其次,这还意味着痛苦也相应地被内向化、情欲化和精神化。这种表述是什么意思?它意味着痛苦又增添了一层新的含义,一种内在的、向内的含义:痛苦被弄成由罪恶或过错导致的后果。你痛苦是因为你犯了罪,你不得不通过制造痛苦来解救自己。痛苦被设想为内在过错的后果以及拯救的内在机制,一产生就被内向化,"痛苦变为负罪感、恐惧和惩罚"(《论道德的谱系》,第3部分,20);这便是内疚的第二个时刻,即类型学时刻,内疚在此作为负罪感出现。

为了理解新的含义的本质,我们必须估测另一个更一般化的问题的重要性:痛苦有什么意义?生存的意义完全依赖于它:只有生存的痛苦具有意义,生存才会有意义(《不合时宜的思想》,第 2 部分,5)。在这里,痛苦是一种反作用力。于是它的唯一意义似乎在于它可能运用这种反作用力,或者为了防止伤痕的蔓延,至少进行局部的限制,与伤痕隔离,直到能够再一次行动。因此,痛苦的能动意义似乎是一种外在的意义,为了从能动的角度评判痛苦,就必须把它放到外部因素中考虑。这是一整套属于主人的艺术。主人有一个不为奴隶所知的秘密,他们知道痛苦只有一个意义:赋予那些施予痛苦或观照痛苦的人以快乐。如果能动的人并不在意他的痛苦,这是因为他总想象一个能因痛苦而快乐的人。在活跃的希腊众神的信念中找到这种想象并非毫无根据:"在神看来,富有启迪意义的任何不幸都是正当的……特洛伊战争以及类似悲剧的梦魇到底有什么意义?毫无疑问,对于众神来说,它们就是喜剧"(《论道德的谱系》,第 2 部分,7)。人们喜欢援引痛苦作为反对生存的论据,这种论证方式证实了我们所珍爱的、反动的思考方式。这样,我们不仅把自己摆在受难者的位置上,而且摆在不再运用反作用力的怨恨者的位置上。我们应该看到,痛苦的能动意义采纳的是另一个视角:痛苦不是反对生命的凭证,恰好相反,它是生命的兴奋剂,是"生命的诱饵",是赞成生命的理由。关照甚至施加痛苦是生命作为活跃之生命的结构,是生命的活跃的表现。痛苦具有最直接的、有利于生命的意义,即外在的意义。"我们的精致,毋宁说伪善,坚决抵制对残酷真正生动的理解,这种残酷构成古人的燕享欢庆之快乐,甚至是他们所有快乐的配料……没有残酷就没有欢庆——人类最古老、最悠久的历史这样教诲我们——就连惩罚也带着那么多的喜庆!"(《论道德的谱系》,第 2 部分,6)这便是尼采对于一个特殊的涉及精神的问题所作出的贡献:什么是痛苦与苦难的意义?

我们不得不钦佩内疚的惊人发明:它为苦难创造了一种崭新的意义,即内在的意义。这不再是一个主动发挥痛苦作用的问题,也不是从能动的立场来判断痛苦的问题。相反,人们用强烈的情绪来麻醉自己,以便抵制痛苦。"最残忍的情感"莫过于把痛苦当作过错的后果和拯救的手段,莫过于通过制造更多的痛苦、使痛苦进一步内向化来愈合痛苦,莫过于使自己忘却痛苦,也就是说,用感染伤口的方法来治愈痛苦(《论道德的谱系》,第 3 部分,15)。在《悲剧的诞生》中,尼采就已经提出这个至关重要的主题:当戏剧变为表现内在的冲突,当苦难被内向化,悲剧便走向死亡。然而,是谁发明了痛苦的内在意义,是谁想要这一意义呢?

10. 内疚的发展:基督教牧师

先是力的内向化,然后是痛苦自身的内向化:从内疚的第一个时刻到第二个时刻的过渡如同怨恨两个时刻的连接点,并非是自动形成的。这里也需要教士的干预,但这一次它化身为基督教牧师:"只有到了牧师这个感受罪恶的真正能手手里,内疚才获得了外形"(《论道德的谱系》,第 3 部分,20)。基督教牧师把内疚带出原始的或动物性的状态,他是痛苦整个内向化过程的主宰。牧师既是通过感染伤口来医治痛苦的医生,又是把内疚提升到更高形式——作为罪孽之后果的痛苦——的能手。但他是如何做到这一点的?"如果有人想用最简单的方式概述牧师的存在价值,那么就是,牧师引导怨恨改变了方向"(《论道德的谱系》,第 3 部分,15)。前面曾提到,满怀痛苦的怨恨者总是为自己的苦难寻找原因,他诅咒、谴责生命中一切积极活跃的东西。牧师在此第一次出现,他不仅控制了整个谴责的过程,而且成为这一过程的组织者。看看那些自称为好人的家伙,我告诉你们,他们都是些邪恶之徒。这时,怨恨的力量完全针对和反对它者。然而,怨恨又是一种爆发性的物质,它要让能动变为反动。因此,怨恨必须使自己适应新的条件,必须改变方向。于是,反动的人必须转而在自身之内寻求苦难之因,他从内疚那里获得暗示:他应当"在自己身上,在罪过中,在过去的一段经历中寻找;他应当把苦难理解为一种惩罚"(《论道德的谱系》,第 3 部分,20)。为了控制这一转向过程,牧师在这里第二次出现:"你完全正确,我的羊儿!的确有人造成了你的苦难,不过这个人正是你——你只能责备你自己!"(《论道德的谱系》,第 3 部分,15)。牧师发明了罪孽的概念:"罪孽到现在仍然是病态的灵魂史上最大的事件;在这里,我们看到了最危险、最致命的宗教解说手段"(《论道德的谱系》,第 3 部分,20)。过错一词现在指我犯的错,我自身的错误和罪过。这便是痛苦被内向化的方式:作为罪孽之后果,它此刻只有内在的意义。

犹太教与基督教的关系必须从以下两个方面给予评价:一方面,基督教是犹太教的最终结果,前者承袭并完成了后者的工作。怨恨的全部力量终结于贫困者、病患者和罪恶者信奉的上帝。尼采在一些有名的篇章中坚持圣保罗的怨恨品质和《新约》的卑贱(《反基督》,42—43,46)。甚至基督之死也不过是旨在回到犹太教价值的迂回手法:通过这一死亡建立起爱与恨虚假的二元对立,赋予这似乎彻底摆脱了仇恨、与仇恨誓不两立、作为仇恨之牺牲品的爱比以往更大的诱惑力(《论道德的谱系》,第1部分,8)。本丢·彼拉多[①]发现的真理依然存在:基督教乃是犹太教的结论,它在犹太教中发现了它所有的前提,而它不过是从这些前提中推出的结论。然而,从另一个角度看,基督教又像是一种崭新的声音。它并不满足于完善怨恨,而是致力于改变怨恨的方向。它增添了一种新的发明——内疚。但是,值得再一次提请注意的是,我们不应该认为在内疚中怨恨的新方向会与其第一个方向对立。同样,我们在此关注的不过是一种新添的诱惑和魅力。怨恨说:"这是你的错",内疚则说:"这是我的错"。而怨恨唯有在它蔓延开去的时候才会真正得到抚慰。它的目标在于让整个生命变为反动,

---

① Ponce Pilate,罗马帝国犹太行省的第五任行政长官,曾主持审叛耶稣,判处他钉十字架。——译注

四、从怨恨到内疚

让健康者变得病态。因此对于怨恨而言仅仅责难是不够的,被责难者必须有一种负罪感。正是在内疚中,怨恨通过转变方向得到了它想要的东西,并且达到它蔓延力量的顶峰。它叫嚷着:"这是我的错,这是我的错",直到整个世界都开始这种乏味的自我抑制,直到生命中一切能动的东西都生出同一种负罪感。而这些是牧师行使权力的前提条件:牧师天生就使自己成为那些受难者的主人(《论道德的谱系》,第3部分,15)。

我们在这里发现了尼采雄心勃勃的计划:在辩证法家看到矛盾或对立的地方发现更精细的差异,评价更深刻的合作和关联。是内疚,而不是黑格尔的苦恼意识!后者只不过是一种征候罢了。内疚定义的第一个方面是:通过力的内向化来增殖痛苦;第二个方面是:通过改变怨恨的方向使痛苦内向化。我们已经重点论述了内疚如何接替怨恨的方式,但我们还必须强调内疚与怨恨之间的相似性。这两个变种不仅都具有拓扑学和类型学的两个时刻,而且从一个时刻向另一个时刻的过渡中都引入了牧师的因素。况且,牧师也总是凭借虚构行动。我们此前曾分析过怨恨的价值颠覆所依赖的虚构,但是这里还有一个尚未解决的问题:痛苦的内向化以及怨恨的转向究竟依赖于何种虚构?这一问题变得更加复杂,因为在尼采看来它牵涉到称之为文化的所有现象。

11. 从史前的角度看文化

文化意味着训练和选择。尼采把文化运动称为"道德习俗"(《曙光》,9);后者与镣铐、折磨和种种残暴的用于训练人的手段不可分割。然而,系谱学家敏锐地从这种残暴的训练中区分出两个因素(《善恶的彼岸》,188):第一,在一个民族、种族或阶级中被遵从的东西总是历史的、人为的、古怪的、愚昧的和狭隘的;这往往代表了最恶劣的反动势力。第二,然而,事实上总有一些被遵从的东西,不管它是什么,体现出了超越民族、种族和阶级的准则。法律得服从,因为它是法律:法律的形式意味着某种行为即某种能动作用于人身上,承担训练人的使命。尽管这两个因素历史性地不可分割,但也不能混为一谈:一个是国家或教会等机构在它企图同化的个人身上施加的历史压力;另一个却是作为一般性存在的人的行为,以及施加于这种个人身上的人类行为。因此尼采使用"远古"、"史前"等语汇：道德习俗先于普遍的历史（《曙光》，18）；文化是一般性的行为，是"人在人类自身发展的漫长历程中所从事的真正劳动和人的全部史前劳动……尽管包含了冷酷、专制、愚昧和荒谬"(《论道德的谱系》，第 2 部分，2)。任何历史上的法律都是人为的，而服从法律的律令却是非人为的、史前的和一般性的。（柏格森后来重新发现了这一主题，他在《道德和宗教的两种起源》中表明一切习惯都是任意的，唯独接纳习惯的习惯是自然的。）

史前意味着一般性，文化是人类史前的活动。但这种活动表现为什么呢？不外乎是赋予人们习惯、使之遵从法律以及训练他们等诸如此类的事情。训练意味着塑造能够运用其反作用力的人。文化活动在原则上作用于人的反作用力，它赋予他们习惯，将模式施于他们身上以便使之接受作用。这种文化从各个方向施加作用，它甚至侵袭无意识的反动力和最隐秘的消化作用和内脏作用（饮食以及类似于弗洛伊德称之为括约肌教育的东西——[《瞧！这个人》，第 2 部分，"我为什么如此聪明？"]）。但它的主要目标是为了强化意识。这一为瞬间即逝的刺激所界定的意识，这一以遗忘力为依靠的意识必须给予它本身并不拥有的一贯性和坚定性。文化馈赠给意识的显然是一种与遗忘力相对的新型能力:记忆。① 然而,我们在此关注的记忆不是痕迹的记忆。这一崭新的记忆不再是关于过去、而是面向未来的功能,不是感知性的记忆,而是意志的记忆,不是痕迹的记忆,而是言语的记忆。② 它是一种承诺的能力,是对未来的承诺,是未来本身的记忆。记住许下的诺言不是回想起在过去的某一刻曾经许下诺言,而是必须在未来的某个时刻信守这一诺言。这便是文化所选择的对象:塑造一个能够承诺、由此能够安排未来的人,一个自由而强大的人。唯有这种人才是能动的人,才能够运用他的反作用力,在他那里所有一切不是能动的便是受作用的。承诺能力是文化作为人施于人的行为所产生的效果;而能够承诺的人则是文化作为

---

① 《论道德的谱系》,第 2 部分,1:"恰在这必然要健忘的动物身上,遗忘表现为一种力量,一种体魄强健的征兆,这个动物为自己培养了一种相反的能力,一种记忆,在特定的情况下,他借助这种能力抑制健忘的倾向。"

② 《论道德的谱系》,第 2 部分,1——弗洛伊德和尼采的相似在这一点上得到证实。弗洛伊德将言语痕迹归诸潜意识,这与将记忆痕迹归诸无意识系统是不同的。这一区别使他得以回答"如何使受压抑的因素浮现于意识?"回答是:"通过恢复这些原本是言语记忆的中介性的潜意识因素。"尼采的问题是:如何可能作用于反作用力?

一般行为的产物。

我们可以理解文化为什么在原则上不从任何一种暴力中退缩:"也许在人类的史前时期根本不存在比人的记忆术更为阴森可怕的东西了……每当人们认为有必要留下记忆的时候,就会发生流血、磨难和牺牲"(《论道德的谱系》,第2部分,3)。在文化达到它的目的(塑造自由、能动和强大的人)之前,为了训练反作用力,限制它们接受作用,需要经历多少剧痛!文化总是采用如下手段:它使痛苦变成像货币和等值物那样的交换媒介,使痛苦的量恰好抵偿遗忘,招致的伤害和未履行的承诺(《论道德的谱系》,第2部分,4)。当文化与这一手段相联系,它便被称为正义;而手段本身被称为惩罚。招致的伤害=经历的痛苦——这就是决定人与人之间关系的惩罚等式。依据这一公式,人与人之间的关系可以被确定为债权人和债务人之间的契约关系;正义使人必须为债务负责。债权人-债务人关系体现了文化在训练或形成时期的活动。与史前期的活动相应,这种关系本身是人与人之间的关系,是先于任何社会组织形态而存在的"最原始的个体之间的关系"①。它甚至为"最粗糙、最原始的社会机制"提供了模型。尼采正是在信用而非交换中看到了社会组织的原始形态。人必须以痛苦来偿还他导致的伤害,必须对债务负责,必须对他的反作用力负责——这便是文化用来达到目的的手段。因此,尼采为我们提供了如下的系谱:① 文化作为史前或一般性活动,是训练和选择的工作;② 这一活动使用的手段包括惩罚等式、债务关系以及对债务负责的人;③ 这一活动的产物是能动的人,自由而强大的人,能够承诺的人。

12. 从史后的角度看文化

至此,我们已经提出了内疚的问题。但是文化的系谱似乎并没有给我们提供任何解决方案。相反,最显而易见的结论是,不论内疚还是怨恨都未曾干涉文化和正义的过程。"内疚这种我们地球上最奇特、最有趣的植物不是从这片土地上生长出来

---

① 《论道德的谱系》,第 2 部分,8;正是在一种债权人和债务人的关系中,"第一次出现了人反对人的现象以及人和人较量的现象"。

四、从怨恨到内疚

的"(《论道德的谱系》,第 2 部分,14)。一方面,复仇与怨恨不是正义的起源。道德家,甚至社会主义道德家,把正义归因于一种被动的感受,一种被严重伤害所激起的复仇精神或司法反应。这样一种解释毫无意义,它本应该证明他人的痛苦如何成为复仇得到的满足和补偿。如果不引入第三个名词——施予痛苦和观照痛苦时所感到的"快乐",我们将永远不会真正理解招致的伤害=经历的痛苦这一残酷的等式。[①] 但是这第三个名词,即痛苦的外在意义,有着与复仇或反动截然不同的起源:它反映一种能动的立场和能动力,而这种能动力把训练反作用力当作它们的任务和快乐。正义是一种一般性的活动,它训练人的反作用力、使这些反作用力适于接受作用并促使人对这种适应性本身负责。我们可以比照正义与怨恨、内疚的形成方式;后者是借助反动力的胜利,通过它们对接受作用的不适应,依恃它们对一切能动的仇恨并凭借它们的顽固抵抗和根本的非正义得以形成的。因此怨恨

[①] 《论道德的谱系》,第 2 部分,6:"如果有谁在这时突然愚蠢地抛出报复的概念,他就只能让疑惑更深,而不能解答疑惑,因为报复回到同一个问题,即施予痛苦怎么会让人产生满足感。"这就是大多数理论所缺乏的:从什么角度来看"施予痛苦"给人带来快感。

远非正义的起源,它不过是"最后一个正义精神要征服的领域……主动的、进攻的甚至粗暴好斗的人总是比反动的人离正义更近百倍"①。

正如怨恨不是正义的起源,内疚也不是惩罚的产物。无论惩罚具有多少种意义,总有一种意义它无法拥有,那就是惩罚无法唤起罪犯心中的负罪感。"恰恰是在罪犯和囚徒中极少有人受到良心谴责;监狱和教养所不是这类蛀虫所钟爱的温床……一般说来,惩罚使人变得强硬冷酷、全神贯注,惩罚能激化厌恶,强化抵抗力量。假如出现惩罚消耗精力,导致可悲的衰竭和自卑的情况,那么这结果无疑比惩罚的一般效果,比那种以干瘪和阴郁的严肃为特征的效果更少教化意义。可是,如果我们仔细思考一下人类史前的几千年历史,我们就可以毫不犹豫地断定:恰恰是惩罚最有效地阻止了负罪感的发展——至少从惩罚对象的角度看是这样的"(《论道德的谱系》,第 2 部分,14)。我们可以逐点地对文化的状态和内疚的状态进行比较,在文化中,人以痛苦为代价,感到自己应为其反动力负责;在内

---

① 《论道德的谱系》,第 2 部分,11:"世间法律象征着一场战争,一场反对反动情绪的战争,一场能动和进攻势力反抗反动情绪的战争。"

疚那里则相反，人感到自己应该为其能动力承受罪责。无论我们怎样看待文化或正义，我们总是在其中看到一种业已形成的活动作为怨恨和内疚的对立面在发挥作用。

如果我们考虑到文化活动的产物，即自由和能动的人、能够承诺的人，将会进一步加深这一印象。正如文化是人类的史前因素，文化的产物是人类的史后的因素。"如果我们站在这一非凡过程的终点，在这里，树木终于结出硕果，社会和道德习俗最终揭示出它们的目的，我们就会发现，这棵树木最成熟的果实是自主的个体，这个个体只同自己相似，他摆脱了一切道德习俗的束缚，成为自治的、超道德的个体（因为自治和道德相悖）；总而言之，他是一个有自己意志，一个独立的、执著的、敢于承诺的人"（《论道德的谱系》，第 2 部分，2）。尼采的观点是，我们不能把文化产物及其手段混为一谈。人类的种群活动把人造就成对其反作用力负责的人：对债务负责，但这种责任只是训练和选择的手段：它逐步地衡量反作用力接受作用的适应能力。种群活动的最终产物并不是负责任的人本身或是道德的人，而是自治的和超道德的人，也就是说，那个真正发挥他的反作用力并使一切反作用力得到发挥的人。正因为他不再对任何裁决机构负责,所以只有他才"能够"作出承诺。文化的产物不是服从法律的人,而是独立自主、为自己立法的个体,这一个体用掌控自身、掌控命运并掌控法律的力量来界定自己,他是自由的、轻盈的、无责任的人。在尼采看来,责任的概念,即使处于其高等形态,也只具有作为一种简单手段的有限价值:自治的人不再为其反作用力对正义负责,他是正义的主人,是统治者、立法者、创造者和行动者。作为发话者他不再需要回答。对债务负责的唯一积极意义就在于它将消失于人类的解放运动:债权人得到解放因为他分享了主人的权利;债务人则解放自己,即使是在付出了血肉和痛苦的代价之后:双方都从训练他们的过程中解放了自身(《论道德的谱系》,第 2 部分,5,13,21)。这便是文化的普遍运动:手段在产物中消失。责任作为在法律面前的责任,法律作为正义的法律,而正义作为文化的手段——所有这些都在文化自身的产物中消失殆尽。道德习俗和法律精神造就了从法律中解脱出来的人。这就是为什么尼采会谈到正义的自我毁灭的原因。① 文化是人类的种群活动,但是这种活动是选择性的,它把个体塑造为它最终的目标,与此同时,种群本身受到抑制。

13. 从历史的角度看文化

照我们的分析,文化似乎直接从史前期进入到史后期。我们把文化视为一个种群的活动,通过史前长期的劳作,它最终达到了史后的产物即个体。事实上,这就是文化的本质,是与能动力之于反动力的优越性相吻合的。但我们忽视了一个重要的方面:胜利实际上属于低等和反动的力——我们忽略了历史。关于文化,我们既得说它很久以前就已消失,又得说它还没有开始。种群活动消失在过去的黑夜中,而其产物消失在未来的黑夜中。在历史上,文化被一种本质截然不同的奇怪力量占有之后,便具有了与其本质截然不同的意义。历史中的种群活动与曲解它及其产物的运动不可分割。更

---

① 《论道德的谱系》,第 2 部分,10:"就像世间所有好事一样,这种正义的消失是一种自我扬弃。"

进一步说,历史就是这种曲解,它等同于"文化的衰落"。与种群活动不同,历史呈现给我们种族、民族、阶级、教会和国家。各种具有反动特性的社会组织、协会、社团被嫁接到种群活动之上,像寄生虫一样遮没它并从中吸取营养。通过种群活动,即被反动力歪曲的运动,反动力形成了尼采称之为"牧群"的群体(《论道德的谱系》,第 3 部分,18)。与正义及其自我毁灭的过程不同,历史呈现给我们的社会,既不想消亡,也不能想象任何高于其法律的东西。哪一个国家会听从查拉图斯特拉的忠告:"让你们自己被颠覆吧!"(《查拉图斯特拉如是说》,第 2 卷,"大事件")。法律在历史中与确定它的内容及反动内容联手并肩,这反动内容为它提供压舱物,阻止它消亡,除非是给其他更笨重和更愚昧的内容让路。与作为文化产物的自主个体不同,历史呈现给我们它自己的产物——驯服的人,历史从中发现了自身的显赫意义:"高尚的失败者"、"群居动物、温驯的、虚弱的以及平庸的人,今日之欧洲人"(《善恶的彼岸》,62;《论道德的谱系》,第 1 部分,11)。一切文化的暴力,历史将它作为民族、国家和教会的合法财产,作为这些机构力量的表现方式,呈现给我们。而事实上,它们动用了所有的训练程序,

四、从怨恨到内疚

只不过把它翻转、扭曲和颠倒过来。道德、教会和国家仍然是选择的机构,代表着等级理论。最愚蠢的法律和最缺乏远见的社团仍然想训练人并利用他的反动力。然而,利用他来做什么呢?它们实行的是哪一种训练机制和哪一种选择方式?它们利用训练程序只不过是为了把人变成群居的、温驯的和驯服的动物,只不过是为了制服强者,挑选出弱者、受难者或奴隶。选择和等级制被用错了地方。从能动的角度来看,选择完全走向了它的反面,现在它只是一种保存、组织和繁殖反动生命的工具(《论道德的谱系》,第 3 部分,13—20;《善恶的彼岸》,62)。

历史因此显得像一种反动力占有文化,并根据自己的利益偏离文化的发展方向的行动。反动力的胜利并非历史中的偶然现象,而是"普遍历史"所奉行的原则和具备的意义。文化的历史性衰落,这一观点在尼采的工作中占据显要的地位:它是尼采反对历史哲学和辩证法的有力证据。它引发了尼采的失望:文化始于"希腊",却成为"德国人的"文化……自《不合时宜的思想》以后,尼采试图解释文化最终服务于歪曲它的反动力的过程和原因。[①] 更为深刻的是,查拉图斯特拉提出了一个模糊的意象:火狗(《查拉图斯特拉如是说》,第 2 卷,"大事件")。火狗是种群活动的形象,它表现人与大地的关系。但事实上大地有两种疾病,即人与火狗自身。因为人是驯服的人,种群活动是扭曲的,服务于反动力,与教会和国家混为一体的非自然活动。"教会么?"我回答:"那是国家之一类,且是最虚伪的一类。住嘴,你们这些伪善的狗! 你确实最懂得你的族类! 国家也同你们一样是一条虚伪的狗,同你一样,它乐于以烟雾和吼叫说话——同你们一样,使人相信它是从事物的肚腹里说话。国家的意志乃是要做大地上最重要的野兽。同时它也被认为是如此"(《查拉图斯特拉如是说》,第 2 卷,"大事件")。查拉图斯特拉呼唤另一种火狗,"这狗真正从大地的心灵里说话"。这还是种群活动吗? 但是,这一次是史前的种群活动,与之相应的,是人作为史后因素的产物? 这种解释即使不充分,仍然有必要考虑。在《不合时宜的思想》中,尼采就已然把

[①] 《不合时宜的思想》,第 3 部分,"作为教育家的叔本华",6;尼采引用"三种自我主义"来解释文化的转向,获得者的自我主义,国家的自我主义,科学的自我主义。

四、从怨恨到内疚

希望寄托于"文化的非历史因素和超历史因素"(他称之为文化的希腊韵味)(《不合时宜的思想》,第2章,8,10)。

其实有一些问题我们至今尚未回答,譬如,文化的这一双重性究竟怎样?它是现实么?还是查拉图斯特拉的一种幻想?文化在历史中与歪曲它并使它服务于反动力的活动不可分割,但它与历史本身更不可分割。文化活动是人类的种群活动,这难道不是一种简单的思想?如果人在本质上(也就是说在属性上)是反动的存在,他怎能拥有、甚至在史前期就已经拥有种群活动?能动的人,即使在史后期,如何可能出现?如果人是本质反动的存在,那么看来种群活动所涉及的应该是与人截然不同的存在。相反,如果人拥有种群活动,那么看来它只是以一种偶然的方式被歪曲变形。目前我们只能列举尼采的论点,我们将在后文考虑这些论点的明确意义:人在本质上是反动的;还是存在人类的种群活动,但这种群活动势必给歪曲,势必达不到目标,势必导致驯服的人;必须在另一平面继续这一活动,这种平面是创造的平面,但它创造出不同于人的东西……

然而,我们已经可以解释为什么种群活动必然落入历史的窠臼,必然转变为反动力的优势。如果《不合时宜的思想》没有提供充分的论证,尼采的其他作品则为我们指引了能够找到解决方案的方向。文化活动的目标是训练人,也就是说,训练反动力能够效力、能够接受作用。但是在整个训练过程中,这种能够效力的倾向始终不明确,因为它同时准许反动力为其他反动力效力,赋予后者能动和正义的表象,并帮助它们形成战胜能动力的假象。我们在前文中提到,怨恨中有些反动力阻止其他反动力接收作用,内疚则以完全相反的方式达到同样的目的:内疚中反动力利用它们能够接受作用的倾向赋予另一些反动力以能动的表象。内疚程序中的虚构绝不逊于怨恨。这样,反动力的联盟打着种群活动的幌子得以形成。这种联盟嫁接到种群活动中,迫使后者偏离它真正的含义。训练为反动力提供了达成伙伴关系、结成反动联盟并据此侵占种群活动的绝好机遇。

14. 内疚、责任和负罪感

当反动力以这种方式被嫁接到种群活动中,它们便中断了种群活动的"系谱"。在此,某种投影再一次参与进来。被投影的是债务,是债权人-债务人关系,它在投影的过程中改变了自身性质。从种群活动的角度来看,人必须为他的反动力负责,而反动力则被认为对能动的裁决机构负责。如今,反动力利用训练形成了与其他反动力错综复杂的联盟;它们觉得应该对其他反动力负责,而后者感觉自己俨然是前者的评判者和主人。反动力联盟于是伴随着债务的转化,它变成了欠"神"、欠"社会"、欠"国家"以及欠反动权威的债务。于是,所有一切都在反动力与反动力之间发生。债务失去了它借以促使人类解放的能动品性;在它的新形式中,它没完没了、无法偿还。"现在就是要一劳永逸地排除清偿债务的可能性;就是要在这铁的不现实前死了心,断了念;就是要把那些关于罪过和责任的概念转一个向——对准谁呢?毫无疑问,头一个要对准的是债务人……最终还要对准债权人"(《论道德的谱系》,第 2 部分,21)。我们来审视一下基督教称为"赎罪"的概念,就会发现它讲述的不是清偿债务而是加深债务,不是通过苦难清偿债务,而是苦难束缚着人让人感到自己是永远的债务者。苦难偿付的只是债务的利息;痛苦被内向化,对债务负责现在变成了对罪过负责。于是债权人自己对债务负责,把整个债务加在自己的身上。尼采说,这便是基督教的绝招:"上帝为人的罪行牺牲了自己。上帝用自己偿付了自己,只有上帝能够清偿人本身无力清偿的债务"(《论道德的谱系》,第 2 部分,21,92)。

我们可以在两种责任——对债务负责和对罪过负责之间看到本质的区别。前者肇始于文化活动,不过是这种活动的手段,它阐发痛苦的外在意义,并且必然消失于文化的产物以便为高尚的无责任让路。而在后者那里,一切都是反动的;它不仅发轫于怨恨的责难,而且把自己嫁接到文化上,使之偏离初始方向,它甚至还需要怨恨的转向,即怨恨不再从外部寻找替罪羊。它使痛苦内向化的同时也使自己永存不朽。我们说:牧师是那个通过改变怨恨的方向从而使痛苦内向化的人,他以这种方式赋予内疚外形。我们不禁要问:怨恨在保持其仇恨与复仇的特性的同时如何可能改变方向?以上的冗长分析为我们提供了答案的线索:

① 反动力依凭种群活动的幌子以及侵占种群活动的手段形成反动联盟(牧群)。一部分反动力装作行动的样子,而另一部分反动力充当它们的

物质基础:"只要有牧群的地方,组织牧群的就必定是软弱的本能,必定有教士组织牧群的才能"(《论道德的谱系》,第 3 部分,18)。

② 内疚正是在这种环境中形成的。债务被剥离了种群活动的背景,然后被投影到反动联盟中。债务变成了无休止地偿还债务的债务人与无休止地耗费债务利息的债权人之间的关系;这是"欠神的债务"。债务人的痛苦由此内向化,他对于债务的责任也由此变为一种负罪感。这样,牧师达到了改变怨恨方向的目的;我们,作为反动的存在,根本无须从外界寻找罪责,无论是对自身,还是对教会、对上帝我们都是有罪的(《论道德的谱系》,第 2 部分,20—22)。

③ 但是牧师不仅使牧群堕落,而且组织它、保护它。他发明了各种手段,使我们能忍受不断增长的、内向化的痛苦,他甚至成功地让人们怀着他倡导的负罪感生活。他让我们加入表面的活动和正义,即为上帝服务。他使我们卷入反动联盟,在我们心中激发起"想看到社群繁荣的渴望"(《论道德的谱系》,第 3 部分,18—19)。我们奴隶式的傲慢可以用作内疚的解毒剂。但最重要的是,怨恨在转向的过程中并未失去满足的源泉,并未减少毒性或

对它者的仇恨。内疚者通过使怨恨转向找到满足复仇愿望和传播影响的最好手段:"他们内心多么想让人付出代价,他们多么渴望当刽子手……"①

④ 我们注意到,在这一切当中,内疚的形式如同怨恨的形式暗示着一种虚构。内疚依赖于种群活动偏离方向,依赖于对这一活动的占有,依赖于债务的投影。

15. 禁欲主义的理想与宗教的本质

尼采有时像是能够区分两种甚至更多的宗教种类。在这意义上的宗教不会与怨恨或是内疚有本质上的联系。酒神就是一种神。"我毫不怀疑存在各式各样的神。那些似乎与从容和太平不可分割的神并不少见。轻盈飘逸或许是神的一种特征"

---

① 《论道德的谱系》,第 3 部分,14:"他们在我们中间串来串去,现身说法,好像要警告我们,健康、教养、强壮、骄傲和权力感本身都已成了罪恶的东西,人们有朝一日必须为此付出代价,付出痛苦的代价。噢!他们内心多么想让人付出代价,他们多么渴望当刽子手!在他们当中有一大批装扮成法官的复仇主义者,他们嘴里常含着'正义'的字眼,就像含着有毒的唾沫。他们的嘴总是噘着,时刻准备着把所有这些唾沫吐到街上那些生活满足、心情愉快的人身上。"

(《权力意志》,第 4 部分,580)。尼采一直都宣称存在能动与肯定的神和宗教。每一种选择都暗示一种宗教。通过他最喜爱的方式,尼采发现,根据占有宗教的力的差异,宗教呈现多种意义;因此存在一种强者的宗教,它具有深刻的选择和教育意义。此外,假如我们把耶稣当作是一种个人类型——使它区分于作为集体类型的基督教——我们就必须认识到他多么缺乏怨恨和内疚;他用喜讯描述自己,呈现给我们一个与基督教完全不同的生活,同样,基督教则向我们呈现出一个与耶稣不同的宗教。①

然而所有这些类型学的评论都存在向我们隐藏关键问题的风险。并非因为类型学不是关键问题,而是因为唯一好的类型学应当考虑以下原则:即力的更高等级或力之间的吸引力("对于一切事

---

① 强者的宗教及其选择的意义(《善恶的彼岸》,61);肯定的、能动的宗教对抗虚无主义的、反动的宗教(《权力意志》,第 1 部分,332 和《反基督》,16);视异教为宗教的肯定意义(《权力意志》,第 4 部分,464);希腊众神的能动意义(《论道德的谱系》,第 2 部分,23)。佛教是虚无主义的宗教,但没有报复精神或负罪感(《反基督》,20—23;《权力意志》,第 1 部分,342—343)。基督作为个人类型没有怨恨、内疚和罪的观念(《反基督》,31—35,40—41)。尼采总结其宗教哲学的著名公式是:"我驳斥的,其实只有道德的上帝"(《权力意志》,第 3 部分,482,8)。一些评论者想将尼采的无神论说成温和的无神论,乃至想调和尼采与上帝的关系,便基于以上的章节。

物而言,只有更高的等级才至关重要")。存在多少能够占有宗教的力,宗教就具有多少种意义。然而宗教本身也是一种力,它对能够占有它的力以及能够占有自身的力有着或多或少的吸引力。只要宗教被本质上不同的力所占据,它就不会达到更高的等级,即唯一重要的阶段,在那里宗教将不再成为一种手段。与之相反,当宗教被同种本质的力所征服,或者当宗教成长起来,占有了这些力并摆脱了幼年时的束缚时,它就会发现自己更高级的本质。然而,每当尼采谈到能动的宗教、强者的宗教或是没有怨恨和内疚感的宗教时,他指的是宗教发现自己屈服于与自身本质截然不同的力并无法撕去自身面具时所处的状态;即宗教作为"哲学家手中的选择和教育手段"(《善恶的彼岸》,62)。即使在耶稣那里,作为信仰的宗教仍然完全屈服于仅仅给予"神圣感"的力(《反基督教》,33)。另一方面,当宗教到达完全"可以独立自主"的状态,当其他的力需借假面才能存在的时候,即使宗教发现了自身的本质,它仍然需要付出"沉重和可怕的代价"。这就是尼采所说的宗教和内疚两方面存在本质联系的原因。在原始状态中,怨恨和内疚表现的是一种反动力,这种力为了使宗教摆脱能动力的控制而强占宗教。在正式的形态中,怨恨和内疚代表宗教靠行使自己新的主权征服并发展的反动力。怨恨和内疚——是这般宗教的更高等级。基督教的发明人不是耶稣,而是圣徒保罗,是那个内疚者和怨恨者。(关于"哪一个"的问题同样适用于基督教。①)

而宗教不仅仅是一种力。如果宗教不是被一种意志,一种引领反动力走向胜利的意志所鼓舞,则反动力永远也不会胜利地使宗教达到更高的等级。除了怨恨和内疚之外,尼采还涉及了第三个阶段——禁欲主义理想。然而,禁欲主义理想从一开始起就已存在了。首先,禁欲主义理想的意义在于,它指向怨恨和内疚的复合体;这个复合体使这两种因素相互交缠,同时又互为补充。其次,它展示了使怨恨的病痛以及内疚的苦难变得可以接受

---

① 《反基督》,42:"'喜讯'后头紧跟着最坏的消息:圣保罗的消息。保罗体现了与'报喜讯的人'相反的类型,他是仇恨的天才,是善于描绘仇恨景象的天才,是擅长仇恨逻辑的天才。这报恶讯的人(dysangéliste)还有什么不献给仇恨!尤其是救赎者:他将基督钉在了十字架上。"是保罗"发明"了负罪感;他把基督之死"解释成"基督因我们的罪而死(《权力意志》,第 1 部分,366,390)。

dysangéliste:查遍手头英文和法文词典(包括 Oxford English Dictionary 与 Le Grant Robert),不见收有此词,或为作者杜撰。希腊文词根 angelos 意为信使,故福音派 evangelist,字面义为"报福音的人";"dys"前缀有"不幸的"、"坏的"等含义,合起来当为"报恶讯的人"。——译注

甚至组织和繁殖的所有途径；禁欲主义的牧师同时作为园丁、饲养者、牧羊人和医生存在。最后同时也是最深刻的意义在于，禁欲主义理想展示了使反动力得以胜利的意志。"禁欲主义的理想展示了一种意志"(《论道德的谱系》，第 3 部分，23)。我们发现了反动力和某种权力意志之间形成的根本性合谋(不是同一，而是合谋)关系。① 如果没有一种意志使投影显现，并捏造一些必须的假象，反动力永远也不会成功。在禁欲主义理想中，彼岸世界的虚构是伴随着怨恨和内疚脚步的虚构；是允许贬抑生命以及生命中一切能动因素的虚构；是给予世界一种表象和虚无价值的虚构。对彼岸世界的虚构早已在其他的虚构中作为它们的先决条件而存在了。反过来，虚无意志也需要反动力：它不仅以被动的形式忍受生活，而且需要这种被动的生活作为生活必须驳斥自身、否认自身和毁灭自身的手段。试想一下，从虚无意志中被分离的反动力会变得怎样？而失去了反动力的虚无意志又会变成什么？或许它会变成与我们所见的完全不同的东西。因此禁

---

① 我们应记住施加作用的牧师并不与反动力相混淆；他引导这些力，令它们胜利，并有效地利用它们，将一种权力意志吹入它们当中(《论道德的谱系》，第 3 部分，15，18)。

欲主义理想的意义在于：它表现的是反动力与虚无主义的亲密关系，是虚无作为反动力的"动力"存在。

16. 反动力的胜利

尼采的类型学发动了一整套关于"深度"或"深洞"的心理学。尤其是对反动力胜利各个时刻的机制分析形成了堪与整个弗洛伊德学说媲美的关于无意识的理论。然而我们不能只赋予尼采的这些概念以心理学上的意义。这种类型不只是形而上学和属于类型学的知识理论，它同样是生物学、社会学、历史学和政治学意义上的现实。但在尼采看来，通过这种类型学的研究，他提出的是一种必须取代旧有的形而上学和先验批评，必须给人的科学奠定新基础的哲学：系谱学，即权力意志的哲学。在这里，权力意志不能以心理学的方式来阐释，认为权力意志像是因为特定的动机而需要权力；同样的，系谱学更不能从心理学的起源来阐释。（本书总表附后）

类型	类型的种类	机制	原则	产物	权力意志性质
能动类型：主人（能动力统治反动力；反动力则接受作用）	驯与陶醉	生活的兴奋剂，权力意志的刺激物	阿波罗与狄奥尼索斯	艺术家	肯定
	意识（反动力对刺激产生反应的装置的反应系统）	痕迹和刺激的区别（痕迹记忆给压制）	遗忘的能力（作为调节的原则）	贵族	
	文化，用来训练和驯服反动力的种属行为怨恨	暴力机制；痛苦的外在意义；债务人—债权人关系的建立；责任：债务	记忆的能力；言语的论；言语的论（作为目的论的原则）	独立自主的个体，立法者	
反动类型：奴隶（反动力统治能动力；它们获胜却并没有形成更强的力）		反动力的胜利			
	怨恨	拓扑学特征：替换（反动力之间的替换）	痕迹的记忆；痕迹的上升；刺激与痕迹的混淆	一事无成者	否定
		类型学特征：颠倒（价值或动力的关系的颠倒）	第一个虚构：反动形象的反动投影	永恒的责难者（非贵族）	
		拓扑学特征：方向改变（力的内向化）	能动力与其所能的分离	强化痛苦者	
	内疚（内向化）	类型学特征：改变怨恨的方向来实现痛苦的内向化	第二个虚构：债务的反动投影；文化的篡夺与牧群的形成	有罪的人、痛苦的内在意义，责任=罪责，训服的人（非立法者）	
	禁欲主义的理想	使内疚和怨恨根可以忍受的方式	第三个虚构：建立起一个彼岸的世界	禁欲者（非艺术家）	
		虚无意志的表达			

五、 超人：反辩证法

1. 虚无主义

在虚无主义一词中，nihil 并不意指非存在，而首先是指虚无的价值。当生命被否定、被贬抑时，便具有了虚无的价值。贬抑总是预设了一种虚构：歪曲和贬抑正是通过虚构进行的，而与生命的对抗也是通过虚构进行的（《反基督》，15，梦幻与虚构的对抗）。整个生命因此变得不真实，被表征为表象，并且整体上具有了虚无的价值。另一个世界的观念，各种形式的超感性世界（上帝，本质，善，真）的观念，超越生命的诸价值的观念，并不是多种虚构中的一个例子，而是所有虚构的组成要素。超越生命的诸价值与其导致的后果是不可分离的：对生命的贬抑，对此世的否定。这些价值之所以与其后果不可分离，是因为它们的原则是否定的意志，贬抑的意志。我们必须注意不要以为更高的价值为意志设置了一个界限,仿佛因为我们与神圣相遇而不受意志的约束。并不是意志在更高的价值中否定自身,而是更高的价值是与否定的意志、贬抑的意志相联系的。"意志的虚无":这一叔本华的概念仅仅是一个征候;它首先意味着毁灭的意志,虚无的意志……"但它是并且仍将是一个意志!"(《论道德的谱系》,第 3 部分,28)虚无主义中的"nihil"意指作为权力意志之本质的否定。因此,在其首要的、最基本的意义上,虚无主义指生命所具有的虚无价值,赋予生命这一价值的关于更高价值的虚构,以及在这些价值中所表现的虚无的意志。

虚无主义有一个更通俗的意义。它不是指一个意志,而是一种反动。它反对超感性世界和更高的价值,否定它们的存在,取消它们的一切有效性——这不再是借更高价值的名义来贬低生命,而是对更高价值本身的贬低。这种贬抑不再指生命具有虚无的价值,而是指价值的虚无,指更高价值本身的虚无。一个危言耸听的消息传播开来:在帷幕后面并没有什么可看,"被归诸事物之真正存在的特征,是不存在的特征,虚无的特征"(《偶像的黄昏》,"哲学中的'理性'",6)。因此虚无主义者否定上帝、善,乃至真——一切超感性的形式。没有什么是真的,没有什么是善的,上帝已死。意志的虚无不再仅仅是虚无的意志的征候,而归根结底是一切意志的否定,是憎恨生命。再也没有人类的或大地的意志。"到处是雪;在这里生命变得沉寂;我们最后听见的乌鸦叫声是为什么,徒劳,什么也没有!在这里什么都不再生长繁荣"(《论道德的谱系》,第3部分,26)。这第二层含义也许是为人所熟知的,但倘若我们看不出它是如何从第一层含义派生出来并且预设了后者的话,它也就不会比后者更易理解。在前面,生命遭到更高的价值的贬抑,被以更高价值的名义所否定。而在这里,情况正相反,只有生命存留,但这仍然是遭贬抑的生命,在一个没有价值的世界里延续,被剥夺了意义和目的,向自身的虚无愈堕愈深。在前面,本质与表象相对立,生命被转化为表象。而今本质遭否定,但表象却得到保留:一切都只是表象,留给我们的生命本身只是一种表象。第一种虚无主义的原则是将否定的意志作为权力的意志。第二种,"虚弱的悲观主义",其原则是完全孤独而赤裸的反动的生命,是纯然的反应力量。第一层含义是否定的虚无主义,第二层则是反动的虚无主义。

2. 对怜悯的分析

虚无的意志与反动力之间的根本合谋在于虚无的意志使反动力得以胜利。当普遍的生命在虚无的意志的影响下变得不真实,作为个体生命的生命就变得具有反动性。生命同时在整体上变得不真实而个体上变得反动。在否定生命的过程中,虚无的意志一方面仅仅容忍反动的生命,而另一方面又离不开它。虚无的意志将反动的生命作为近乎乌有的生命状态而加以容忍,又因为将它作为导致生命否定和驳斥自身的途径而离不开它。用这种方式,胜利的反动力有了一个目击者,或更糟糕,一个领导者。但有的时候胜利的反动力变得越来越难容忍这个目击者和领导者。它们希望独自取胜,不想再把这胜利归功于其他力量。也许它们担心权力意志借它们的胜利而达到的那种隐晦的目的,也许它们害怕权力意志会反戈一击,倒过来将它们消灭。反动的生命离弃了它们与否定意志的联盟,想要独自统治。这就是为什么反动力投射出它们的形象,但这次是企图取意志的领导地位而代之。

五、超人：反辩证法

它们能在这条道上走多远？与其要这样一个过分强力、过分蓬勃的意志，毋宁根本没有"意志"。与其要一个坚持将我们带得太远的牧羊人，毋宁就要一群呆滞的羊群。与其要一个我们不再需要的意志，毋宁只要我们自己的力量。反动力能在这条道上走多远呢？最好是被动地消逝！"反动的虚无主义"从某种意义上说延续了"否定的虚无主义"；胜利的反动力取代了将它们带向胜利的否定权力。但"被动的虚无主义"是反动的虚无主义的最终产物：被动地消逝，而不是受外部力量的指引。

这个故事也可以用另一种方式来讲述。上帝死了，但他是因何而死？尼采说，他因怜悯而死。这一死亡有时呈现为一种偶然；因为年老力衰，疲于意愿，上帝"有一天被他那过度的怜悯所窒息"（《查拉图斯特拉如是说》，第 4 卷，"退职者"；老教皇的版本）。这一死亡有时是一个犯罪行为的后果："他的怜悯不知羞耻；他潜入我最肮脏的角落。这个最好奇、纠缠不休、有过分怜悯心的上帝必须死。他无时无刻不盯着我：我渴望对这样一个目击者实施报复——否则便要结束我自己的生命。那看见了一切、甚至人的上帝；他必须死！人无法忍受让这样一个目击者存在"(《查拉图斯特拉如是说》,第 4 卷,"最丑陋者";弑上帝者的版本)。——什么是怜悯?就是这种对近乎乌有的生命状态的容忍。怜悯是对生命的爱,但那是虚弱的、病态的、反动的生命。它是好战的,宣告困苦者、受难者、无助者和弱小者的最终胜利。谁感觉到怜悯?恰恰是那些只能容忍反动生命的人,那些需要这种生命和这种胜利的人,那些将自己的庙宇建筑在这种生命的沼泽地上的人。那些憎恨生命中一切积极因素的人,那些用生命来否定和贬抑生命,用生命反对生命的人。在尼采的象征主义中,怜悯总是指虚无意志和反动力的联合,二者间的联系或容忍。"怜悯是虚无主义的实践……怜悯使人们相信虚无……人们不会说虚无两个字,而是说彼岸或上帝或真实的生命或涅槃、救赎、至福……一旦我们认识了这种以崇高词句表示出对生命敌视的那种趋势,那么,这种从宗教道德特质领域以内而来的纯净辞藻就表现为很不纯净了"(《反基督》,7)。以更高价值的名义对反动生命的怜悯,上帝对反动的人的怜悯:我们可以猜测是什么样的意志隐藏在这种爱生命的方式中,在这悲悯的上帝中,在这些更高的价值中。

上帝因怜悯而窒息:仿佛反动的生命阻断了他

的咽喉。反动的人将上帝处死,因为无法再忍受他的怜悯,无法再忍受这个目击者,他想要独自拥有他的胜利和力量。他取上帝之位而代之;他不再知道任何高于生命的价值,而只知道一个满足于自身并宣称生产自己的价值的反动生命。上帝给他们的武器——仇恨,甚至内疚——他的胜利的一切形式——都掉转矛头用来反对上帝。仇恨变成无神论的,但这无神论仍然是仇恨,永远是仇恨,永远是内疚。① 弑上帝者是反动的人,"最丑陋的人","暴跳如雷,充满了隐秘的羞耻"(《查拉图斯特拉如是说》,第 4 卷,"最丑陋者")。他反对上帝的怜悯,"在怜悯之中也有着良好的品味;这品味最后说:离开这样的神吧! 最好是无神,最好是自己决定其命运,最好是一个呆子,最好自己是一尊神!"(《查拉图斯特拉如是说》,第 4 卷,"退职者")。——他将沿此道路前进多远? 直到产生巨大的怨恨。与其要更高的价值,毋宁根本没有价值;与其要一个虚无的意志,毋宁根本没有意志,毋宁要意志的虚无,毋宁被动地消逝。是那预言家,"疲惫不堪的预言

---

① 关于怨恨的无神论,参见《权力意志》,第 3 部分,458;又见《瞧! 这个人》,第 2 部分,1,尼采如何将他自己对宗教的攻击与怨恨的无神论相对照。

家",宣告了上帝死亡的后果;反动的生命形单影孤,甚至不再有消失的意志,只是梦想着一种被动的灭绝。"一切皆虚空,一切都没区别,一切都已过去!……我们的水井都干涸,甚至于海浪也退去。土地想要开裂,但巨壑并不吞咽我们!唉,何处还有人能够沉没的大海?……真的,我们甚至于变得倦怠于死亡。"[①]最后的人是弑上帝者的后代:还不如根本没有意志,不如只要一群羊。"人们不再贫穷或富足:两者都太令人苦恼。谁仍愿意统治?谁仍愿意服从?两者都太令人苦恼。没有牧人,只有一群羊!所有人的意愿皆相同,所有人皆相同……"(《查拉图斯特拉如是说》,序言,5)。

经过这样的讲述,故事仍然通向同一个结局:否定的虚无主义为反动的虚无主义所取代,反动的虚无主义终结于被动的虚无主义。从上帝到上帝的弑杀者,从上帝的弑杀者到最后的人。但这一结局已为预言者所知。在我们到达这一点之前,虚无主义的主题有众多的化身,众多的变体。反动的生命长期力争创造自己的价值,反动的人取上帝之位

[①] 《查拉图斯特拉如是说》,第 2 卷,"预言家";《快乐的科学》,125:"难道我们不正在无边的虚无之中流浪?难道我们没有虚空的呼吸?现在不是变得寒冷了吗?黑夜不是逐渐在包围我们吗?"

五、超人:反辩证法

而代之:适应、进化、进步、全人类的幸福以及社会的利益;人神、有德行的人、真诚的人和社会的人。这些就是被提出来用以代替更高价值的新价值,这些就是被提出来代替上帝的新品格。最后的人仍在说:"我们发明了幸福"(《查拉图斯特拉如是说》,序言,5)。如果不是为了占有那仍留余热的席位,人为什么要杀死上帝? 在评论尼采时,海德格尔说:"即使在那超感性世界里,上帝从他的统治宝座上消失,这一位置本身是仍保留着的,虽然已经空置。那已空的超感性权威国度以及理想世界仍然存在。并且,空缺的位置要求重被占据,要求已消失的神由其他东西来取代。"①此外,总是同一种生命,首先受益于生命全体的贬抑,为取得胜利而利用虚无的意志,并在上帝的神庙中,在更高价值的阴影中得胜。其次,是那同一种生命,将自身置于上帝的位置,转而反对自己胜利的原则,不再认可除自身价值外的任何价值。最后,是那疲惫不堪的生命,宁可不去意愿,宁可被动地消失,也不愿受超出自身之外的意志的鼓动。这仍旧是并且将一直是同一种生命;生命被贬抑,退减为其反动的形式。

---

① 海德格尔,《林中路》(尼采之言:"上帝死了")。

价值可以改变,更新,甚至消失。那不会变的、不会消失的是自始至终支配这一历史、产生所有这些价值(及其缺席)的虚无主义视角。这就是为什么尼采能够想到虚无主义不是一个历史事件,而是被当作普遍历史的人类历史的原动力。否定的、反动的和被动的虚无主义:对尼采而言,犹太教、基督教、宗教改革、自由思想、民主主义和社会主义意识形态等等,都只是同一种历史。一直到最后的人。①

3. 上帝死了

思辨命题从形式的角度提出上帝的概念。上帝存在还是不存在取决于其观念是否隐含矛盾。但"上帝死了"这一语句却截然不同:它将上帝的存在与否建立在一个综合命题上,将上帝的观念与时间、演变、历史和人结合起来。它同时声称:上帝曾经存在并且他已经死亡并且他将复生,上帝变成了

---

① 尼采并未局限于欧洲历史。在他看来佛教是被动虚无主义的宗教;他甚至认为佛教赋予被动虚无主义一种高贵性。因此尼采认为东方走在了欧洲的前面;基督教仍停留在否定和反动虚无主义阶段(参见《权力意志》,第 1 部分,343;《反基督》,20—23)。

五、超人:反辩证法

人并且人变成了上帝。"上帝死了"不是一个思辨命题,而是一个戏剧性命题,典型的戏剧性命题。倘若不进入死亡,上帝是不可能成为综合知识的对象的。存在还是非存在不再成为从上帝的观念衍生出来的绝对限定,但生与死成为符合于跟上帝的观念相结合的力量的相对限定。这一戏剧性命题是综合的,因此本质上是多元的,分类的,有差异的。谁死亡,谁置上帝于死地?"诸神死时,总是有种种不同的死法"(《查拉图斯特拉如是说》,第4卷,"退职者")。

① 从否定的虚无主义角度看:犹太教和基督教意识时期。上帝的观念表达了虚无的意志,生命的贬抑,"如果人们将生命的重心从生命转向彼岸——转向虚无——那他们便剥夺了生命自身的重心"(《反基督》,43)。但贬抑,即对生命总体的憎恨,隐含了对特殊的反动生命的颂扬。他们是邪恶的,有罪的……而我们是善良的。这是原则,也是后果。犹太教的意识即怨恨意识(在以色列诸王的黄金时代之后)展现了这两种层面:在普遍的层面上是对生命的憎恨,在特殊层面上则是对生命的热爱——只要这生命是病态的、反动的。但要让这两个层面以前提和结论的形式,以原则和后果的形式

相联系,要使爱成为恨的后果,最重要的一点是必须将之掩盖起来。虚无的意志必须用一个来反对另一个,将爱视作恨的对立面,才能使自己更具有诱惑性。犹太人的上帝将自己的儿子处死才能使他独立于自身和犹太人民。这是上帝之死的第一种含义。① 甚至农神也没有这种巧妙的动机。犹太教的道德在**儿子**的身上将上帝处死;它编造出一个仁爱的上帝,他宁可因恨而受难也不愿在恨中发现其前提和原则。犹太教道德令上帝在其儿子中独立于犹太人的原则。通过处死上帝,它找到一种方法,使其上帝得以成为"对所有人"都是普遍的、真正世界性的上帝。②

因此基督教的上帝是犹太人的上帝,却变成世界性的——这一结论脱离了其前提。在十字架上,上帝不再以犹太人的面目出现。并且,在十字架

---

① 《论道德的谱系》,第 1 部分,8:"这难道不算是报复的一种真正重大的策略所使用的秘密非法的艺术吗? 这不是一种有远见的、隐蔽的、缓慢的和严密策划的报复吗? 以色列本身不正是这样被迫当着整个世界像唾弃死敌一样唾弃其报复的真正工具,并且让它钉在十字架上从而使'整个世界',即所有以色列的敌人,都不假思索地吞下这诱饵吗?"

② 《反基督》,17:"起初上帝只有他的子民,他的'选民'。同时,就像他的子民一样,他到国外去,四处游荡;此后他便席不暇暖了:直到最后他四海为家,成为世界公民。"

上，旧的上帝死去，新的上帝诞生。他生为一个孤儿，以自己的形象为自己创造了一个父亲：爱的上帝，但这种爱仍旧是反动生命之爱。这是上帝之死的第二层含义：**父亲**死亡，**儿子**为我们创造了另一个上帝。这儿子只要求我们信仰他，爱他就像他爱我们，且我们必须变得反动以避免憎恨。取代令人畏惧的父亲的，是一个只要求我们有一点点信心，一点点信仰的儿子。① 明显与其可憎的前提脱离之后，对反动生命之爱自身必须是有效的，且必须成为基督教的普遍意识。

上帝之死的第三层含义：圣徒保罗抓住这一死亡，赋予其解释，这一解释构成了基督教本身。福音业已开始，而圣徒保罗将之完善了，这是一次辉

---

① 上帝之死被解释为父亲之死，这一主题为浪漫主义者所珍爱；譬如让-保罗就是很好的例证（《梦的选择》，贝甘译）。在"流浪者与影子"第84节中，尼采举了一个精彩的例子，狱卒不在的时候一个犯人离开犯人行列，大声说："我是看守的儿子，我可以从他那儿得到任何我想要的东西。我可以救你们——不错，我会救你们。但要记住：我只救那些相信我是监狱看守儿子的那些人。"然后便有消息传来，说狱卒"猝然死亡"。于是那儿子又说："我告诉你，我会释放所有相信我的人，就好像我父亲还活着一样千真万确。"尼采经常指责基督教这种需要信仰者的要求。《查拉图斯特拉如是说》，第2卷，"诗人"："信仰不能神化我，尤其是对我的信仰。"《瞧！这个人》，第4部分，1，"我不需要信仰者，我想我是太恶毒了，我甚至不能相信自己，我从不向人群开口……我极度担心有朝一日会有人宣布我是神圣的。"

煌的窜改。首先,据说基督是为我们的罪恶而死的!据说那债主让出了他的亲生子,以自己的亲子偿还自己,那债务人的债是多么沉重。那父亲不再是为使自己的儿子独立,而是为了我们,因为我们才将他杀死(圣徒保罗的解释的第一要素,《反基督》,42,49;《权力意志》,第 1 部分,390)。上帝出于爱而将亲子送上十字架;我们为回应这种爱而感到内疚,为这一死亡自觉有罪,并以自我谴责,以偿还利息的方式作为回报。通过上帝的爱,通过其子的牺牲,整个生命变得反动。——生命死亡,但以反动的方式复生。反动的生命就是幸存本身的内容,是复活的内容。只有反动的生命是上帝的选择,只有反动的生命在上帝面前,在虚无意志面前获得恩典。被钉上十字架的上帝复活;这是圣徒保罗的另一处窜改,基督的复活和我们死后的生命,爱和反动生命联起手来。不再是父亲杀死儿子,也不再是儿子杀死父亲;是父亲在儿子中死去,而儿子在父亲中复活,为了我们,在我们面前。"事实上……救赎者的生命对圣徒保罗根本毫无用处——他需要的是在十字架上的死以及其他一些附加的东西":复活。① ——基督教的意识不仅藏匿着怨恨,而且改变了怨恨的方向:犹太教意识是怨恨的意识,而基督教意识是内疚。基督教意识是颠倒了的、倒转了的犹太教意识:对生命的爱,不过却是对反动生命的爱,成为普遍原则;爱成为原则,无休无止的憎恨仅仅表现为爱的一种后果,用来反对任何抵抗这种爱的人的一种方式。战士耶稣,可憎的耶稣——但却是为了爱。

② 从反动的虚无主义的视角看:欧洲意识时期。至此,上帝之死意味着虚无的意志和反动的生命结合于上帝的观念之中。这些要素可以多种不同的比例相结合。然而,一旦反动生命成为本质的,基督教就会有一个奇怪的结果。它教导我们是我们将上帝置于死地。以这种方法它便创造了它自己的无神论,一种内疚和怨恨的无神论。反动生命取代了神圣意志,反动的人取代了上帝,人-上帝取代了上帝-人——欧洲人。人杀死了上帝,但是哪一个人杀死了上帝?反动的人,"人类中最丑陋者"。神圣意志、虚无意志无法再容忍除反动生命

---

① 《反基督》,42,圣徒保罗所作解释的第二因素。《反基督》,42,43;《权力意志》,第 1 部分,390。

之外的任何一种生命,而这种生命甚至无法再容忍上帝,无法再忍受上帝的怜悯。它从字面义来解释上帝的牺牲,它将上帝窒息于他的慈悲之中。它坐在棺材盖上,阻止上帝复活。不再有神圣意志与反动生命的联合,有的只是上帝为反动的人所取代。这是上帝之死的第四层含义:上帝在反动生命的爱中窒息,上帝被他所深爱的忘恩负义者所窒息。

③ 从被动虚无主义的视角看:佛陀意识时期。如果考虑到始于福音而由圣徒保罗确定其形式的窜改,基督究竟还剩下什么?什么是其个人类型?基督之死有什么意义?被尼采称为福音中的"无法弥合的矛盾"应该引导我们。这些文本允许我们对真正的基督做出如下猜测:他带来的喜讯,压制罪的观念,毫无怨恨,毫无复仇精神,因此他拒斥一切战争,启示上帝之国在人间乃心灵之国,最主要的

是,他将死亡作为对其教义的明证。① 我们很容易看出尼采的目的;基督与圣徒保罗的描述是对立的,真正的基督有类于佛陀,"一个完全不同于印度的土地上的佛陀"。② 从他的环境考虑,他已远远地超出了自己的时代。他曾劝导反动生命宁静地去死、被动地消逝。当反动生命仍在与权力意志搏斗时,他便已向其展示了它的真正后果。当人们仍然处在犹豫是否要取代上帝的阶段时,他给予反动生命某种享乐主义,给予最后的人某种高贵性。当人们仍处在否定的虚无主义阶段,而同时反动的虚无主义才刚刚开始时,他给予被动的虚无主义某种高贵性。在内疚和怨恨之外,耶稣给反动的人上了一课:他教他去死。他是最温柔、最有趣的颓废者(《反基督》,31)。基督既不是犹太人也不是基督

---

① 《反基督》,33,35,40。根据尼采,真正的基督不会要求信仰,而是承诺一种行动:"救主的生命不是其他,就是这一行动,他的死也不是其他……他不反抗,不维护自己的权利,他不采取任何措施躲避可能降临他身上的最大不幸。他甚而自己去招惹这不幸。他与那些害他的人一道,在他们当中恳求,受难,热爱。不维护自己,不生气,不要求负责。甚至不反抗恶人,反而爱那恶人……除了为他的学说公开提供最艰苦的考验和证明,耶稣根本不期望用他的死来换得什么。"

② 《反基督》,31;《反基督》,42:"一种佛教和平运动的一个崭新的、绝对原初的开始。"《权力意志》,第1部分,390:"基督教是佛教和平运动在怨恨之中的一个幼稚的开端。"

徒,而是佛教徒;距离达赖喇嘛比距离教皇更近。他超出自己的国家、自己的处境如此之远,他的死亡不得不被歪曲,整个的故事都被窜改,被迫倒退,用来为前面的阶段服务,为否定的或反动的虚无主义服务。"它经由保罗之手变成了异教的神秘学,它同整个国家组织搞默契——而且学会了发动战争,设立法庭,严刑拷问,对天诅咒,煽动仇恨"(《权力意志》,第 1 部分,390):仇恨变成这最温柔的基督的工具。因为在此我们看到佛教和圣徒保罗的官方基督教之间的差别。佛教是被动虚无主义的宗教,"佛教是为一个文明的终结和倦怠而设的宗教;基督教却甚至不会找到这个文明,如果需要,它会建立一个文明"(《反基督》,22)。基督教与欧洲历史的一个特征是用铁与火来达到一个目标,而不像在别处那样自然而然地达到:虚无主义的最终后果。被佛教当作已实现的目的、已获得的圆满的,基督教仅仅视为一种原动力。没有什么阻拦它达到这一目标;没有什么阻碍基督教的后果成为从整个保罗式神话中解脱出来的一种"实践",没有什么阻止它重新发现基督的真正实践。"佛教在整个欧洲静静地发展"(《权力意志》,第 3 部分,87)。但为达到这一点,需要多少恨,多少战争? 基督是把自己安放于这最终的目的的,他用翅膀的拍打达到这一点,这只在非佛教环境下的佛陀之鸟。反过来,基督教必须经历过所有虚无主义的阶段,等到漫长可怕的复仇手段告终,才能将这一目标变成自己的。

4. 反对黑格尔主义

我们不应将这种历史与宗教的哲学看作是黑格尔观念的一种复苏,哪怕是漫画式的。其间存在更深的联系与差别。上帝死了,上帝变成了人,人变成了上帝:与其先辈们相反,尼采并不相信这一死亡。他不相信这个十字架。也就是说,他不把这一死亡当作是本身就具有意义的一个事件。有多少种力能够抓住基督并让他死亡,上帝之死就有多少种含义;但我们仍然在期待有某种力或权力能将这一死亡带上更高的层次并使之显得不仅仅是一种表面的、抽象的死亡。与整个的浪漫主义运动和每一种辩证法相对立,尼采不相信上帝之死。对他而言,那个时而宣告人与上帝和解,时而宣告上帝为人所取代的天真的信仰年代已经终结了。尼采决不相信那些广为传诵的大事件①。一个事件需要平静和时间以便最后发现赋之以本质的那些力量。——自然,对黑格尔也是如此,一个事件要获得其真正本质是需要时间的。但这一时间只是在自身的意义变为为自身的意义时才是必须的。在黑格尔的解释里,基督之死代表对立被超越,代表有限与无限的和解,代表上帝与个体、不变者与特殊者的融合;但要使这一早已是"自身"的融合变为"为自身"的融合,基督教意识需要经历其他的对立。相反的,尼采所说的时间对给予上帝之死一种本身不具有意义的力而言是必须的,这种力赋予上帝之死一种为辉煌的外在性所决定的本质。对黑格尔而言,含义的多样性,本质的选择以及时间的必要是诸多的表象,仅仅是表象。②

普遍与个体,不变与特殊,无限与有限——这些究竟是什么?除征候外什么也不是。这一特殊,

---

① 《查拉图斯特拉如是说》,第 2 卷,"大事件";当"大事件"被包围在许多吵声与烟雾里时,我对它们便失去了信仰……所以供认罢! 当你的吵闹声如烟雾消散的时候,曾发生过的事只会留下微不足道的痕迹(参见《快乐的科学》,125)。

② 黑格尔哲学中的上帝之死及其意义参见华尔(Wahl),《黑格尔哲学中的内疚》。以及伊波利特《创世纪与精神现象学的结构》)。并见比罗(Birault)的重要文章("黑格尔的本体论神学逻辑及辩证法",Tijdschrift vooz Philosophie,1958)。

这一个体,这一有限是什么?这一普遍,这一不变,这一无限又是什么?前者是主体,但是哪个主体,哪些力量?后者是属性,或对象,但是什么意志的"对象"?辩证法甚至没有哪怕是蜻蜓点水地触到解释的表层,从来没有超出征候的领域。它混淆了解释和未经解释的征候演变。这就是为什么在变化与演变的问题上,它除了主体变为属性,属性变为主体这样的抽象转换之外,便想不到更深的东西了。但主体和属性都没有变化,它们像一开始那样,最终也没有得到确定,也未能得到充分的解释;一切都在中间地带就已经发生了。不足为奇的是,辩证法通过对立、对立或矛盾的发展以及矛盾的解决而向前发展。它并未意识到诸种力及其本质、其关系所由生的真正因素;它只知道这一因素通过由抽象而来的征候所反映出的颠倒形象。对立可以成为抽象产物之间关系的规则,但差别是起源或生成的唯一原则,一个其本身产生出仅作为表象的对立的原则。辩证法因对立而发展,是因为它没有意识到更为微妙、更为隐秘的差异机制:拓扑学的置换和类型学的变更。这可以从尼采最偏爱的一个例子中看出来;他关于内疚的整个理论必须看作是对黑格尔的苦恼意识的重释;这一表面上分裂的意识事实上是在力与力之间的差别关系中找到其意义的,而这种差别关系为虚构的二元对立所掩盖。同样地,基督教与犹太教之间的关系也只让其对立作为一个掩饰或托词而存在。被剥夺了所有野心之后,对立便不再是有构成力的,有鼓动力的,协调性的;它变成一个征候,仅仅是一个有待解释的征候。剥夺了说明差异的权力之后,矛盾表现出它的本来面目:对差异本身的永恒误解,系谱的一种混乱的颠倒。实际上,在系谱学家的眼中,否定的努力只是权力意志游戏的一个粗糙的模仿。抽象地考虑征候,将表象的运动变成事物的创始原则,只保留原则的颠倒的形象——整个辩证法在虚构的要素之中运作。当问题本身是虚构时,其结论又怎么可能不是虚构?所有虚构都会变成精神的时刻,一个属于它自身的时刻。一个辩证法家不能指责另一个辩证法家颠倒事实——这是辩证法本身的一个根本特征。在这种情形中,它还怎么可能仍旧保持一种批判的观点?尼采的作品反对辩证法,理由有三个:它误解了意义,因为它不知道具体占有现象之力的性质;它误解了本质,因为它不知道诸种力及其性质和关系所由生的真正因素;它误解了变化与转化,因为它满足于抽象的、不真实的术语的置换。

所有这些缺陷都只有一个来源:对"哪一个?"这一问题的无知。总是存在一种对智者技艺的苏格拉底式轻蔑。我们被以一种黑格尔式的方式告知,人与上帝、宗教与哲学已经和解。我们被以一种费尔巴哈式的方式告知,人取代了上帝,他挽回神圣,将之当作自己的特性或本质,因而神学变成了人类学。但谁是人,什么是上帝?哪个是特殊,什么是普遍?费尔巴哈说人已经改变了,变成了上帝;上帝已经改变了,上帝的本质变成了人的本质。但那人并没有变;那反动的人,奴隶,那从不停止通过将自己表现为上帝来显示自己的奴性的人,永远的奴隶,制造神圣的机器。上帝的本质也没有变;永远是神圣者,至上的存在,制造奴隶的机器。那改变了的,或更确切地说,改变了其确定性的,是介乎其间的概念,是既可以成为上帝或人的主体,也可以成为二者的属性的中间术语。[①]

上帝变成人,人变成上帝。但谁是人? 他总是

[①] 受到斯蒂纳的批评后,费尔巴哈承认:我让上帝的属性继续存在。"但我必须让它们继续存在,因为没有它们我就无法让自然和人继续存在,因为上帝是由现实组成的存在,也就是说是由自然和人的属性组成的"(参见"基督教与自我及其自身的关系中的本质",载《哲学宣言》,阿尔都塞译,法国大学出版社)。

反动的存在,虚弱的、被贬抑的生命的代表或主体。什么是上帝?他总是作为贬抑生命之手段的至上**存在**,是虚无意志的"对象",虚无主义的"属性"。在上帝死前及死后,人都一直是"那个人",而上帝也一直是"那种东西";反动力和虚无意志。辩证法预言了**人**与上帝之间的和解。但和解是什么?难道不是虚无意志和反动生命之间那种早已存在的合谋,早已存在的联系吗?辩证法预言了人对上帝的替代。但替代是什么?难道不是反动生命替代了虚无意志,并制造着自己的价值吗?由此看来,似乎整个辩证法都在反动力的限度内运动,完全在虚无主义的视角里发展。存在一个立足点,由此对立表现为力的发生要素——反动力的立足点。从反动力的立足点看,差别因素被颠倒了,被错误地反映并转变为对立。存在一种视角,它将真实与虚构相对立,发展虚构以作为反动力获胜的手段;这就是虚无主义,虚无主义的视角。否定的努力就是为一种意志服务。为了感觉辩证法的本质,问一句"是哪一个意志"就可以了。辩证法所珍视的发现是苦恼意识,是苦恼意识的加深、解决以及对苦恼意识及其资源的颂扬。用对立来表达自身的是反动力,用否定的努力来表达自身的是虚无意志。辩证法是怨恨和内疚的自然的意识形态。它是在虚无主义的视角中和从反动力的立足点得来的思想。这是彻头彻尾的本质上属于基督教的思维方式：无力制造新的思维和感觉方式。上帝之死是一个辉煌的、喧闹的、辩证的事件；但它是一个发生在反动力的嘈杂中和虚无主义的烟雾中的事件。

5. 辩证法的化身

在辩证法的历史中，斯蒂纳①占有一个位置，一个最终的位置。斯蒂纳是一个大胆的辩证法家，他试图调和辩证法与智者的技艺。他能够重新发现"哪一个？"这一问题的途径。他知道如何将此问题变成同时反对黑格尔、鲍威尔②和费尔巴哈的本质问题。"'人是什么？'这一概念性的问题因而转化为一个个人性问题：'谁是人？'用'什么'提问，是在

---

① Max Stirner(1806－1856)：德国哲学家。原名 J. C. 施米特(Johann Kaspar Schmidt)，主要著作有《唯一者及其所有物》，对后来的虚无主义、存在主义、无政府主义、后现代主义产生了影响。——译注

② Bruno Bauer(1809－1882)：德国哲学家及历史学家。曾为黑格尔的学生，在哲学、政治、圣经批评等方面都有研究论著，是一位激进的理性主义者。——译注

搜索概念以实现它;用'谁'提问则不再是一个问题了,答案同时就在提问者个人的手中。"[1]换言之,提出"谁"这样的问题便足以引出辩证法的真实结果:致命的跳跃(saltus mortalis)。费尔巴哈预言了人对上帝的取代。然而,我(主体"我")不再是人或人类,我不再是人的本质,也不再是上帝或上帝的本质。人与上帝互换了位置;而否定的劳作一旦释放出来,便对我们说:这仍然不是**你**。"我既不是上帝也不是**人**,既不是至上的本质也不是我自己的本质,因此基本上无论我认为本质在我之中还是之外,都是一回事"(斯蒂纳,第36页),"因为人只代表另一个至上的存在,所发生的仅仅是在至上的存在之中的一种变形,而对**人**的恐惧只是对上帝的恐惧的另一种形式"(第220页)。——尼采会说:那最丑陋的人,因无法忍受被怜悯而杀害上帝之后,仍然暴露在人的怜悯之中(《查拉图斯特拉如是说》,第4部分,"最丑陋者")。

辩证法思辩的原动力是矛盾及其解决。但其实践的原动力则是异化与对异化的压制,即异化与

---

[1] 斯蒂纳,《唯一者及其所有物》,第449页。斯蒂纳、费尔巴哈以及他们的关系参见阿夫龙(Avron)的书《存在主义的源头:马克斯·斯蒂纳》和《路德维希·费尔巴哈与神圣的转变》(法国大学出版社)。

五、超人:反辩证法

重新占有。在此辩证法展示了其真实本质:一种跟谁都要诡辩的技艺,一种其性质受到质疑而其所有者不断变化的技艺,一种怨恨的技艺。然而,斯蒂纳的巨著《唯一者及其所有物》的题目本身便道破了辩证法的真相。他认为黑格尔的自由仅仅是一个抽象的概念:"我决不反对自由,但我希望你不仅仅有自由,你不应只摆脱你所不想要的,你应拥有你所想要的,你不应仅是一个自由人,还应该是一个所有者。"但谁被占有或被重新占有? 什么是重新占有的权威? 难道黑格尔的客观精神,绝对知识不是另一种异化,一种精神性的、更精致的异化吗? 而对鲍威尔的自我意识以及他的纯粹或绝对的人性批判,对费尔巴哈的人类、作为种类的人,对他的本质以及感性存在,难道不能作同样的断言吗? 我不属于以上的任何一类。斯蒂纳能够轻易地表明这一观念,即意识、良心或种类与传统神学是同样的异化。相对的重新占有也仍然是绝对的异化。与神学相比较,人类学将"我"(客体"我")当作人的性质。但只要我最终成为一个所有者,辩证法就不可能终止。即使这意味着以虚无作为终结。——在重新占有的权威从长度、宽度和深度上缩小的同时,重新占有的行为也改变了意义,只能通过一个越来越狭窄的基础来实现。在黑格尔看来,这是一种和解;辩证法迅速地与宗教、教会、国家以及所有曾支持过它的力量和解了。我们知道那著名的黑格尔式转化意味着什么;它们从不忘记虔诚地保守。超验在普遍临在之中超越。在费尔巴哈那儿"重新占有"的意义改变了,更强调的不是和解,而是恢复,超验性质的人性恢复。然而,除了作为"绝对的、神圣的存在"的人之外,没有什么被保存下来。但在斯蒂纳处,这种保留,这最终的异化消失了。在自我中,不但国家与宗教,而且人的本质被否认了。这一自我不与任何东西和解,因为它毁灭一切,为了自己的"权力"、"交易"、"乐趣"。因此,克服异化便意味着纯粹的、冷酷的毁灭,意味着一种使它重新占有的一切都不能持续的再占有:"不是自我即一切,而是自我毁灭一切"(斯蒂纳,第 216 页)。

毁灭一切的自我就是虚无的自我:"只有自我解体的自我,从不存在的自我才是真正的我"(斯蒂纳,第 216 页)。"我是我的力量之主人,当我知道我是唯一时,我就是如此了。在唯一者中,主人恢复到它所制造的虚无,恢复到它所由生的源头。所有在我之上的存在,无论是上帝还是人,在我的唯一性意识面前,都变得衰弱无力,并在这意识之光的照耀下黯然失色。如果我将我的事件建立在我自己这个唯一者之上,那么我的关注便落在其短暂的、必死的、自我消耗的制造者之上,而我会说:我将我的事件建立在**虚无**之上"(斯蒂纳,第449页)。斯蒂纳书中的焦点有三层:对其先辈不充足的重新占有的深入分析;对辩证法及自我理论之间本质关系的发现,只有这自我才是一个重新占有的权威;对辩证法连同自我,在自我中的后果的深刻远见。从总体而言是历史,个别而言是黑格尔主义将其后果,同时也将其最完全的解体建立在胜利的虚无主义之上。辩证法喜爱历史,控制历史,但它自身也有一个历史,它不得不去承受,并且无法控制。历史连同辩证法的意义不是理性、自由或作为种类的人的实现,而是虚无主义,除此之外什么也不是。斯蒂纳是揭示出虚无主义就是辩证法的真相的辩证法家。对他而言,提出"哪一个"这个问题便已足够了。唯一的自我将除自身之外的一切都变作虚无,而这一虚无恰是它自己的虚无,是自我本身的虚无。斯蒂纳这个辩证法家不会用其他术语,而只能用性质、异化和重新占有等来思考——但过于强求了,以致看不到这一思想的去向;它导向虚无的自我，导向虚无主义。——这是马克思在《德意志意识形态》中所提问题的最重要意义之一：对于马克思，关键在于终止这一致命的滑落趋势。他接受斯蒂纳的发现，认为辩证法是自我的理论。他在这一点上赞成斯蒂纳：费尔巴哈的人类仍然是异化。但反过来，斯蒂纳的自我是一种抽象，一种对布尔乔亚式的自我主义的投射。马克思阐述了他那著名的受条件制约的自我的理论：种类与个体，作为种类的人与个别的人，社会秩序与自我主义在受到社会和历史关系制约的自我身上得到调和。但这就足以说明问题了吗？什么是种类？哪一个是个体？辩证法在达到虚无主义的结论之前找到平衡点从而停下来了吗？还是仅仅找到了一个最后的化身，社会主义的化身？实际上，要阻止辩证法与历史在共同的斜坡上互相拉扯着滑落是困难的。马克思除了为到达终点之前的最后一个阶段，即无产阶级阶段作了标记之外,还做了什么?①

6. 尼采与辩证法

我们完全有理由假设尼采深知黑格尔运动,从黑格尔到斯蒂纳自己。衡量一个作者的哲学知识,不是通过引用的次数或者总是令人迷惑的参考书目,而是通过其作品自身辩护或论证的方向来进行。如果看不到尼采作品中的主要概念是"反对"谁的,那么我们就很可能误解他的所有作品。黑格尔式的主题在其作品中是以敌人的面目出现的。尼采从没有停止对德意志哲学中的神学和基督教特征进行攻击("图宾根神学院"②)——哲学无力将

---

① 梅洛-庞蒂写过一本关于《辩证法的冒险》的好书。在他所谴责的观点中有一种客观主义的冒险,这种冒险基于"在历史及历史内容中实现的一种否定幻觉"(第123页),或是"将整个否定性集中于现存的历史组织即无产阶级中"(第278页)。这种幻觉必然蕴含了一个合格群体的形成,即"否定的职员"(第184页)。然而,如果想在流动的主体性或主体间性的地带保留辩证法,那么能否逃离这种有组织的虚无主义就很可疑了。有些标榜道德的人士已经是否定的职员。辩证法有更多化身而少些冒险。尼采会说,不管是自然主义的还是本体论的,客观的还是主观的,辩证法原则上都是虚无主义的,并且它所给出的肯定形象总是否定的或颠倒的。

② 德国重要的神学院。黑格尔和谢林曾就读于此。——译注

自身从虚无的视角中拯救出来——(黑格尔的否定虚无主义,费尔巴哈的反动虚无主义,斯蒂纳的极端虚无主义)——这一哲学除自我、人或人类的幻象外无法找到自己的目的(尼采式的超人反对辩证法)——所谓辩证转化的神秘化特征(对重新占有及抽象置换的价值重估)。很显然,斯蒂纳在此扮演的是启示的角色。是他将辩证法推向最终的后果,显示出其原动力和最后结果。但正由于斯蒂纳仍像一个辩证法家那样思考,由于他没有从性质、异化及其压制这些范畴之中解脱出来,他将自己抛向了他已用辩证法掏空了的虚无。谁是人?我,只有我。他利用"哪一个"这一问题仅仅是为了在自我的虚无中瓦解辩证法。他只能在人类的视角下,在虚无主义的条件下提出这一问题。他无法让这一问题自己发展,或在另一种因素之中提出,以得到一个肯定的答案。他缺乏方法,一种能适应这一问题的类型学方法。

尼采的实际任务有两层:超人与价值重估。不是问"谁是人?",而是问"谁超越了人?""现在最忧虑不安的人发问:人类如何维持?但查拉图斯特拉是第一,是唯一的人,他发问:人类如何被超越?我只关注超人;他——而不是人——是我的首先而且

五、超人：反辩证法

是**唯一**的关注。——不是最邻近者,不是最可怜者,不是最受苦者,不是最良好者。"(《查拉图斯特拉如是说》,第 4 卷,"更高的人",——对斯蒂纳的暗指是明显的。)超越与保守相对,但也与占有和重新占有相对。价值重估与现存价值相对,但也与辩证的伪转化相对。超人与辩证法家的种类,与作为种类的人,与自我没有任何共同之处。无论自我还是人都不是唯一的。辩证的人是最悲惨的,因为他在毁灭了异己的一切之后,除了是人之外什么都不再是。他同时也是最好的人,因为他压制了异化,替代了上帝,并且恢复了他的性质。我们不应仅仅将尼采的超人看作是一个量的变化;他是本质上迥异于人,迥异于自我的主体。超人是通过一种新的感觉方式来定义的;他是一个与人不同的主体,不属于人的类别。一种新的思维方式,他的属性不是神圣的;因为神圣仍旧是一种保存人、保存作为属性的上帝的本质特征的方式。一种新的评价方式:不是价值的变化,不是一种抽象的互换,也不是一种辩证的颠倒,而是从诸价值的价值所由生的因素中发生的变化和颠倒,一种"价值重估"。

尼采所有的批判意图都集中在这一实际任务的远景中。黑格尔主义者所珍视的程序——合并——被用来反对他们自己。在一篇论辩中,尼采涉及了基督教、人本主义、自我主义、社会主义、虚无主义、历史文化理论和辩证法本身。所有这些形式形成了更高的人的理论:尼采式批判的对象。在更高的人中,分歧表现为辩证的时刻本身的无序,表现为人类的与太人类的意识形态的合并。更高的人的呼喊是多重的:"那是一种长而复杂的奇特叫喊,查拉图斯特拉分明地听出是许多声音合在一起,虽然在远处听来,那好像是从一个人嘴里叫出来似的。"(《查拉图斯特拉如是说》,第 4 卷,"致礼";"但在我看来好像你们都是不调和的伴侣;当你们会聚在这里,你们呼叫求救,你们使彼此的心烦恼。")但更高的人的联合同时是一个批判的联合;完全由辩证法所搜集来的零碎断片所组成,它们由绳子串在一起,虚无主义和反动的绳子。①

---

① 参见《查拉图斯特拉如是说》,第 2 卷,"文化之域":当前的人既是更高的人的代表,又是辩证家的肖像。"你们好像是由颜料和胶合而成的碎纸片烘烤出来的……你们这些光怪陆离的人,如何能够拥有信仰?——你们都是曾经信仰者的胶合的图片。"

7. 更高的人的理论

关于更高的人的理论在查拉图斯特拉卷的第4章。这一章是已发表的查拉图斯特拉卷的精髓。构成更高的人的特征有：预言家，两个国王，带水蛭的人，魔术家，最后的教皇，最丑陋者，自愿的乞丐和影子。现在，通过这些多种多样的特征，我们很快就会发觉这更高的人所具有的矛盾：人的反动存在，同时是人的种群活动。更高的人就是反动的人在其中将自己表现为"更高"的形象，并且，甚而将自己神化。同时，更高的人是文化的产物或种群活动出现于其中的形象。——预言家是极度疲惫的预言家，是反动的虚无主义的代表，是最后的人的预言家。他寻找能渴饮的、自我沉没的大海；但每一次死亡在他看来似乎都太主动了，我们都太倦怠了，甚至懒得去死。他渴望死亡，但只是被动的消亡（《查拉图斯特拉如是说》，第2卷，"预言家"；第4卷，"不幸的叫喊"）。魔术家是内疚，是"造假者"，"灵魂的忏悔者"，"忧郁的魔鬼"，他制造自己的苦难，以激起怜悯，传播疾病。"要你赤裸地站在医生跟前,你宁愿掩饰你的疾病";魔术家伪造苦痛,为之发明一种新感觉,他背叛了狄奥尼索斯,他抓住了阿里安之歌,他这个虚假的受难者(《查拉图斯特拉如是说》,第 4 卷,"魔术家")。最丑陋的人代表了反动的虚无主义;反动的人用自己的怨恨反对上帝,他将自己置于他所杀死的上帝的位置,但他并不停止反动,仍充满了内疚和怨恨(《查拉图斯特拉如是说》,第 4 卷,"最丑陋者")。

两个国王是习俗、道德习俗以及这一道德的两端,即文化的两个极端。他们代表的种群活动既可用确定习俗的前历史原则来把握,又可通过压制习俗的后历史产物来把握。他们丧失了希望,因为他们目睹了"贱氓"的胜利;他们看见歪曲了种群活动,扭曲了其原则和产物的力被嫁接到习俗之上(《查拉图斯特拉如是说》,第 4 卷,"与两王的对话")。带水蛭的人声称文化产物就是科学。他是"有良知有精神的人"。他想要确定性,并想占有科学与文化。"与其对许多事物一知半解,毋宁什么都不知道"(《查拉图斯特拉如是说》,第 4 卷,"水蛭")。通过对确定的争取,他得知科学甚至不是关于水蛭及其主要成因的一种客观知识,而只是水蛭的"大脑"的一种知识,是一种不再是知识的知识,因为它必须与水蛭认同,像它一样思考并向它屈服。知识就是反对生命的生命,是侵犯生命的生命,但只有水蛭才侵犯生命,只有它才是知识(《查拉图斯特拉如是说》,第 4 卷,"水蛭",同时应联系叔本华关于大脑重要性的理论)。最后的教皇已将他的存在变为一个长期的服务。他声称文化产物就是宗教。他侍奉上帝直到最后,并因此失去一只眼睛。那失去的眼睛无疑是曾看见主动的、肯定的诸神的眼睛。剩下的眼睛在他的整个历史中都追随犹太教和基督教的神;他看见虚无,整个的否定虚无主义和人对上帝的替代。那因失去主人而绝望的老仆:"我没有了主人,但我仍没有自由;我也没有欢乐,除了在记忆中"(《查拉图斯特拉如是说》,第 4 卷,"退职者")。自愿的乞丐走过整个人类,从富人到穷人。他在寻找"天上的王国","地上的喜悦",作为补偿,同时也作为人、种类和文化活动的产物。他想知道这王国属于谁,这活动代表什么;是科学,道德,还是宗教?或者别的什么,贫穷或工作?但天上的王国出现在穷人之中并不比出现在富人之中有更大可能;到处都是贱氓,"上面是贱氓,下面也是贱氓"!自愿的乞丐发现天上的王国是唯一的补偿和种群活动的真正产物;但仅仅在母牛之中,仅仅在母牛的种群活动之中。因为母牛知道如何反刍,而反刍是被当作文化的文化产物(《查拉图斯特拉如是说》,第4卷,"自愿的乞丐")。影子是流浪者本身,是种群活动本身,是文化及其运动。流浪者及其影子的意义在于,只有影子才漫游。漫游的影子是种群活动本身,但仅仅当它失去其产物和原则并绝望地追捕它们时(《查拉图斯特拉如是说》,第4卷,"影子")。——两个国王是种群活动的守护者,带水蛭的人是这一作为科学的种群活动的产物,最后的教皇是这一作为宗教的种群活动的产物;自愿的乞丐越过科学与宗教,想要知道这一种群活动的充分产物是什么;一旦种群活动失去其目标并搜寻其原则,影子便成为这一种群活动本身。①

---

① 《查拉图斯特拉如是说》,第4卷,"致礼":"我在这里群山上所期待的并不是你们……你们还不如我的一只手臂……和你们一道,我当会失去我胜利的机会。……你们不是我的遗产和名义所属的继承者"。《查拉图斯特拉如是说》,第4卷,"悲郁之歌":"这些高人们,他们都是嗅觉不良么?"有关他们为查拉图斯特拉所设的陷阱,参见《查拉图斯特拉如是说》,第4卷,"苦痛的叫喊","魔法师","退职者","最丑陋的人"。《查拉图斯特拉如是说》,第4卷,"致礼":"这是我的王国和我的领域;所有属于我的,今晚都是你们的。我的动物们将伺候你们;我的洞府便是你们的住所!"更高的人被称作"桥梁"、"阶梯"和"先驱";"有一天会从你们的孙子中为我生出真正的儿子和完美的后嗣"。

8. 人本质上是"反动"的吗?

只有当一个更普遍的问题得到考虑以后,这一矛盾才能被正确解释;在什么程度上人本质上是反动的? 一方面,尼采将反动力的胜利看作是对人与历史具有本质意义的东西。怨恨和内疚是人性的构成因素,虚无主义是先验的普遍历史概念。这就是为什么征服虚无主义,将思想从内疚和怨恨之中解放出来意味着战胜和毁灭,哪怕是最好的人(《查拉图斯特拉如是说》,第4卷,"更高的人",6:"你族类中越来越多、越来越好的人必须灭亡。")。尼采的批判不是针对人的一个偶然属性,而是针对人的本质;正是因其本质人才被称为地球的皮肤病(《查拉图斯特拉如是说》,第2卷,"大事件")。但另一方面,尼采意义上的主人仅仅是被奴隶征服的那类人,文化是反动力所偏离的那种种群活动,而自由、独立的个体是反动的人所歪曲了的这一种群活动的人类产物。甚至人类的历史也似乎包括能动的时期(《论道德的谱系》,16)。查拉图斯特拉有时唤起他的真实的人,宣告他的统治也是人的统治(《查拉图斯特拉如是说》,第 4 卷,"吉兆")。

在比力及其性质更深的层次上,存在力的生成模式或权力意志的性质。对"人本质上是反动的吗?"这一问题,我们只能回答,构成人的是更深的因素。构成人及其世界的不是某种特定的力,而是一种总体的力的生成模式,不是特殊的反动力,而是一切力成为反动的过程。这样的力的生成总是要求对立性质的存在,作为其出发点,这种性质在生成过程中转化为其对立面。系谱学家非常清楚,有一种健康,只能作为生病的前提而存在。能动的人是那年轻的、强健的、英俊的人,他的脸暴露了那种他尚未得的疾病的隐秘征兆,暴露了只有明天才会侵扰他的流行病。强健的必须得到保卫,以防止虚弱,但我们知道这一任务多么令人绝望。强健的人能反抗虚弱,但却无法避免使自己变得虚弱,而这由于微妙的吸引力而注定要降临到他身上。每一次尼采提到能动的人时总是带着悲哀,因为他看到了由他们的本质变化所预定了的命运:希腊世界为理论的人所推翻,罗马世界为犹太人所推翻,文艺复兴为宗教改革所推翻。因此,的确存在一种人类的能动行为,的确存在人类的能动力;但这些特殊的力仅仅是决定人类以及人类世界的所有力的一种补充。尼采借此调和了更高的人的反动和能动的特征。乍看之下,似乎人的能动行为是普遍的;反动力是嫁接于其上,歪曲和偏离了其路径。但更深一层,真正本质的是一切力变为反动的过程,能动行为仅仅是由这一过程所预设的一个特殊项。

查拉图斯特拉从未停止告诉"来访者":你是失败,你是失败的本性(《查拉图斯特拉如是说》,第4卷,"更高的人")。这一句话必须按照其严格的意义来理解;并不是人无法成为一个更高的人,并不是人错失了他的目标,并不是人的能动行为没能获得其成果。查拉图斯特拉的访问者不是体验到他们是虚假的更高者,而是他们所体验到的更高者本身是假的。目标本身便不存在,不是因为方法的缺陷,而是因为其本质,因为它是这样一种目标。说它不存在,不是指它无法达到,而是说即使达到了,它也不存在。结果本身被毁坏了,不是因为在它身上发生了事故,而是因为能动行为,因为这一能动行为的本性,因为产生这一结果者的本性。尼采想要说,人的种群活动或文化仅仅作为变成反动的过程所假设的最终产物而存在,这一过程将这种能动行为的原则变为一个失败的原则,将能动行为的产物变为一个失败的产物。辩证法是这样的能动行为,且它本质上也是失败的,并是从本质上失败了的。重新占有的运动,辩证的能动行为不多不少恰恰是人在自身之中变得反动。试想一下更高的人被提出来的方式;他们的绝望,他们的厌恶,他们痛苦的呼喊以及他们的"苦恼意识"。他们都知道并感觉得到他们所达到的目标的失败特性,他们这些结果的失败本性(例如,两个国王因"礼仪"变为"贱氓"而遭受痛苦的方式)。影子失去了目标,不是因为它无法达到,而是它所达到的目标本身便已经失去了(《查拉图斯特拉如是说》,第 4 卷,"影子")。种群活动与文化活动是一个假的火狗,不是因为它是能动行为的表象,而是因为它的唯一现实便是作为反动的生成过程的首要目标(《查拉图斯特拉如是说》,第 2 卷,"大事件")。正是在这种意义上,更高的人的两方面得到了调和:一方面,作为反动的人,他以净化或神化的方式表达反动力,另一方面,作为能动的人,他在本质上是根本丧失了目标的能动行为所流产的怪胎。我们应拒绝任何一种认为在更高的人失败的地方超人获得成功的解释。超人不是超越自己并成功地战胜了自己的人。超人与更高的人有着本质上的区别;这种差别既存在于

五、超人:反辩证法

产生他们的权威中,也存在于他们分别所达到的目标中。查拉图斯特拉说:"你们更高的人哟,你们以为我活着是为了纠正你们的错么?"(《查拉图斯特拉如是说》,第4卷,"更高的人",6)我们也不能接受海德格尔的解释,将超人变成人类本质的现实甚或决定性。[①] 因为人类的本质并不会等着超人来决定。它被决定为人类的,太人类的。人类的本质是力变为反动的过程,这一过程是普遍的。人类与人类所处世界的本质是一切力变得反动的过程,是虚无主义,此外无它。人类及其普遍的能动活动——这就是地球的两种皮肤病(《查拉图斯特拉如是说》,第2卷,"大事件")。

现在我们必须问,为什么种群活动、其目标及其产物本质上是失败的?为什么它们只能作为失败而存在?如果我们记得这一行为的目标是训练反动力,使之适合于接受作用,使它们自身变得活跃起来,那么答案是简单的。如果没有确定是什么构成能动之生成,这一计划又怎么能行得通呢?至于反动力,它们能找到将它们带向胜利的同盟——

---

① 海德格尔,《什么是思考?》,贝克与格拉内尔译,法国大学出版社,第53—55页。

虚无主义,否定,否认的权力以及建立普遍的反动之生成的虚无意志。而能动之力在与肯定的权力相分离之后,除了也变得反动或转而反对自身外,什么也做不了。它们的能动行为,它们的目标和后果永远是失败。它们缺乏一个能超越它们的意志,一个能展现和承受其优势的性质。能动之生成只能通过虚无意志而存在,并只能存在于虚无意志中。一个不将自己提升到肯定权力的能动行为,一个只相信否定的努力的能动行为是注定要失败的;根据它自己的原则,它将转化为自己的对立面。——当查拉图斯特拉将更高的人看作主人,同伴和前行者,他随之向我们显示,这些更高的人的计划与他自己的是有相似之处的:变得能动。但我们很快便知道查拉图斯特拉的宣言只能半严肃地对待。它们可以用怜悯来解释。第 4 章从头至尾更高的人都没有对查拉图斯特拉掩饰一个事实:他们正为查拉图斯特拉设置一个陷阱,他们给他带来了最后的诱惑。上帝怜悯人,而这怜悯导致了他的死亡。对更高的人的怜悯,——这就是查拉图斯特拉的诱惑,同样将导致他的死亡。[①] 也就是说,无论更高的人的计划与查拉图斯特拉的有何相似,一个更高的权威的介入会说明二者的事业在本质上是不同的。

更高的人停留在能动行为的抽象因素之中,从不将自己提升到肯定的因素,哪怕是在思想上。更高的人宣称颠倒了价值,将反动转变为能动。查拉图斯特拉则说:改变价值,将否定转变为肯定。但反动决不会变为能动,除非发生这一更深的转变:否定必须首先变为肯定。与实行的条件分离之后,更高的人的计划将失败,这不是一种偶然,而是原则上和本质上注定了的。它没能完成能动之生成,而是促成了其反面,反动之生成。价值没能颠倒,而是改变了,相互调换位置,而同时又保留了它们所由生的虚无主义视角。他们没能训练诸种力,将之变得能动,而是组织了反动力的联合(《查拉斯

[①] 《查拉图斯特拉如是说》,第 4 卷,"苦痛的叫喊":"我的罪恶,为我保留着的最后的罪恶,——或者你知道它叫什么名称的吧?""慈悲吧!"预言家洋洋得意地回答,并高举两手——"哦,查拉图斯特拉,我来就要引诱你到你最后的罪恶!";《查拉图斯特拉如是说》,第 4 卷,"最丑陋的人":"但你自己——也警告着反对你自己的慈悲吧!……我知道那将砍倒的斧头"。以及《查拉图斯特拉如是说》,第 4 卷,"吉兆",查拉图斯特拉最后的话中有一句:"慈悲!对于高人们的慈悲哟!……好吧!那有着它的时候!"

特拉如是说》,第 4 卷,"致礼",查拉图斯特拉对更高的人说:"你们之中也隐藏着贱氓呢!")。相反地,能令更高的人的事业实施的条件也就是能改变其性质的条件:是狄奥尼索斯的肯定,而不是人的种群活动。肯定的因素是超人类的因素。肯定的因素正是人所匮乏的——甚至首先是更高的人。尼采象征性地将这一匮乏表达为四种人心中的缺陷:

① 有些事更高的人是不知道该如何做的:欢笑,游戏和舞蹈。① 欢笑是对生命,甚至是对生命中的苦难的肯定。游戏是对偶然性和偶然性之必然的肯定。舞蹈是对生成以及生成之在的肯定。

② 更高的人自己将驴子当作他们的"上级"。他们崇敬它,仿佛它是神;通过他们陈旧的神学思考方法,他们模糊地知道他们所缺乏的,超越于他们之上的是什么,驴子的奥秘是什么,它的叫声和它的长耳朵隐藏着什么:驴子总是说**是呀**的动物,是肯定性的并进行肯定的动物,狄奥尼索斯式的动

---

① 《查拉图斯特拉如是说》,第 4 卷,"更高的人",游戏,"你们一掷而失败。但你们投掷骰子者,那有什么关系! 你们没有学会玩耍和大笑,如同人之必须玩耍和大笑!""舞蹈","甚至于最坏的东西也有着两只良好的跳舞的腿;所以你们高人哟。学学如何站在你们自己固有的腿上吧!""欢笑","我圣化了欢笑! 你们高人们哟,我请你们学习——学习欢笑吧!"

物(《查拉图斯特拉如是说》,第 4 卷,"觉醒","驴子的节日")。

③ 影子的象征有一个相关的意义。影子是人的能动行为,但它需要光作为一个更高的权威;没有光,它便会消失;有光,它就会转变,以另一种方式消失,到正午就改变了性质(《流浪者与影子》;参照"影子和流浪者"的对话)。

④ 两只火狗,一只是对另一只的滑稽模仿。一只在吵闹声和烟雾的表层喧闹。它在表层取食,令泥浆沸腾;也就是说,它的能动性仅仅是用来供养、预热和维持反动的、愤世嫉俗的生成过程的。但另一只火狗则是肯定的动物:"它确是从地心说话的。……大笑从它嘴里飘出,如同一阵紫色的云霞"(《查拉图斯特拉如是说》,第 2 卷,"大事件")。

9. 虚无主义与嬗变:焦点

虚无主义之国是强大的。它是以高于生命的价值来表达的,但也是以取代这些价值的反动价值和最后的人那没有价值的世界来表达的。总是贬抑的因素,即作为权力意志的否定,作为虚无意志的意志，统治着一切。甚至当反动力反对它们胜利的原则，当它们以意志的虚无而不是虚无意志作终结时，出现在其原则中且混同于其后果或效应的也总是同一种因素。根本没有意志——这成为虚无意志最后的化身。在否定的统治下全体生命都受到贬抑，而唯独反动的生命获得胜利。能动力虽然高于反动力，但却什么也做不了；在否定的统治下它无法宣泄，只有转而反对自身；与其能力相分离它只能变为反动，只能用于促使力趋向反动。实际上，力趋向反动的过程也是否定变为权力意志之性质的过程。——我们知道尼采所谓嬗变或价值重估意味着什么；不是价值发生改变，而是诸价值的价值所由生的因素发生改变。贬抑变成赞赏，肯定成为权力意志，意志成为肯定意志。只要我们停留在否定的因素中，改变甚或压制价值都没有用，杀死上帝也没有用；位置与属性保持不变，神圣的被保留下来，即使位置已空，属性没有被赋予内容。但当且仅当否定因素改变时，才能说所有迄今为止已知或可知的价值被颠倒了。虚无主义被打败：能动性重获权利，但仅仅在与这些权利所由生的更深的权威的关联上。能动性的生成在世界上出现，但仅与作为权力意志的肯定相一致。问题在于：虚无主义怎能被打败？价值的要素怎能改变,肯定怎能取代否定？

也许我们比想象中更接近结论。应注意到,对尼采而言,先前所分析过的一切形式的虚无主义,甚至包括极端的或反动的形式,均构成一个未结束的、不完整的虚无主义。反过来,这不就等于说,击败虚无主义的嬗变本身是唯一完整的、完成的虚无主义形式了吗？实际上虚无主义是被击败了,但是被它本身击败的。[1] 当我们明白为什么嬗变构成完整的虚无主义时,我们就接近结论了。——我们可以假设一个最初的原因:仅仅通过改变诸价值的要素,所有那些依存于旧要素的价值就被摧毁了。迄今为止所知的对价值的批判不是一个激进的、绝对的批判,不是排除一切妥协的批判,除非这一批判是以嬗变的名义并根据其条件来进行的。因此,嬗变就成为一个完整的虚无主义,因为它能赋予价值的批判一个完全的、"整体的"形式。但这一解释仍未能告诉我们为什么嬗变本身而不仅仅其后果是虚无主义的。

---

[1] 《权力意志》,第3部分——《权力意志》,第1部分,22:"在将虚无主义推至其最终限度后,它将之推到自己身后,自身之外。"

依存于旧的否定要素的价值,受到激烈批判的价值是迄今为止所知的或可知的所有价值。"迄今为止"是指到嬗变的时刻为止。但所有已知价值指什么? 虚无主义指作为权力意志性质的否定。然而,如果我们不考虑虚无主义的角色和作用,这一定义就仍是不充分的:权力意志出现在人之中并以虚无意志的面目出现。并且,实际上,如果我们不把握住权力意志在怨恨、内疚、禁欲主义的理想以及迫使我们认知它的虚无主义之中的表现的话,我们对它的知识就是有限的。权力意志是精神,但如果没有向我们展示奇特力量的复仇精神,关于精神我们能知道些什么? 从而虚无主义、虚无意志不仅仅是一种权力意志,不仅仅是权力意志的一个性质,而且是整体权力意志的认知原则(ratio cognoscendi)。一切已知和可知的价值本质上都是从这一原则派生出来的。——如果虚无主义能使我们认知权力意志,那么反过来,后者教会我们,它只以一种形式为我们所知,以一种否定的形式,这一形式只构成它的一个侧面,一种特性。我们借以"思考"权力意志的形式与我们借以认知它的形式是不同的。(因此永恒回归的思想超越了我们知识的一切原则。)这与从康德到叔本华的主题遥相呼应;我们实际上对权力意志所知的只是苦痛与折磨,但权力意志还是未知的喜悦,未知的幸福,未知的上帝。阿里安哀怨地唱着:"我扭曲着自己,受所有永远的殉道者的折磨,被你所击倒,你这最冷酷的猎人,未知的神……你总算开口了,你躲藏在闪电背后的?未知!开口!你想要什么?……啊!回来吧,我未知的神!我的苦痛!我最后的幸福"(《酒神颂》,"阿里安之怨")。权力意志的另一面,那未知的特性,是肯定。而反过来,肯定并不仅仅是一种权力意志,不仅仅是权力意志的一种特性,它是整体权力意志的本质原则(ratio essendi),因此是将否定从这意志中赶走的原则,恰如否定是整体权力意志的认知原则(因此也就是将肯定从对此意志的知识中驱除的原则)。新价值从肯定而来:那迄今为止尚未知的价值,也就是到立法者取代"学者",创造取代知识本身,肯定取代一切否定的时候。——因此我们可以看到,虚无主义和嬗变之间的关系比起初设想的更深。虚无主义将否定的性质表达为权力意志的认知原则;但若不在其对立的性质中,在作为这同一意志的本质原则的肯定中将自身转化,它就无法完成。将痛苦变为欢乐的狄奥尼索斯式嬗变,狄奥尼索斯在回答阿里安时的神秘宣告:"如果我们要爱自己,不是首先要恨自己吗?"(《酒神颂》,"阿里安之怨")。也就是说:如果你要体验到我是肯定,拥护我为肯定,将我想作肯定,你不是先要知道我是否定吗?

但如果嬗变真的满足于用一要素取代另一要素,为什么它是虚无主义的完成?第三条理由必须加以考虑,一条很容易被忽略的理由,因为尼采的区分太微妙太细致了。我们考虑一下虚无主义的历史及其演进的诸阶段,否定的、反动的、被动的。反动力要将胜利归诸虚无意志,一旦获得胜利,它们便与虚无意志分道扬镳了,它们想要独自树立它们自己的价值。这就是大事件,反动的人取上帝之位而代之。我们知道这将带来什么后果——最后的人,更喜爱意志的虚无的人,更愿意被动地消逝的人,而不是虚无意志。但这是反动的人的后果,而不是虚无意志本身的后果。虚无意志继续其事业,但这回是静悄悄地,超越于反动的人。反动力与虚无意志分道扬镳,反过来,虚无意志也与反动力分道扬镳。它在人身上激起了一种新的倾向;毁灭自身,然而是能动地毁灭。尼采所谓自我毁灭,能动毁灭,首先不应与最后的人的被动灭亡相混淆。用尼采的话说,我们不应将"最后的人"与"想

五、超人：反辩证法

要灭亡的人"相混淆。① 一个是变成反动的最后结果，倦怠于意愿的反动的人保存自身的最后手段。而另一个则是选择的结果，这一选择确定无疑地经过最后的人，但并不就此停留。查拉图斯特拉赞颂能动毁灭的人：他想被征服，他超越人类，他已经走在通往超人的路上，他"过了桥"，这超人的父辈、先祖。"我爱那为知识而生、希望知道超人有一天将出现的人。因此他意愿自己的毁灭"（《查拉图斯特拉如是说》，序言，4）。查拉图斯特拉是想说：我爱那个人，他利用虚无主义，将它当作权力意志的认知原则，但他在权力意志中却发现本质原则，在其中人被征服，因而虚无主义被打败。

能动毁灭意为虚无意志嬗变的那一点，那一刻。在反动力与虚无意志的联盟瓦解时，虚无意志被改变，转到了肯定的一方，与毁灭反动力自身的肯定权力联系在一起。在那一刻，毁灭变得能动，乃至否定被转化、被改变为肯定权力："生成的永恒喜悦"即刻被宣告，"毁灭的喜悦"，"肯定消逝和毁

---

① 关于能动的毁灭，参看《权力意志》，第 3 部分，8，102。关于查拉图斯特拉如何将"想要灭亡的人"与最后的人或"死亡的说教者"相对照，见《查拉图斯特拉如是说》，序言，4，5，以及《查拉图斯特拉如是说》，第 1 卷，"自愿的死亡"。

灭"(《瞧！这个人》,"悲剧的诞生",3)。这是狄奥尼索斯哲学的"关键时刻"：否定表达生命的肯定,毁灭反动力和回复能动性权利之时。否定变成肯定权力的雷鸣电闪。午夜,这一至高无上的焦点或超越点,尼采不是用对立的平衡或调和来定义的,而是用转变来定义的。将否定转变为其对立面,将认知原则转变为权力意志的本质原则。我们问：为什么转化是虚无主义的完成？这是因为,在嬗变中,我们所关心的不是一个简单的替换,而是转变。经过最后的人,超越他而到达想要灭亡的人,虚无主义便完成了。在想要灭亡想被超越的人中,否定已摧毁了一切障碍,它击败了自己,变成了肯定,一种已经超越人类的权力,一种宣告着预备着超人来临的权力。"你们能将自己改造成为超人的祖父和先辈；让这成为你们最优秀的创造吧！"(《查拉图斯特拉如是说》,第 2 卷,"在幸福岛上")否定牺牲了一切反动力,成为"一切堕落和寄生的事物的无情毁灭",转而效劳过度的生命(《瞧！这个人》,"悲剧的诞生",3—4),只有这样它才是完成的。

10. 肯定与否定

嬗变或价值重估意为:

① 权力意志的性质转变:诸价值及其价值不再从否定派生出来,而是从肯定本身而来。取代贬抑的生命的是肯定的生命——"取代"一词仍不确切。是位置本身改变了,另一个世界不再有任何位置。价值的要素改变了位置与性质,价值的价值改变了其原则,而整个评价改变了特征。

② 权力意志中从认知原则转变为本质原则。权力意志赖以被认知的原则不是它赖以存在的原则。如果我们将认知的原则当作转向其对立面的一种性质,并在这一对立面中找到未知的存在原则,我们只会把权力意志当作它已然的存在,我们只会认为权力意志是存在的。

③ 权力意志中要素的转变。否定变成一种肯定的权力:它服从于肯定并转而效劳于过度的生命。否定不再是生命保存其中一切反动因素的形式,而是相反,它是牺牲其中一切反动形式的行为。在想要灭亡的人身上,在希望被超越的人身上,否

定改变了意义,变成一种肯定的权力,一个肯定发展的前提条件,一个预示的标记,一个这种肯定的狂热的奴隶。

④ 权力意志中肯定的统治。只有肯定作为一种独立的权力而存在;否定从中折射出,像闪电一样,但同时被吸收回去,像可溶解的火一样消失无踪。在想要灭亡的人身上,否定宣告了超人的出现,但否定所宣告的,只有肯定才能创造。除肯定之外,再没有别的权力,别的性质,别的因素;整个否定从本体上转变了,从性质上嬗变了,它的权力或自主没有留下半点。这是重转变为轻,低转变为高,苦痛转变为欢乐。舞蹈、游戏和欢笑这三位一体创造了虚无的化体,否定的嬗变和否定权力的价值重估或改变,即查拉图斯特拉所谓的"圣餐"。

⑤ 已知价值的批判。迄今为止已知的价值丧失了一切价值。否定在此重现,但是始终以一种肯定权力的形式出现,作为肯定与嬗变不可分割的结果。最高的肯定与所有已知价值的毁灭是不可分的,它将这一毁灭变作彻底的毁灭。

⑥ 力之间关系的颠倒。肯定构成作为力的普遍生成的能动生成过程。反动力被否定,一切力都变为能动。价值的颠倒、反动价值的贬抑与能动价

值的确立,这些运作都预设了价值的嬗变,将否定转变为肯定的过程。

也许现在我们可以理解尼采有关肯定、否定及其关系的文本了。首先,否定与肯定是作为权力意志的一对相对立的性质,权力意志的两种原则。它们既是对立面,又是与对立方相互排斥的整体。我们说迄今为止否定统治了我们的思想、我们感觉和评价的方式,这么说还不够。实际上否定是构成人的要素。与人一道,整个世界下降和病变,整个生命遭贬抑,所有已知事物都滑向自身的虚无。相反地,肯定只显现在人之上,在人之外,在它所生产的超人之中,在它所带来的未知之中。但那未知的优等人类同时是驱逐否定的整体。作为种类的超人实际上是"高于现存一切事物的种类"。查拉图斯特拉以一种"无边无际的方式"说"是的"和阿门,他自己就是"对一切事物永恒的肯定"(《瞧!这个人》,第3部分,"查拉图斯特拉如是说",6)。"你澄清,你光辉灿烂的苍天,你光之渊海哟,只要你包围住我的周围,我就是一个祝福者和肯定者。我怀着我的肯定及其福祉到一切的深渊"(《查拉图斯特拉如是说》,第3卷,"日出之前")。当否定统治之时,要想找到一星的肯定,不管在尘世还是在另一个世界,都是徒劳;我们所谓肯定是一个哀伤的、怪诞的幽灵,抖动着否定的铁链。① 但当嬗变之时,否定被驱散了,没有什么能让它保留独立权力,无论是性质还是原则:"存在的最高星座,没有愿望可以达到,没有否定可以玷污,存在的永恒肯定,我永远是你的肯定"(《酒神颂》,"光荣与永恒")。

但是为什么尼采认为肯定是与一个否定的先决条件以及一个近乎否定的后果不可分离的?"我知道毁灭的乐趣某种程度上可对应于我毁灭的能力"(《瞧! 这个人》,第 4 部分,2)。

① 没有哪种肯定之后不是紧跟着一种同样无边无际的否定的。查拉图斯特拉升高到这一"否定的最高程度"。作为一切已知价值的能动毁灭的毁灭是创造者的踪迹:"看看那善良公正的人们! 他们最恨什么?那毁坏了他们的价值表的人,那毁灭者,那罪人:但那就是他,创造者。"

② 没有哪种肯定不是紧跟着一种无限的否定的:"肯定的根本条件之一是否定和毁灭。"查拉图斯特拉说:"我已变成一个祝福者和肯定者,我已为

---

① 《权力意志》,第 1 部分,14:"我们必须尽可能公正地评价迄今在肯定存在中孤单作战的那些因素,必须了解这肯定从何而来,并且当关于存在的狄奥尼索斯式的评价形成之时,这肯定又有多少说服力。"

之奋斗了很长时间。"狮子变成了一个孩童,但孩童的"神圣的肯定"必须跟在狮子的"非神圣的肯定"之后(《查拉图斯特拉如是说》,第 1 卷,"三种变形")。毁灭作为想要灭亡并被超越的人的能动毁灭,宣告了创造者的到来。与这两者相分离,否定便什么也不是,无法肯定自身。①

有人或许会认为那驴子,那说"是呀"的动物是最典型的狄奥尼索斯式的动物。实际上并非如此;它表现为狄奥尼索斯式的,但其实却全然是基督教的。它只适宜被更高的人当作上帝:它的确代表了作为超越更高的人的因素的肯定,但它用他们的形象和需要改造了它。它总说是,而不知道如何说不。"我敬重曾经学会说'我'、'是'、'否'的倔强而固执的舌头和胃脯。但咀嚼和消化一切东西——那正是猪的本质! 只有驴子和驴子一类的生物永远知道说着**是呀**"!(《查拉图斯特拉如是说》,第 3 卷,"重力之精灵")狄奥尼索斯一次开玩笑地对阿里安说她的耳朵太小了:他是想说她还不懂得如何

---

① 参见《瞧! 这个人》:否定如何跟从肯定——第 3 部分,"善恶的彼岸":"在我使命中的肯定部分完成之后,否定部分便提上了日程……"否定如何先于肯定——《瞧! 这个人》,第 3 部分,"查拉图斯特拉如是说",8,以及《瞧! 这个人》,第 4 部分,2,4。

肯定或发展肯定。① 但实际上,尼采自己却吹嘘过自己的小耳朵:"这是会令妇女感兴趣的——在我看来似乎她们会觉得我更理解她们。——我是典型的反驴子,因此是一个世界历史怪物。用希腊语和其他语种来说,我是反基督"(《瞧! 这个人》,第3部分,2)。阿里安和尼采自己都长着小耳朵,偏爱永恒回归的小圆耳朵。因为又尖又长的耳朵并不是最好的:它们不能听到"精当的语词"或对它报以完全的回应(《酒神颂》,"阿里安之怨":"狄奥尼索斯,你有小耳朵,你有我的耳朵,'在那儿放下一个精当的词'")。精当的语词就是"是的",但前后都回荡着"不"的回音。驴子的"是"是假的:一个不会说"不"的"是",驴子的耳中没有回响,肯定与应该围绕它的两个否定分离。驴子不能再说出肯定,正如它的耳朵不能再听到一样——肯定及其回声。查拉图斯特拉说:"即使那首诗不合众人的耳朵。我忘记留意长耳朵很长时间了"(《查拉图斯特拉如是说》,第4卷,"与两王的对话",1;以及《查拉图斯

---

① 《偶像的黄昏》,"一个不合时宜者的漫游",19;"啊,狄奥尼索斯——,天神,你为何拉我的耳朵? 在谈论拿克索斯的一段著名对话中,阿里安这样问她的哲学情人;我在你的耳朵里发现了一种幽默,阿里安! 为何它们不更长一些呢?"

特拉如是说》,第 4 卷,"更高的人","贱氓的长耳朵")。

  尼采的这一思想并没有矛盾。一方面尼采宣告了任何否定都不能玷污的狄奥尼索斯式肯定。另一方面他宣告了那不会说"不"的驴子的肯定,那是不包含任何否定的。一方面肯定不让否定继续作为一种自主权力或基本性质;否定被从存在的星座中,从永恒回归的圆圈中,从权力意志本身,从它存在的原则中彻底驱逐。但另一方面,如果不是紧跟着否定并由否定紧随着,肯定也绝不会是真实完全的。在此我们关注的是否定,但只是作为肯定权力的否定。如果否定没有首先破坏与反动力的联盟,从而在想要灭亡的人那儿变成一种肯定权力,然后没有联合和团结一切反动力以从一个肯定的角度毁灭它们,肯定本身不会得到肯定。否定在这两种形式中不再是一个基本性质和自主权力。整体的否定已变成了一种肯定权力,仅仅成为肯定本身的存在方式。这就是为什么尼采坚持要区分怨恨(反动力所表达的否定权力)和进攻(肯定权力的一种能动存在方式(《瞧!这个人》,第 1 部分,6,7)。在《查拉图斯特拉如是说》中,从头到尾,他的"猿",他的"小丑",他的"矮子",和他的"魔鬼"一直跟随着他,模仿着他,引诱着他,危害着他。[①] 魔鬼就是虚无主义,因为他否认一切,蔑视一切,而且他相信他正将否定带到最高境界。但仅仅依赖否定作为一种独立权力,除否定外没有任何其他性质,他仅仅是一个怨恨、憎恨和复仇的生物。查拉图斯特拉对他说:"我蔑视你的轻蔑……我的轻蔑和我的报警鸟只会从爱中升起,而不会从沼泽地升起"(《查拉图斯特拉如是说》,第 3 卷,"过路者")。这就是说,否定只有作为肯定的权力(爱)才会达到其更高境界(带领和跟随肯定的报警鸟)。只要否定是它自己的权力或性质,它就是在沼泽中,而且它自己就是沼泽(反动力)。只有在肯定的统辖之下,否定才能在打败自身的同时提升到更高境界;不再作为一种权力和性质,而是作为强力者的一种存在方式。那样,也只有那样,否定才是进攻,才会变成能动的,变成快乐的毁灭(《瞧!这个人》,第 3 部

[①] 《查拉图斯特拉如是说》,序言,6,7,8。第一次见到小丑,那小丑对查拉图斯特拉说:"你说话真像个小丑。"第 2 卷,"持镜的孩子":查拉图斯特拉梦见当他照镜子的时候,他看见一张小丑的脸,"真的,我很明白这梦的预兆和警告:我的教养在危险中,稗草将被认作是麦子了!我的敌人占势力,并改变了我的教义的真形"。第 3 卷,"幻象与谜",第二次见到小丑矮人,在永恒回归的门口。第 3 卷,"过路者",第三次会面:"你的傻话伤了我,即使你有理由!"

分,"悲剧的诞生"、"查拉图斯特拉如是说")。

现在我们知道尼采的目标是什么,他所反对的又是什么。他反对任何一种相信否定的权力的思想形式。他反对一切在否定因素内运动的、将否定作为一种动力、一种权力或特性的思想。如果说其他的思维方式是伤感的,那么这种思维方式便是毁灭的、悲剧的、催人泪下的:它是且将一直是怨恨的思想。对于这样一个思想,需要双重否定才能达成一次肯定,也就是说一个肯定的表象,一个肯定的幽灵。(因此,怨恨需要两个否定的前提,以得到一个所谓真实的结局。或者禁欲主义理想需要怨恨和内疚这两个否定前提,以便把所谓真实的神圣作为结局。或者人的种群活动需要两次否定,以便把所谓真实的重新占有作为结局。)在用查拉图斯特拉的小丑来表达的这种思想中,一切都是虚假的、忧伤的,能动行为在此只是一种反作用,而肯定则只是一个幽灵。查拉图斯特拉将纯粹肯定与小丑对立:肯定必需且足以产生两个否定,两个否定形成肯定权力的一部分,而肯定权力则是肯定本身的存在方式。我们将看到,必需有两个肯定,以另一种方式将整体的否定变成肯定的一种模式。狄奥尼索斯式思想家的攻击与基督教思想家的怨恨相对立。尼采将自己的发现——肯定的否定性——与著名的否定的肯定性相对立。

11. 肯定的意义

根据尼采,肯定包含两个否定:但恰恰是以不同于辩证法的方式。还有一个问题:为什么纯粹肯定必须包含这两个否定?为什么驴子不懂说"不",它的肯定就是虚假的肯定?——让我们回到最丑陋的人所唱的驴子连祷文(《查拉图斯特拉如是说》,第4卷,"觉醒")。我们在此可以区分出两种因素:一方面是将肯定理解作更高的人所缺乏的("长着耳朵是何等韬晦的智慧!并且仅仅说'是呀'而不说'不'……这善与恶之外是你的王国。");另一方面却是更高的人可能犯的对肯定本质的误解:"他担起了我们的重负,他自甘为奴隶,忍耐而永不说'不'"(《查拉图斯特拉如是说》,第4卷,"觉醒")。

这样驴子也就是骆驼。查拉图斯特拉在第1章的开头展示了那"勇敢的精神",具有骆驼的特点,要求负上最重的担子(《查拉图斯特拉如是说》,

第1卷,"三种变形")。驴子的长处与骆驼是很相近的:谦恭、接受苦痛与疾病,对训斥者忍耐,对真实的品味——即使喂给它的是橡子,对现实的爱——即使现实是一片沙漠。尼采的象征主义必须再次接受解释以及与其他文体的互勘。① 驴子与骆驼并不仅仅有担负最重担子的力气,它们拥有能估计和评价担子的重量的脊背。这些担子在它们看来似乎有现实的重量。现实本身——这就是驴子体验其负担的方式,这就是为什么尼采认为驴子和骆驼是不受任何诱惑的;它们只能感受到它们背上的东西,它们称作现实的东西。这样我们就可以猜测**驴子**的肯定的意味,可以猜测那不知如何说"不"的"是"的意味了;这种肯定只是忍耐,自我负担,默认现实,承受现实,除此之外什么也不是。

现实的观念本身就是驴子的观念。驴子感受到它所负起的担子的重量,认为这就是现实的真实性。事实是这样的:重力的精神就是否定的精神,虚无主义与反动力联合的重力精神就是否定的精

---

① 两篇文章讨论并解释了负担与沙漠的主题:《查拉图斯特拉如是说》,第2卷,"文化之域"和《查拉图斯特拉如是说》,第3卷,"重力之精灵"。

神;精明的眼睛能轻而易举地在驴子所有的基督教美德中,在它用于负重的所有力量中发现反作用;谨慎的眼睛能在驴子担负的所有担子中看到虚无主义的产物。但驴子永远只能抓住离开了前提的后果,离开了生产原则的产物和离开了激发它们精神的力。因此,驴子的重负在它看来似乎具有了现实的真实性,就像它被赋予的力量一样,或像与接受生命和现实相应的肯定性质一样。"差不多还在摇篮里面,他们即给我们以沉重的言语和评价:他们称这礼物为'善'和'恶'……而我们——我们忠心的辛苦的两肩,背着所给与我们的重负,走过了崎岖的连山!假使我们流汗,我们就被告知:是呀,生命是难于负荷!"(《查拉图斯特拉如是说》,第 3 卷,"重力之精灵",2)首先,驴子是基督;是基督负起了最重的担子,是他承受着否定的果实,仿佛那果实包含了典型的真实之谜。然后,当人取上帝之位而代之,驴子就变成了自由思想者。它侵吞一切放在它背上的东西。不必再为它施以重负了,它自己负起了担子。他恢复了国家、宗教等等,充当它自己的权力。它变成了上帝;另一世界的所有旧价值现在在它看来成了统治此世的力,成了它自己的力。它已分不清究竟是担子的重量还是自己肌肉的重量。它接受现实便接受了自己,而接受自己便接受了现实。有这种惊人的责任感,全部道德便匆匆回归了。但现实与对现实的接受仍保持原来面目,即虚假的真实性和虚假的肯定。面对"当前的人",查拉图斯特拉说:"未来的陌生事物和一切使迷路的鸟战栗之物,都比你们的'实在',使人更安心些自在些。因为你们如是说:我们完全是实际的,没有宗教和迷信。唉,你们即使没有胸脯也要喷气呢!你们光怪陆离的人们哟,真的,你们如何能有信仰?——你们都是曾经信仰者之胶合的图片!……你们实际家哟,我称你们为蜉蝣!……你们是无结果,不能生产……你们是半开的门,在那里,掘墓者期待着。这便是你们的现实……"(《查拉图斯特拉如是说》,第 2 卷,"文化之域")。当前的人仍旧生活在一个旧观念中:一切沉重者都是实在的和真实的,一切负重者都是实在的和肯定的。但这一实在,将骆驼和它的负担联合起来乃至混为一体,形成同一的幻想的实在,其实只是沙漠,只是沙漠的实在,虚无主义。对于骆驼,查拉图斯特拉早已说过:"一旦背上重担,它便匆忙地向沙漠进发。"而关于那勇敢的,"强壮而耐劳"的精神,查拉图斯特拉则说:"现在生活对他而言便是沙漠了!"

(《查拉图斯特拉如是说》,第1卷,"三种变形";第3卷,"重力之精灵");实在被理解为肯定的对象、目标和界限;肯定被理解为对实在的默认或顺从;这就是驴叫的意义。但这种肯定是肯定一种结果,一种永远是否定前提的结果,一声"是"的回答,对重力之精灵以及它的一切恳求的回答。驴子不懂如何说"不";但首要的是它不知如何对虚无主义本身说"不"。它收集虚无主义的所有产物,将之送入沙漠并为之施洗,使之成为实在本身。这就是为什么尼采能够指责驴子的"是";驴子并不反对查拉图斯特拉的猿猴,它没有发展出与否认的权力不同的权力,而是忠实地回应这种权力。它不知如何说"不",而总是回答"是",但总是当虚无主义打开话题时它才回答"是"。

在批判肯定就是接受时,尼采并不是简单想到了久远的斯多葛的概念。敌人近在咫尺。尼采着手批判的是所有将肯定当作是一个单纯的功能,一个存在或本质的功能的概念。不论怎样去构想这个存在:作为真实或存在,作为本体或现象。也不论怎样去构想这功能:发展,显示,揭露,揭示,实现,用意识还是知识来把握。黑格尔以来的哲学呈现为本体论和人类学、形而上学和人本主义、神学和无神论、内疚的神学和怨恨的无神论的古怪混合。因为只要肯定被视为存在的功能,人自身便表现为肯定的一个仆从:在人肯定存在的同时,存在在人之中获得肯定。只要肯定是通过接受——也即接受责任——来定义的,人与存在之间便建立了一种假定的基本关系,一种运动的、辩证的关系。又一次,也是最后一次,我们轻而易举地辨认出了尼采的敌人:是辩证法将肯定混同于真实的真实性或实在的确实性;而这真实性、确实性,是由辩证法用否定的产物首先制造出来的。黑格尔逻辑中的存在是纯粹的空虚的"思想"存在,只能通过转化为其对立面来肯定自身。但这一存在与其对立面从来就没有区别,因此也从不需要被转化为它已经是的东西。黑格尔的存在仅仅是纯粹的虚无;而这一存在用虚无造成的生成,也就是用它自身造成的生成,是一个纯然虚无的生成;在此肯定经历了否定,因为它只是否定及其产物的肯定。费尔巴哈对黑格尔的驳斥走得很远。他用感官的真代替单纯"思想"的真,用感官的、限定的、实在的存在,"实在中的实在","作为实在的实在",替代抽象存在,他想让实在存在成为实在存在的对象;存在的全部实在作为实在存在的对象以及人的全部存在。他想让思想成为肯定的,并将肯定理解为那现存者的位置。① 但费尔巴哈所谓实在本身保留了虚无主义的所有属性,并将之作为神圣的属性;人的实在存在保留了所有反动的性质,作为接受这种神圣的力量和品味。在"当前的人"和"实在者"中,尼采谴责辩证法和辩证家是一切曾被相信的事物的画像。

尼采想说三件事:

① 存在、真实和实在都是虚无主义的化身,是残害生命、否认生命的方式,是将生命拱手相送于否定的劳作从而使之反动,让生命背上最重的担子的方式。尼采不相信实在的自足性,正如同不相信真实的自足性:他认为这些都只是一种意志的表现,一种贬抑生命、用生命反对生命的意志。

② 当肯定被看作一种接受,一种对现存事物的肯定,看作真实的真实性或实在的确实性,就是一种虚假的肯定。也就是驴子的"是呀"之声。驴子不懂如何说"不",因为它对任何否定的事物都说"是"。驴子或骆驼是狮子的对立面;对于狮子,否定成为一种肯定的权力,但对于前者,肯定却仍然

---

① 费尔巴哈,"黑格尔哲学批判",及"未来哲学原理"(《哲学宣言》,阿尔都塞译,法国大学出版社)。

五、超人：反辩证法

服务于否定,一种单纯否认的权力。

③ 这种肯定的虚假观念仍是一种保存人的方法。只要存在是一种负担,反动的人就会去担负它。存在在哪儿还能够比在沙漠中得到更好的肯定? 人在哪儿还能够更好地被保存?"最后的人活得最长"。在存在的阳光下他甚至丧失了去死的兴趣,消失于沙漠中,做着一个被动地消逝的长梦。① ——尼采整个哲学就是反对关于存在,关于人和被动接受的假定的。"存在:除了生活的事实,我们无法用任何别的东西来表达。死去的又怎会有存在?"(《权力意志》,第 2 部分,8)。世界既不是真实的,也不是实在的,而是活生生的。活生生的世界就是权力意志,虚构意志,由许多不同权力来实现。在任何一种权力之下实现虚构意志,在任何特性之下实现权力意志,永远是进行评价。生活就是评价。思想的世界没有真实性,感觉的世界没有实在性,一切都只是评价,甚至首先包括一切可感觉的和实在的。"表象意志、幻觉意志、蒙骗意志、

---

① 海德格尔对尼采的诠释更接近于他自己的思想,而不是尼采的。在永恒回归和超人的学说中,海德格尔看到"存在与人之存在的关系被确定为此在与存在的关系"(参见《什么是思考?》)。这一诠释忽略了尼采所反对的一切。尼采反对所有在存在中寻找其根基、并在人之存在中寻找其确证的肯定观念。

生成意志以及变化意志(变化成对象化的欺骗)在此书中都被认为比真实意志、实在意志、纯粹表象意志更深刻、更原始、更'形而上';最后一种意志本身只不过是幻觉意志的一种形式"(《权力意志》,第4部分,8,"此书"指《悲剧的诞生》)。存在、真实和实在本身只有作为评价——即谎言——时才是有效的。但在这层意义上,即作为通过意志的某种权力实现这意志的方式,这些概念迄今为止服务于否定的权力或特性。存在、真实和实在本身就像神圣一样,在其中生命反对生命。因而统治者就是权力意志的特性之一——否定;否定在用生命反对生命的同时,否认全体的生命,并让特定的反动生命获得胜利。相反,权力意志的另一种特性是这样的权力,通过它,对全体生命来说,意愿就已足够。这是更高的虚构权力,通过它,全体和特殊的生命都得到肯定,并变成能动。肯定仍然是评价,然而是通过一种意志的特定视角进行评价,这种意志满意于它自身在生命中的差异,而不会为这生命自身所引起的对立而痛苦。肯定不是为现存事物负责任,不是接受现存事物,而是释放、解放一切生物。肯定就是卸下负担,不是为生命负上更高价值的重担,而是去创造生命的新价值,使生命更轻松和能动的新价值。确切地说,只有当我们尽其所能去发明生命的新形式而不是将生命与其能力分开时,才会有创造。"你们自己当创造那你们历来称作世界的:这世界应该用你的理性、你的意志和你的爱按你的形象来塑造!"(《查拉图斯特拉如是说》,第 2 卷,"幸福之岛")但人并未完成这一任务。人尽可能地将否定提升为一种进行肯定的权力。但全力进行肯定,对肯定本身进行肯定——这不是人的力量所能做到的。"创造新的价值,——狮子亦不能为此;但是为着新的创造而取得自由,——这正需要狮子的力量"(《查拉图斯特拉如是说》,第 1 卷,"三种变形")。只有将尼采哲学的这三个基本点考虑在内,肯定的意义才会出现:不是真实,也不是实在,而是评价;肯定不是接受,而是创造;生命的新形式不是人,而是超人。尼采如此强调艺术的重要性,因为艺术能实现这整个计划:虚构的最高权力,狄奥尼索斯式的肯定以及超人类的天才(《权力意志》,第 4 部分,8)。

尼采的论点可总结如下:不知如何说"不"的"是"(驴子的"是")是对肯定的滑稽模仿。这恰恰是因为它对所有否定的事物都说"是",因为它容忍虚无主义,所以它持续地为否认的权力服务——这权力正像是一个魔鬼,要它背负所有重担。相反,狄奥尼索斯式的"是"懂得如何说"不":它是纯粹的肯定,征服了虚无主义,并且剥夺了否定的一切自主权力。但它之所以能如此,是因为它令否定为进行肯定的权力服务。进行肯定是进行创造,而不是忍耐、承担或接受。在驴子的头脑中形成了一个可笑的思想的形象。"'思考'和'严肃对待'一件事情,对之进行'深思熟虑'——对它们而言这些是一回事:除此之外它们没有别的'经验'"(《善恶的彼岸》,213)。

12. 双重肯定:阿里安

什么是肯定的全部内涵?尼采并未抛弃存在的观念。他提出了存在的一个新概念。肯定就是存在。存在不是肯定的对象,如同存在不是呈现自身、也不是把自身托付给肯定的一个要素。正相反,肯定不是存在的权力。肯定本身就是存在,只有存在才是肯定的全部内涵。因此,毫不奇怪,尼采既不对存在本身进行分析,也不对虚无进行分析。在这方面,不应认为尼采没有表达出他最终的想法。存在和虚无仅仅是肯定和否定作为权力意志之特性的抽象表达。① 然而整个问题在于:在何种意义上,肯定就是存在?

肯定除了自身之外,再无其他对象。更精确地说,只有当把肯定当成其自身的时候,肯定才是存在。肯定作为肯定的对象——这就是存在。当肯定作为肯定本身,以及作为首要的肯定时,肯定是生成。但是,只要肯定是另一肯定的对象,肯定就是存在。后一肯定将生成提升至存在或从生成中抽取出存在。这就是为什么肯定的全部内涵是双重的:肯定同时被肯定。第一重肯定(生成)是存在,但仅当它是第二重肯定的对象时,才是存在。两重肯定作为整体构成了进行肯定的权力。这种权力必然是双重的,尼采在其含有大量重要象征意蕴的文本中表达了这一事实。

① 查拉图斯特拉的两种动物,鹰和蛇。从永恒回归的观点来解释,鹰就像是大循环,即宇宙时代,蛇则像是陷入这一大时代里的个体之命运。然而这一精确的解释仍旧是不够的,因为虽然它预设了

---

① 在肯定与否定中找寻存在与虚无的根源并不是新创;这一论题属于一个很古老的哲学传统。但尼采用他的肯定与否定观念,用肯定与否定之间的关系与转变的理论重新审视并推翻了这一传统。

永恒回归,却对这永恒回归所由生的预定成分未置一词。鹰回旋在空中,蛇则盘绕在鹰的脖子上,"不像是个俘虏,却像是个朋友"(《查拉图斯特拉如是说》,序言,10)。我们此处看到,即使最高傲的肯定也必然伴随着第二重肯定,而且后者把前者作为对象。

② 神圣伴侣,狄奥尼索斯—阿里安:"除了我,还有谁懂得阿里安!"(《瞧!这个人》,3;"查拉图斯特拉如是说",8)。阿里安的神秘无疑具有多重意义。阿里安爱着特修斯。特修斯是更高的人的代表:他是崇高的、英雄式的人物,是担负重任、战胜妖魔的那个人。但他缺乏的恰恰是公牛的美德:即当给他套上挽具时,他就能展现大地的意义,并且他同时又具有卸除挽具,摆脱负担的能力。① 一旦女人爱上男人,一旦她是男人的母亲、姐妹、妻子,即使当他是更高的人时,她也只是男人的女性影像;女性权力依旧被束缚在女人身上(《查拉图斯特拉如是说》,第4卷,"侏儒的道德")。作为男人的可怖的母亲,可怖的姐妹和妻子,女性代表着复仇

---

① 《查拉图斯特拉如是说》,第2卷,"伟大者":"你们这些伟大的人哟!松弛筋肉而立,摆脱意志之羁束,这于你们是最困难的。"

精神和激发男人冲动的怨恨。但是,由于被特修斯所抛弃,阿里安察觉到嬗变降临,这一嬗变对她有着特殊的意义:女性权力得以解放,并且变得仁慈而富于肯定性,如同**生命**(Anima)那样。"让一颗星光在你们的爱情中灿烂!让你们的希望说:我愿意生下一个超人"(《查拉图斯特拉如是说》,第1卷,"老妇与少妇")。况且,相对于狄奥尼索斯,阿里安-生命就像是第二重肯定。狄奥尼索斯的肯定要求另一肯定以自己为对象。狄奥尼索斯的生成是存在,是永恒,但仅当相应的肯定自身被肯定时才是如此:"永恒的是存在的肯定,永恒的是我作为你的肯定"(《酒神颂》,"光荣与永恒")。永恒回归是"存在和生成的最接近的近似",它肯定了一个,也就肯定了另一个(《权力意志》,第2部分,170)。为了得到这一近似,第二重肯定仍是必须的。这就是为什么永恒回归本身是一枚结婚戒指(《查拉图斯特拉如是说》,第4卷,"七印记")。这也是为何狄奥尼索斯的世界,永恒回归,是一枚婚戒,是一面婚镜,在那儿期待着某灵魂(生命)既能够倾慕自己,又能够以倾慕自己的方式反射出它(《权力意志》,第2部分,51:另一个订婚意象和婚戒的发展)。这同时还是狄奥尼索斯想要一个未婚妻的原因:"难道不正是我,是你想得到的吗?整个的我?……"(《酒神颂》,"阿里安之怨")。(此处,再次引人注意的是,结婚的意义或配偶随着当事人的位置而改变。因为,根据已形成的永恒回归,查拉图斯特拉本人作为未婚夫和女人所爱着的永恒而出现。然而,根据永恒回归的构成来看,狄奥尼索斯是第一重肯定,生成和存在,更精确而言是生成,这生成作为第二重肯定的对象才是存在;阿里安是第二重肯定,是未婚妻,是恋爱着的女性之权力。)

③ 迷宫或耳朵。迷宫是尼采著作中频繁出现的意象。它首先标示着无意识,标示自我;而只有生命能把我们与无意识相协调,能赋予我们探索无意识的引导之线。其次,迷宫也用来标示永恒回归本身:循环的,并非迷失之路,而是把我们带回同一地点的道路,或把我们带回到同一瞬间,既是现在,又是过去和未来。但是,从永恒回归的构成这一更深刻的角度而言,迷宫就是生成和对生成的肯定。存在来源于生成,它由生成本身肯定,正如对生成的肯定是另一肯定的对象(阿里安之线)。只要阿里安仍属于特修斯,迷宫就被弄反了,它敞开通往

更高的价值,阿里安之线则是否定和怨恨的道义之线。① 但是狄奥尼索斯把他的秘密传授给阿里安:真正的迷宫其实是狄奥尼索斯本人,真正的线是肯定之线。"我就是你的迷宫"②。狄奥尼索斯既是迷宫又是公牛,既是生成又是存在,但只有当生成的肯定自身被肯定时,生成才是存在。狄奥尼索斯不但请求阿里安去倾听,还要求她对肯定加以肯定:"你的耳朵太小,你有我的耳朵;在那儿放下一个精当的词。"耳朵像迷宫一般,是生成或肯定的迷宫。正是迷宫把我们导向存在,唯一的存在即是生成的存在,是迷宫本身的存在。然而阿里安拥有狄奥尼索斯的耳朵:肯定自身必须被肯定,只有这样它方能作为存在的肯定。阿里安把一个精当的词放在狄奥尼索斯的耳朵里。这也就是说:阿里安让她自己听到狄奥尼索斯式的肯定,她把这肯定作为狄奥尼索斯所听到的第二重肯定的对象。

---

① 《权力意志》,第 3 部分,408:"我们非常好奇,想要入迷宫探险,我们极力想要认识那有如此恐怖的传闻的迈洛陶先生(人身牛头怪物);这些对我们有什么妨碍;你那上升的路线,你那引导我出去的丝线,引向幸福与美德,引向你的丝线,它令我害怕……你能借这根丝线拯救我们吗? 而我们,我们恳求你,立刻用这丝线吊死!"

② 《酒神颂》,"阿里安之怨":"要小心,阿里安! 你有着小耳朵,你有着我的耳朵。在那儿放下一个精当的词语! 要去爱一个人,不是首先要恨他吗?……我就是你的迷宫"。

如果我们理解了肯定和否定作为权力意志的性质而存在,我们就会看到它们之间的关系并不是单一的。否定与肯定相对立,但肯定只是与否定相区别。我们无法设想肯定作为否定的"对立项"而提出:要这样做,就需要把否定置于肯定内部。对立不但是否定对于肯定的关系,也是否定自身的本质。差异是肯定自身的本质。肯定是它自己的差异产生的愉悦和游戏,而否定则是隶属于它的对立所造成的受难和劳役。然而这种在肯定之中的差异的游戏究竟是什么?肯定第一次被假定为多样性、生成或偶然。因为多样性正是某种事物与另一种事物之间的差异,生成是某种事物与其自身的差异,偶然则是"所有事物之间"的差异或分布性差异。肯定于是被一分为二,差异在对肯定的肯定之中反映出来;当第二重肯定把第一重肯定作为其对象时,差异被反映出来。但在这种方式下,肯定被加倍了:作为第二重肯定的对象,肯定自身被肯定,双倍的肯定,升至其最高权力的差异。生成是存在,多样性是统一性,偶然是必然。生成的肯定是存在的肯定,等等,但仅当前者是第二重肯定的对象,并被第二重肯定提升至这一新的权力时才如此。存在被说成生成,统一性被说成多样性,必然被说成偶然,但仅当生成、多样性和偶然被反映在第二重肯定之中,后者把它们作为自己的对象时才如此。因此回归是肯定的性质,自我复制是差异的性质。回归是生成之在,多样之统一,偶然之必然;是这种差异的存在或永恒回归。如果我们把肯定当作一个整体来考虑,我们一定不能把进行肯定的两种权力的存在与两类不同的肯定的存在相混淆(除非是为了表达的方便)。生成和存在都是单一的肯定,只要作为第二重肯定的对象,就会从一种权力过渡到另一种。第一重肯定是狄奥尼索斯,生成。第二重肯定是阿里安,镜子,未婚妻,反射。但第一重肯定的第二种权力是永恒回归或生成的存在。权力意志作为区分性因素,在肯定中产生和发展差异,在肯定的肯定中反映差异,在肯定自身被肯定中使差异回归。狄奥尼索斯发展、反映、提升至最高权力:狄奥尼索斯意愿的这些方面,充当了永恒回归的原则。

13. 狄奥尼索斯和查拉图斯特拉

永恒回归的教训是并不存在否定的回归。永

恒回归意味着存在就是选择。只有那些肯定着或被肯定的事物才进入回归。永恒回归是生成的复制,但生成的复制也是能动的生成的产品:超人,狄奥尼索斯和阿里安的孩子。在永恒回归中存在用来形容生成,但生成之在用来形容单一的能动生成。尼采的思辨学说是这样的:生成、多样性和偶然并不包含任何否定;差异是纯粹的肯定,回归是把否定全体排除在外的差异的存在。这个学说如果不用付诸实践的方式来澄清的话,也许仍是暧昧不清的。尼采揭露出使哲学被玷污的所有神秘之处:内疚的机制,否定的伪奇迹,将多样性、生成、偶然和差异本身转化成如此之多的苦恼意识,又将如此之多的苦恼意识转化成众多集结、反映或发展的契机。尼采的实践学说认为差异是快乐的;多样性、生成和偶然本身是以成为欢乐的对象;只有欢乐才会回归。多样性、生成和偶然是恰当的哲学的欢悦,在其中统一性、存在和必然性都得以自娱。自卢克莱修以后,这一塑造着哲学的批判事业就再没有推进到这个地步(斯宾诺莎可算是个例外)。卢克莱修揭示出灵魂的困境和那些需要这一困境以建立他们权力的人们。——斯宾诺莎则揭示出悲伤,一切悲伤的理由以及所有在这悲伤的核心寻求权力的人们。——尼采揭示出的是怨恨,内疚和作为原则的否定权力:那种把解放当作其对象的哲学之"不合时宜"。一切不快乐的意识同时都是对人的奴役,是意志的陷阱以及一切卑贱思想的机会。否定的统治是孔武有力的野兽、教会和国家的统治,它们束缚我们以达到自身的目的。弑上帝者犯下了一个可悲的罪行,因为他的动机是可悲的;他想要取代上帝的位置,他谋杀是为了"窃取",他在获得神性之时仍陷于否定之中。上帝之死需要时间来最终发现其本质,从而变成一个欢悦的事件。需要时间来驱逐否定,来祛除反动——能动之生成所需的时间。这一时间即是永恒回归的循环。

否定止于存在之门,对立停止其劳役,同时差异开始其游戏。然而,在哪儿有不属于另一世界的存在,而且,如何做出选择?尼采把这一转折点唤作否定之嬗变。否定失去其权力和性质。否定不再是一种自治的权力,即某种权力意志的性质。在权力意志中,嬗变使否定与肯定相关,并且转化成肯定权力的一种简单存在模式。对立的劳役或否定的受难消失了,取而代之的是差异的好战的游戏,肯定,以及毁灭的快乐。"不"被剥夺了权力,转而形成其对立的性质,转变成肯定性的和创造性的；这就是嬗变。这种价值的嬗变正是查拉图斯特拉的本质定义。正如其厌恶和魔力所显示的，如果查拉图斯特拉经历过否定，他并不是为了将之当作原动力，也不是要承受其负担或后果，而是为了达到原动力改变，后果被超越，并且整个否定消失或被转换的那一点。

查拉图斯特拉的整个故事都包含在他与虚无主义，或者说与魔鬼的关系之中。这魔鬼就是否定之精神，或进行否定的权力，这些权力扮演着几个明显对立的角色。有些时候他让人背负着他，并且告诉那人他所背负的正是积极性本身。有些时候，相反地，他从人身上跨越过去，夺走他所有的意志和力量。① 但这种矛盾仅仅是表面上的；在第一种情形中，人类是反动的存在，试图攫取权力，用自身的力量去替换那支配他的权力。然而事实上在此处魔鬼发现了机会使他去肩负、去承担，去追求用

---

① 魔鬼的第一个方面，参见驴子与骆驼的理论。同时见《查拉图斯特拉如是说》，第3卷，"幻象与谜"，魔鬼（重力之精灵）坐在查拉图斯特拉自己的肩头。以及第4卷，"更高的人"："假使你要到高处，用着你自己的两腿吧！别让你自己被人提拔上去，别让你自己骑在别人的背上和头上！"魔鬼的第二个方面，参见序言中的著名一幕，小丑追赶上走钢索的人并从他头顶一跃而过。这一幕在第3卷"旧榜和新榜"有解释；因此你看，有着这么多超越的道路和方式！但一个丑角仅仅知道：他能从人的头顶跨跃过去。

虚假的真实性伪装过的目标。在第二种情形中，人类是最后的人：仍旧是反动的存在，他不再有力量去占有意志，魔鬼摄取了人的所有力量，使得他不再有意志与力量。在两种情形下魔鬼都以否定的精神出现，通过人类的化身，保有他的权力和性质。他代表虚无的意志，利用人作为反动的存在，让人背负着他，同时却并不与人混同，从身上"跨过去"。由此看来，嬗变有别于虚无意志，正如查拉图斯特拉有别于他的魔鬼。通过查拉图斯特拉，否定失去其权力和性质：在反动的人之外，是已知价值的毁灭者；在最后的人之外，是要求毁灭和要求被超越的人类。查拉图斯特拉代表肯定，代表肯定之精神，这种精神作为一种权力，将否定转化为某种模式，将人类转化成要求被超越（而不是被跨越）的能动存在。查拉图斯特拉的徽记是狮子的徽记：查拉图斯特拉的第一本书以狮子为开端，最后一本书又以狮子作结。然而狮子恰是已变得富有创造性和肯定性的"神圣之不"，这个"不"只有肯定知道如何去言说，在这个"不"中整个否定被转变，在权力和性质方面发生转化。通过嬗变，基于我们已知的理由，权力意志不再是否定的束缚，它揭示出其未知的面容，那使否定变成一种简单的存在模式的未知的存在理由。

此外,查拉图斯特拉与狄奥尼索斯之间有着复杂的关系,正如嬗变与永恒回归之间的关系。就某种方式而言,查拉图斯特拉是永恒回归的原因和超人之父。那要求毁灭的人,那要求被超越的人,正是超人的祖先和父亲。所有已知价值的毁灭者,神圣之不的狮子准备了它最后一种变形:它变成孩童。同时,当查拉图斯特拉把手戳入狮子的毛皮,他感受到他的孩子将诞生或超人正在走来。然而究竟在何种意义上查拉图斯特拉是超人的父亲和永恒回归的原因?答案是:作为先决条件。就另一方式而言,永恒回归有一个无条件的查拉图斯特拉本人屈从的原则。从永恒回归的有条件原则的角度看,永恒回归依赖于嬗变,但从无条件原则的角度看,嬗变更深刻地依赖于永恒回归。查拉图斯特拉屈服于狄奥尼索斯:"我是谁?我期待比我更有价值的人;我甚至于不配为其粉碎!"(《查拉图斯特拉如是说》,第 2 卷,"最宁静的时刻")。在反基督的三位一体中——狄奥尼索斯、阿里安和查拉图斯特拉——查拉图斯特拉是阿里安有条件的未婚夫,但阿里安是狄奥尼索斯无条件的未婚妻。这就是为什么查拉图斯特拉在与永恒回归和超人的关系中总是处于较低地位的道理。他是永恒回归的原因,但只是推迟了产生其效果的一个原因。他是一个对于是否该传送消息犹豫不决的先知,是一个懂得否定的颤栗和诱惑的先知,是一个必须被他的动物所激励的先知。他是超人之父,但只是一个自身尚未成熟,产品已先行成熟的父亲;他是一头尚缺乏最后一次变形的狮子。① 事实上,永恒回归和超人恰好位于两种系谱,两条彼此不等的遗传路线的交叉点。

一方面,它们与查拉图斯特拉的关系正如它们与无条件的原则之间的关系一样,这一原则仅仅以"假设"的方式来认定它们;另一方面,它们与狄奥尼索斯的关系类似于它们与无条件的原则之间的关系,这一原则是它们无可置疑的绝对身份的基础。因此,在查拉图斯特拉的阐述中,总是由原因的纠缠或时刻的连绵,即相继时刻的合成关系,来决定同一时刻的回归的假设。但是,相反,从狄奥尼索斯的角度来看,正是某一时刻的合成关系本

---

① 《查拉图斯特拉如是说》,第 2 卷,"大宁静的时刻":"啊,查拉图斯特拉哟,你的果子成熟了,但要收获你的果子,你还不够成熟!"关于查拉图斯特拉对永恒回归的犹疑和退缩,参见《查拉图斯特拉如是说》,第 2 卷,"大事件",更见"大宁静的时刻"("我无能为力"),以及第 3 卷,"新痊愈者"。

身,即过去、现在和未来,绝对地决定了这一时刻与所有其他时刻的关系。回归不是由其他时刻推动的某一刻的激情,而是决定其他时刻的那一刻的能动性,这一刻又被自身所肯定的事物所决定。查拉图斯特拉的星座属于狮子座,但狄奥尼索斯的星座属于存在的星座;儿童游戏者的"是"比狮子的"神圣之不"更深刻。整个查拉图斯特拉是肯定性的:即使当他说不的时候,他知道如何说不。然而查拉图斯特拉并不是全部的肯定,也不是肯定之中最深刻的一个。

查拉图斯特拉在权力意志中把否定与肯定关联起来。权力意志作为肯定存在的理由与肯定相关联,肯定与作为生产、反映和发展它自身原则的要素的权力意志相关联,都仍然是必须的。这正是狄奥尼索斯的任务。所有肯定在查拉图斯特拉中找到先决条件,而在狄奥尼索斯中找到无条件的原则。查拉图斯特拉决定着永恒回归,并且,他决定着永恒回归产生其效果:超人。但这样一个决定可与一系列条件等同,这些条件在狮子之中、在要求被超越的人之中、在所有已知价值的毁灭者之中找到最终说法。狄奥尼索斯的决定则是另一类,等同于绝对原则,缺乏这个原则条件本身就是软弱无力的。这正是狄奥尼索斯的超级伪装——把他的产品归于某些条件,这些条件本身受制于他,被他的产品所超越。狮子变成一个孩子,已知价值的毁灭使新价值的创立成为可能。但是,如果它们不能同时服从于一个更深的系谱学,新价值的创立,游戏的孩子的"是"就不会形成。因此,发现每个尼采式的概念位于两条彼此不等的遗传路线上也就不足为奇了。不仅仅是永恒回归和超人如此,欢笑、游戏和舞蹈亦是这样。对于查拉图斯特拉,欢笑、游戏和舞蹈都是嬗变的肯定性力量;舞蹈将重转化为轻,欢笑将受难转化为欢悦,(掷骰子)游戏将低转化为高。然而对于狄奥尼索斯,舞蹈、欢笑和游戏是反映和发展的肯定性权力。舞蹈肯定了生成和生成之存在;欢笑或哄笑肯定了多样性和多样性之统一;游戏肯定了偶然和偶然之必然。

结　论

　　现代哲学为我们呈现的诸色拼盘,不但证明了其活力和生气,而且隐含了精神的危险。现代哲学是本体论与人类学,无神论与神学的奇异拼合,也古怪地糅合了一些基督教唯灵论、一些黑格尔辩证法、一些现象学(现代的经院哲学),以及一些尼采式的电光火花。我们看到马克思和前苏格拉底哲学家、黑格尔和尼采手拉手围成一圈跳舞,庆贺对形而上学的超越乃至严格意义上的哲学的死亡。尼采的确试图"超越"形而上学。但雅里①也同样试图超越他所谓"pataphysique"(借用词源学仿 métaphysique 生造的词)。在此书当中,我们一直尝试着解除这些危险的同盟关系,并想象尼采从并

---

① Alfred Jarry(1873—1907):法国现代戏剧怪才,其作品荒诞骇俗,影响了后来的先锋派和荒诞派戏剧。他自创的"啪嗒学"(pataphysique)是对形而上学(métaphysique)的戏弄和超越,用于讥讽技术神话。——译注

不属于他自己的游戏中撤回赌注。尼采将与他同时的哲学家和哲学称作"一切曾被信仰的图像"。他也可以用同样的语言描述今日的哲学,尼采主义、黑格尔主义和胡塞尔主义都成为现代思想那簇新而耀目的画布上的颜色块。

黑格尔和尼采绝不可能妥协。尼采哲学的论辩范围是很广泛的;他持一种绝对的反辩证法态度,并着手揭露一切以辩证法为最终庇护所的神秘化思想。叔本华曾梦想做到,但却因为深陷于康德主义和悲观主义之网而没能做到的,尼采做到了,代价是与叔本华的决裂。他树立了思想的新形象,将思想从沉重不堪的负担之下解脱出来。有三种观念可以概括辩证法:否定的权力作为理论原则,在对立与矛盾中表露出来;苦痛与悲哀是有价值的,"悲恸"得到增值,成为体现于分裂和破碎之中的实践原则;确定性作为否定自身的理论与实践相结合的产物。就其论辩的意义而言,说整个尼采哲学就是对这些观念的攻击绝不是夸张。

如果辩证法在对立和矛盾中找到其思辨因素,主要是因为这种因素反映了差异的假相,像牛的眼睛一样反映了差异的颠倒形象。黑格尔的辩证法的确是对差异的反映,但却是颠倒的反映。它以对差异的否定来替代对差异本身的肯定,以对他者的否定来替代对自我的肯定,以对否定的著名否定来替代对肯定的肯定。——但如果这一颠倒不是受有意如此的力所激励的话,就会毫无意义。辩证法显露了反动力和虚无主义的任何一种结合以及它们之间关系的发展史。替代了差异的对立也是反动力的胜利,这一反动力在虚无意志中发现了与之对应的原则。怨恨需要否定的前提,双重否定,才能产生肯定的幽灵;禁欲主义理想需要怨恨本身和内疚,正如魔术师需要作过记号的扑克牌。悲恸四处弥漫;苦恼意识是整个辩证法的主题。辩证法首先是理论家的思想,对生命反动,自称要判决、限制、衡量生命。其次,辩证法是牧师的思想,他令生命经历否定的劳役;他需要利用否定来建立其权力,他代表引导反动力取得胜利的陌生意志。这种意义上的辩证法是真正的基督教意识形态。最后,辩证法是奴隶的思想,表达了反动生命本身以及整个世界变得反动的过程。甚而辩证法为我们提供的无神论也是一种牧师的无神论,甚而主人的形象也是充满奴性的——辩证法仅仅产生了肯定的幽灵,这便不足为奇了。无论是作为已被克服的对立还是得到解决的矛盾,肯定的形象都遭到了大肆窜改。辩证的肯定,辩证的真实,就是驴子的是。驴子知道如何肯定,因为它自愿去承担,但它只承担否定的产物,至于那魔鬼,查拉图斯特拉的猿猴,能跳到我们肩上便已足够;负重者总忍不住认为通过负重,他们便进行了肯定,并且认为肯定是用重量衡量的,裹着狮子皮的驴子——这就是尼采所谓"当前的人"。

尼采的伟大之处在于知道如何分离怨恨和内疚这两株植物。如果仅止于此,尼采的哲学也将是无比重要的。但在他的著作中,论辩只是从一个更深的、活跃的、肯定的权威中派生出来的攻击行为。辩证法出自康德的**批判**,出自错误的批判,要进行正确的批判意味着自为地发展的、仅将否定作为一种存在模式的哲学。尼采指责辩证法家们仅止于普遍与特殊的抽象概念;他们是征候的囚徒,无法达到产生这些意义和价值的力量或意志。他们在"是什么?"这一问题的限度内活动,这是一个典型的自相矛盾的问题。尼采建立了自己的戏剧化、类型化和差异化的方法。他将哲学变成一门艺术,一门诠释和评价的艺术。他在每一种场合都问"哪一个?"。那一个是狄奥尼索斯。那一个是作为弹性的系谱学原则的权力意志。权力意志不是力,而是差异因素,这一因素同时决定了力之间的关系(量)和相关的力的相应性质。正是在这种差异的因素中,肯定宣告并使自身发展成创造性的。权力意志是多重肯定的原则、捐赠的原则或赠贻的美德。

尼采哲学的意义在于,多样性、生成和偶然是纯粹肯定的对象。多样性的肯定是思辨命题,正如多样化的快乐是实践命题一样。游戏者失败了,仅仅是因为他肯定得不够,因为他将否定引入偶然,将对立引入生成和多样性。真正的掷骰子必然产生获胜的数字,这一数字又复制了掷骰子的行动。我们肯定偶然以及偶然的必然,肯定生成以及生成之在,肯定多样性以及多样性的统一。肯定退回自身,但又再次回归,达到最高的权力,差异反映自身、重复并复制自身。永恒回归就是这最高的权力,是在**意志**中发现自身原则的肯定之综合。肯定之轻对抗否定之重;权力意志的游戏对抗辩证法的劳役;肯定之肯定对抗著名的否定之否定。

的确,否定首先作为权力意志的一种特性而出现,但只是就反动是力的一种性质而言才如此。更深一层,否定只是权力意志的一面,我们认识的那一面,只要知识自身是反动力的表达。人只居住在地球的暗面,只理解渗透并构成地球的那变为反动的过程。这就是为什么人类历史是虚无主义、否定和反动的历史。但虚无主义的长篇故事终有个结局：否定转而反对反动力就为之划上了句号。这就是转换点或嬗变点。否定失去自己的权力，变得能动，成为肯定权力的一种存在模式。否定的特性改变，转而为肯定效劳。如此否定仅仅作为先决的侵犯或随后的攻击才是有效的。否定性成为肯定的否定性，这是尼采的反辩证法的发现之一。这等于说嬗变是永恒回归的一个条件，或者，从更深的原则的立场看，这等于说嬗变是依赖于永恒回归的。因为权力意志只让已被肯定者回归；正是权力意志既转化了否定，又令肯定再生。一个是为另一个的，一个在另一个中，意味着永恒回归是存在，但存在是选择。肯定成为权力意志的唯一特性，行动成为力的唯一特性，能动的生成成为权力和意志的创造性认同。

修订后记

吉尔·德勒兹(1925—1995)的研究,大致说来有两块:一是传统意义上的哲学。自1953至1966年,德勒兹致力于解读卢克莱修、休谟、康德、莱布尼茨、斯宾诺莎、柏格森和尼采——说是解读,其实有借他人之弦,谱自家之曲的意味。对古典哲学的反思,将要勾勒出德勒兹自己的思想轮廓。果不其然,迫及20世纪60年代末,德勒兹通过《差异与重复》和《意义的逻辑》,完成了从深入清理古典哲学到建构自己哲学的转向。二是美学与文化,涵盖文学、电影、建筑、美术等领域。他在这方面的主要著作,比如《时间-影像》、《卡夫卡——为弱势文学而作》、《反俄狄浦斯》、《千高原》(后三种与菲利克斯·迦塔利合作撰写),对北美的文学理论发生了持久深厚的影响。

《尼采与哲学》是德勒兹的早期作品,1962年付梓刊行,去年已印至第7版。反复再版的事实,足以说明此书的价值和生命力。有论者甚至说它的问世像一枚重磅炸弹,搅扰了法国知识界的神经,开启了一场后现代主义的地震。这地震是否由德勒兹引发,我没有做充足的研究,不敢妄言;不过,上世纪60年代之前,虽有巴塔耶、克罗索夫斯基、布朗肖等人绍介尼采,但直到此书问世,尼采才真正受到法国知识界的重视,成为思想家寻求灵感和动力的源泉,却是不争之事实。可以说,德勒兹的尼采解读,是法国哲学史上的一个转折点。

1967年,由意大利学者柯利和蒙迪纳利担任统一主编的《尼采全集》(Nietzsche Werke)在意大利、法国和德国同时面世。法文版的主编就是德勒兹和福柯,两人还合写了导论。其中第12、13卷依照时序收入了尼采于1885年秋至1889年初之间的全部残篇遗稿,包含了尼采妹妹伊丽莎白1898年编辑的《权力意志》,但不再使用《权力意志》的书名,因为《权力意志》一书——据同年10月德勒兹接受《新观察家》采访时的说法,原本是伊丽莎白为了取悦纳粹政权,将尼采遗作做断章取义的摘取,拼凑而成。她不仅对尘嚣日上的纳粹事业表示支持,而且嫁了一个臭名昭著的反犹分子。德勒兹形容伊丽莎白的举措极为有害,篡改、损害了尼采的思想。

《尼采与哲学》第一章以"悲剧"为题,清理尼采的悲剧哲学、悲剧文化和悲剧思想。德勒兹指出,尼采悲剧的要义,是肯定多元和多样的生命,反对哲学史上以苏格拉底、基督教、黑格尔为代表的否定生命的倾向。苏格拉底和柏拉图将本质与表象视为哲学中最重要的二元对立:现实世界是表象,瞬间即逝,无足轻重,永恒本质只有在这表象的背后,在另一个世界才可寻得。既然要透过现象看本质,超越生命求真理,于是生命成为虚假表象的代名词,只有非难作为表象的生命,才能走向作为本质的彼岸世界和终极真理。基督教呢,作为柏拉图主义的一种变形,弄出一个"原罪"的概念来,在生命的源头就烙上罪恶印记,让人感到"内疚",自愿接受惩罚,承受苦难,不如此不可以赎清罪孽,不如此不能升入天堂。"内疚"、"罪与罚"、"痛苦的内向化",德勒兹说,通通是基督教的新发明。而黑格尔的苦恼意识,在他看来,也是内疚意识的翻版,至于否定之否定,更是将一和多施予辩证的综合,巩固统一和本质的首要地位。对于黑格尔的辩证法,德勒兹不以为然,认为它"并未意识到诸种力及其本质与关系所由生的真正因素"(《尼采与哲学》,V,

4)。尼采的路数与上述三种倾向恰好针锋相对。他反对否定生命,要求肯定生命,甚至要求肯定生命中的痛苦,肯定多样性、生成和差异。

从黑格尔到尼采,不是德勒兹一人的转向,而是法国哲学的一个大转向。正如凯尔纳和贝斯特所言,由于"共产党的教条和反动性质造成的人们对左派的厌恶,以及1968年五月事件中包含的政治力量的复杂性",当时整个法国思想界出现了背离马克思主义,寻求马克思、黑格尔、辩证法之替代物的倾向。[①] 这个转向,名之为"新尼采主义"也好,"尼采的复兴"也好,虽然不是德勒兹一人的独角戏,却实实在在是以他与福柯为先导,为领唱的。

德勒兹用了一整章的篇幅来谈"批判"。头一节便是"人文科学的改造"。这雄心勃勃的标题,说明德勒兹一早就怀抱鸿鹄之志,要依凭尼采来改造法国哲学甚至人文科学。一讲批判,我们很自然会想到康德。事实上,《尼采与哲学》问世不久,德勒兹紧接着就出版了一本小册子,名叫《康德的批判哲学》(*La Philosophie Critique de Kant*)。显然,康

[①] 斯蒂文·贝斯特、道格拉斯·凯尔纳,《后现代理论:批判性的质疑》,张志斌译,中央编译出版社,2001,第103页。

德也令德勒兹着迷。不过,着迷归着迷,德勒兹仍然认为康德的批判不够彻底:它质疑了传统的理性、灵魂、上帝和世界等概念,却依然给真、善、美留出了一方不可触碰的圣地。基于这个认识,德勒兹指责康德没有实现真正意义上的批判:"他把批判当成一种力量,认为它应该针对一切企图占有知识、真理和道德的要求,却并不需要针对知识、真理和道德本身。全面批判就这样变成了妥协的政治学。"(《尼采与哲学》,Ⅲ,8)德勒兹指出,康德作为这些价值的臣服者,把价值移出了批判领域。真正将批判贯彻到底的是尼采。那么批判的任务在尼采那里是如何实现的呢?通过系谱学的方法,德勒兹说。

旧的人文科学需要改造,因为它"无视力的起源和系谱乃是随处可见的显然事实"。科学家,不管他是人文的,还是自然的,都喜欢声称自己热爱事实,尊重真理。可事实是什么?真理又是什么?尼采回答:"事实不过是一种阐释,真理无非是表达一种意志"(Ⅲ,1)。传统观念认为,真理具有稳定、超越、恒久的价值,而价值是评价的先决条件,影响和左右着每一次具体的评价。因而,寻求具有这种价值的真理,乃是哲学的首要任务。德勒兹笔下的尼采却拿起他的铁锤,冲我们大喝一声:错啦!评价和评估的视角才是价值的先决条件,"后者自身的价值是从前者那儿衍生而来的"(Ⅰ,1)。价值如何获得自身价值,如何被创造,德勒兹说,这是比传统哲学更深刻的问题,也是尼采意义上的系谱学和批判哲学。所以,相比于事实和真理,后面的问题更重要:谁想要真理? 宣称"我在寻求真理的人"想要什么? 他表达什么样的意志?

怎样区分系谱学家和形而上学者? 端看他问什么样的问题。"什么是美?""什么是正义?"这是柏拉图式的提问。"哪一个是美?""哪一个是正义?"这才是与辩证法相对的系谱学问题:"在尼采看来,'哪一个'的问题意味着:哪些力支配着给定的事物? 哪种意志占有了它? 哪一个被表现和彰显,哪一个被隐匿? 只有'哪一个'的问题才能把我们领到本质的问题上。因为本质只是事物的意义和价值;本质由与事物密不可分的力和与力密不可分的意志确定"(Ⅲ,2)。

力,la force,是德勒兹在尼采的著述中抓住的关节点,通过这关节,导引出更重要的"权力意志",以及多样性,生成,能动与反动,肯定与否定等其他核心概念。这些概念之间的关系,可概括如下:

"对于一个事物而言,有多少种力能够占有它,它就存在着多少种意义"(Ⅰ,1),故而世间一切,不论是事件,还是现象、词语、观念,都蕴含有丰富的含义,都是多元和多样的;因为占有事物的力变动不居,也就没有永恒不变的本质,一切都是生成,连存在本身也是生成之在;生成不仅定在当下,而且总是尚未到来,或刚刚过去;所有发挥其能力极限的力都是能动力,所有本身与其所能分离的力则是反动力,怨恨、内疚、禁欲主义是反动力的三种主要表现形式;意志(权力意志)是力与力的关系,支配与被支配的关系;肯定和否定是权力意志的两种原则,有肯定的权力意志,也有否定的权力意志。"力是所能,权力意志是所愿",这力究竟是能动还是反动,要看所愿的意志是肯定还是否定。

上述概念中,权力意志是肯綮,最重要,也最容易引起误解。

这个词在汉语中,一直没有好的翻译。尤其在今天的中国社会,权钱交易造成的腐败更容易招致误解。译为"强力意志"也不能尽意,因为"强力"一词,既有"强大有力"、"坚忍有毅力"的意思,也有德勒兹着意要摒弃的"武力和暴力"的涵义。还有人建议译为"力量意志"或"冲创意志"。权衡再三,我们还是采取了"权力意志"的通行译法。除《尼采与哲学》外,德勒兹1965年还写过一本介绍尼采的小册子,中文译本的名字是《解读尼采》。在这本书里,他讲到尼采的读者必须避免四个可能的误解:1. 关于权力意志(即相信权力意志意味着"支配欲"或"渴望权力");2. 关于强者和弱者(即相信在一个社会体制中,最"有力者"是由于最有力而成为强者);3. 关于永恒回归(即相信它与从希腊人、印度人、巴比伦人那里借来的一个旧观念有关……相信它与循环,或"同一"的回归,向自身回归有关);4. 关于后期著作。① 这四个误解,统统与权力意志有关。

我曾听叶秀山先生说,理解权力意志,要把握一点,不是有权才有力,而是有力才有权。我揣摩先生所说的"力",是自身之能力。也就是说,要成为尼采意义上的"主人"或"超人",手握权柄绝对是不够的。德勒兹曾经讲,希特勒不是查拉图斯特拉,不是尼采意义上的超人,而是查拉图斯特拉肩膀上那只猴子。掌握权柄的通常是奴隶,他们即使势焰熏天,却依然还是奴隶,因为奴隶只会通过否

---

① 吉尔·德勒兹,《解读尼采》,张唤民译,百花文艺出版社,2000,第65—6页。

定别人,宣称别人是邪恶的、低劣的、肮脏的来表明自己的纯洁、善良和高贵,来达到肯定自己的目的。他永远不会像高贵的灵魂那样,直接肯定自己和自己的生存。这也是为什么德勒兹在《尼采与哲学》中反复强调,"不能以斗争的结果和成功与否作为评判强弱的标准。因为弱者获胜本来就是事实,它甚至是事实的本质"(Ⅱ,10)。

权力意志不是外在的权力,而是内在的意志。它所以重要,因为它是力的系谱学因素——当我们问"哪一个在诠释?"时,那背后的诠释者其实是"权力意志"。权力意志究竟意味着什么?"首先,它并不意味着意志想要权力,或把权力作为目标来追寻或苛求,而权力也不是意志的动力。"将外在的权力解释为意志的终极目的或根本动机,德勒兹说,是错误的认识,而将权力理解为攫取既定价值的人,是那些平庸之辈,他们"只会接受灌输的价值,自己并无任何价值观念","从不习惯于设定价值,除了已经在他心中根深蒂固的价值以外,他不会再去寻找新的价值"(Ⅲ,4)。听任旧价值遮蔽生命,生命就注定要晦暗,乏味,消沉,要遭到否定。反过来,与平庸之辈相对的是有创造意志的艺术家和哲学家。"意志=创造,意志=欢乐……创造价值,这天生就是主人的权利!"(Ⅲ,6)德勒兹在另一处讲得更明白:"权力意志的最后规模,是艺术家意志"①。剥离旧价值对生命的遮蔽,使生命澄明,活泼,昂扬,这才是肯定的权力意志的真正含义。为肯定的权力意志所驱使的力,是能动力。这力是"可塑的、支配的和征服的",是"全力以赴、尽其所能的",也是"肯定差异、把差异作为欢乐和肯定对象的"(Ⅱ,10)。反动力呢,它不去最大限度地发挥自己的能力,而一门心思揣摩怎么样才能使能动力与其所能分离,腐化、瓦解、摧毁能动力,获得那弱者或奴隶的胜利。反动力被动地接受已然秩序化的世界,试图用陈旧的秩序来遏制积极创造的能动力。

伦理学意义上的爱,在尼采那里,也是一种能动的意志。他抨击基督教:"你爱邻人,是出于你对自己的不正当的爱。你逃往邻人,是为了逃避自己,并想因此树立起一种美德来! 不过我看透了你的'无私'"②。所谓爱邻人,往往是冒无私之名,行退缩之实,是出于本身的无能,那不叫爱,而只是虚

---

① 吉尔·德勒兹,《哲学与权力的谈判——德勒兹访谈录》,刘汉全译,商务印书馆,2000,第126页。

② Friedrich Nietzsche, *Thus Spoke Zarathustra*, eds. Adrian Del Caro & Robert B. Pippin, trans. Adrian Del Caro, Cambridge: Cambridge University Press, 2006, p. 44

伪。爱应该是肯定生命,是生命丰富的表现,因而是富有创造力的能动的爱。

权力意志有肯定和否定之分,当德勒兹宣称,"权力意志就其本质而言是创造者和施予者:它不渴求,不寻求,也不欲求,最重要的是它不渴望权力。它只赋予"(Ⅲ,6),这里说的权力意志,其实是肯定的权力意志。否定的权力意志,是否定生命、贬低生存的虚无主义,由否定意志驱使的力是反动力。德勒兹延续尼采的批判,将犹太教、基督教的内疚、怨恨和禁欲主义界定为三种主要的反动力。它们要么只会给生命挑错——内疚说:"这是我的错",怨恨则说:"这是你的错",要么奉行禁欲主义的理想,将虚无主义贯彻到底,不仅贬抑生命,连生命中一切能动的因素也拔除干净。

明了权力意志,才能理解尼采的"永恒回归"。"永恒回归"一定是肯定的思想,"无论你想要什么,用这种方式来想:你也想要它永恒回归。如果每次你想要什么的时候,事先总问:我一定能无限次地重复我想做这件事的意愿吗?这种追问应当成为你最坚实可靠的重心"(Ⅱ,14)。但回归是否原来那东西的复制品?

不是。德勒兹说得很清楚:"永恒回归不能被解释为存在之物的回归,即一或同一的回归。……不是存在回归,而是回归本身只要肯定生成和流逝就构成存在。不是某一事件回归,而是回归本身是由差异和多样性肯定的事件"(Ⅱ,5)。德勒兹发扬了尼采"事实是一种阐释"的思想,认为所谓阐释,就是对已有的诠释再做诠释,从而改造事物,改变生命。永恒回归是选择,也是创造,"它使意志变为创造,它带来了意志＝创造的等式"(Ⅱ,14)。回归的绝不是同原来一模一样的东西,而总有新的事物产生,所以,"永恒回归绝不是同一的思想,而是综合的思想,是强调绝对差异的思想"(Ⅱ,4)。真正的"新"不单有新的内容,还有视角的切换,通过这切换的视角,旧物才换上新颜。哲学家齐泽克评论德勒兹,也一针见血地指出了创新与永恒的联系:

"新事物出现的时刻恰是时间中的永恒时刻。"①那回归的,愿意回归的,不仅是新的,也是更好的。单有"新"不成,还必须更好。所以,时尚不见得回归,但真正好的思想、好的艺术一定回归,一定引发新的诠释和理解。

当然,这永恒回归说掺入了德勒兹自己的发挥。我们可以赞成,也可以反对,或者依据《查拉图斯特拉如是说》的某些章节(如《拯救》、《七印记》、《幻相和谜》等)和《权力意志》的部分内容,得出自

---

① 齐泽克还指出:在德勒兹那里,"生成与重复的概念紧密相连——只有借助重复,才能推陈出新……任何真正新的事物只有在重复中出现"。Slavoj Žižek, *Organs without Bodies*, London: Routledge Classics, 2012, p. 10—11。德勒兹所谓"无器官的身体",是表达反精神分析学的主张:"我们提出一种与精神分析相对立的精神分裂分析,这里仅提出精神分析行不通的两点:一,它无法达到一个人的欲望机器,因为它纠缠于俄狄浦斯的图形或结构;二,它无法达到力比多的社会包围,因为它纠缠于家庭包围。"(《哲学与权力的批判》,第 23 页)所以,德勒兹要将精神分析学注重的家庭领域转向社会,从父与子、母与子的纠缠转向更广阔的金钱、欲望、权力、性和生产的领域。齐泽克把德勒兹的术语翻转过来,变成"无身体的器官",宣称在表面的反精神分析的德勒兹之下,还有一个更真实的,接近精神分析学的德勒兹。在这本书里,齐泽克称存在两个德勒兹,一个是写《差异与重复》、《感觉的逻辑》,早期评介古典哲学家,后期讨论电影的德勒兹;另一个则是与迦塔利合作,为英美学界政治化的德勒兹。齐泽克认为,德勒兹思想上走入了僵局,才导致他转向迦塔利。另一个有意思的现象:德勒兹最嫌恶的哲学家是黑格尔,齐泽克却在整部书里贯穿对黑格尔的讨论,并且在两人貌似对立的地方找到了联接点。

己的理解。齐泽克说,哲学从来不是对话,所以他自己那本讨论德勒兹的《无身体的器官》,导言就取了一个"遭遇而非对话"的副标题。此文开篇就讲,柏拉图的著述名义上叫"对话录",实际上是一个巨大的反讽,因为在早期对话里,苏格拉底不断质疑谈话对手,直到将对方认为对的知识来一个釜底抽薪,彻底颠覆,哪儿有真正的对话!后期呢,则是主角说个不停,唠叨不休,听者全然插不上嘴,只剩下"就是这样"、"凭宙斯之名,你是对的!"如此哼哈应和之语。接着,齐泽克又出来替柏拉图辩解:这原本也怪不得他,对话原本就不是哲学的特质。哲学的特质是什么?是批判,是特例,是创造性的思考。故而,一切哲学家之间的对话,无一不是误读和误解:亚里士多德误解柏拉图,阿奎那误解亚里士多德,黑格尔误解康德和谢林,马克思误解黑格尔,尼采误解基督,海德格尔误解黑格尔……那么,德勒兹究竟有没有误解尼采?再进一步问,齐泽克有没有误解德勒兹?见仁见智,请读者诸君自己评判罢。

面对尼采这样一位满怀激情、思想深邃而且最终疯狂的哲学家,要理解他到底说了什么,绝非一件容易的事情。如何诠释尼采,取决于如何阅读他的作品。不论怎样,我们得承认,德勒兹为诠释尼采提供了一个极其精彩的范例。《尼采与哲学》不单有对尼采的严谨系统的阐述,同时还糅入了作者富含创见和想象力的解释。解释,对于德勒兹,就是重复(répétition),以重复出新,以重复创造——重复是形成差异的唯一通道。他后来的许多创见,包括事件、差异、重复、生成、时间性在内的核心概念,都能在这部作品中找到最初的萌芽。故而,此书不但可以作为窥视尼采思想精髓的透镜,亦是深入了解德勒兹乃至后现代哲学的桥梁。

关于此书的翻译和修订,请容我再做几句解释。15年前,汪民安先生通过我的同事社科院文学所的金慧敏先生找到我,希望我能够承担《尼采与哲学》的翻译工作。当时我第一个反应是婉言谢绝,理由很充分:我主修英语文学和批评理论,虽然很喜欢哲学,常去哲学所参加青年读书会,同他们一起研读康德和胡塞尔,同时也在攻读保尔·德曼、德里达、海德格尔和卢梭,为撰写博士论文做准备,然而修为毕竟有限,几乎没怎么碰过尼采和德勒兹,何况这还是本法文书。可他们最终没能找到合适的人选,碍于情面,我没有坚决地继续说"不",

硬着头皮揽下这差事来。初版的翻译主要依据英文本，参照法文本。其间遇到不少困难，有关于概念理解的，也有涉及文辞涵义的，情急之下，我找到哲学所的叶秀山先生，向他求教。先生谦和温厚，耐心解答完所有问题后，轻声责备了一句："你既不研究尼采，又不研究德勒兹，就敢译这本书，胆子好大啊。"这责备虽然语气温和，却有千钧的分量，一语点醒我的糊涂——有些事不到该做的时候，千万不要贸然去做，否则就只有后悔和遗憾。

当我听说《尼采与哲学》可能由河南大学出版社再版的消息，真是喜出望外，终于等来了纠错补憾的机会！这次修订使用的是法国大学出版社1999年刊行的法文第三版，此前作者已归道山，想必后续版本在内容上不会有大的改变。修改主要涵盖：一、中文初版的错译；二、法文表述习惯与英文不同的地方，依据法文做了修正；三、英文版的漏译和错译。给英文版挑错，绝非译者高明，而实乃翻译的本质使然——只要是翻译，就不可能完美，就有犯错的可能。事实上，我仍然得益于英译者休·汤姆林森（Hugh Tomlinson），姑举一例说明。汤姆林森在尾注中指出，法文"instance"的意涵与英文不完全对应，它所具有的"authority"意涵，英文就没有。依据这一提示,我将原来译成"例证"的"instance"修改为"权威"。

此外,我要感谢同事袁伟先生的支持和帮助。袁先生是译界才隽,通达博识,除英文外,兼善法文和德文。他同我分享了最好的法文词典,部分难句的理解,也得益于同他的反复切磋讨论。还要感谢编辑杨全强先生的耐心等待。去年他提出再版一事,无奈手头工作不能全部放下,且修订力度大,延至今年六月才交稿。感谢我的先生朱凯佳,初版译文就是他一字一句敲入电脑的,当时他还帮我通读了全部译稿。

最后有一事需要说明。本书第5章由我同窗挚友刘玉宇翻译。她是中山大学英文系的老师,英语文学硕士,哲学博士,中英文俱佳,假如修订工作有她参与,定能呈现一个更加完善的译本。只因玉宇教学、研究任务繁重,我不忍再烦扰于她。修订后的任何疏误,由我一人负责,欢迎读者批评指正。

周　颖
2015年6月